GUÍA DE LECTURA DE LA «METAFÍSICA» DE ARISTÓTELES

Giovanni Reale

GUÍA DE LECTURA DE LA «METAFÍSICA» DE ARISTÓTELES

Traducción: J. M. López de Castro

Herder

Título original: Guida a la lettura della «Metafisica» di Aristotele
Traducción: J. M. López de Castro
Diseño de la cubierta: Claudio Bado

1.ª edición, 5.ª impresión, 2019

© 1997, Gius. Laterza & Figli Spa, Roma-Bari
   This translation published by arrangement with Eulama Literary Agency
© 1999, Herder Editorial S. L., Barcelona

ISBN: 978-84-254-2089-4

La reproducción total o parcial de esta obra sin el consentimiento expreso
de los titulares del *Copyright* está prohibida al amparo de la legislación vigente.

Imprenta: QPPrint
Depósito legal: SE - 3473- 2011
Printed in Spain - Impreso en España

Herder
www.herdereditorial.com

ÍNDICE GENERAL

I. Génesis de la obra 9

    1. *Dos cuestiones preliminares*, 9; 2. *Génesis del término «metafísica»*, 10; 3. *Nuevas perspectivas nacidas de los estudios contemporáneos*, 11; 4. *Posición de los antiguos comentaristas*, 13; 5. *Respuestas que los textos aristotélicos pueden dar a nuestro problema*, 14; 6. *El problema de la génesis de la obra*, 16

II. Estructura de la obra. Contenido 21

    1. *Análisis del libro I (A)*, 21; 2. *Análisis del libro II (α)*, 28; 3. *Análisis del libro III (B)*, 32; 4. *Análisis del libro IV (Γ)*, 43; 5. *Análisis del libro V (Δ)*, 47; 6. *Análisis del libro VI (E)*, 59; 7. *Análisis del libro VII (Z)*, 63; 8. *Análisis del libro VIII (H)*, 75; 9. *Análisis del libro IX (Θ)*, 79; 10. *Análisis del libro X (I)*, 87; 11. *Análisis del libro XI (K)*, 93; 12. *Análisis del libro XII (Λ)*, 98; 13. *Análisis del libro XIII (M)*, 108; 14. *Análisis del libro XIV (N)*, 113; 15 *Conclusiones*, 116

III. Análisis de la obra. Conceptos clave 119

    1. *La metafísica como doctrina de las causas y principios primeros*: 1.1. *Concepción aristotélica de «principio» y «causa»*, 119; 1.2. *Las causas y principios son cuatro*, 121; 1.3. *Estructura y articulación complejas de la doctrina de las cuatro causas*, 122; 1.4. *Precisiones sobre las relaciones entre las causas y lo causado*, 123; 1.5. *En qué sentido Aristóteles conecta la teoría de las cuatro causas con la problemática de la física o de la metafísica*, 124; 1.6. *Justificación aristotélica de la lista de las cuatro causas*, 127; 1.7. *Fundamento histórico de la doctrina de las cuatro causas*, 128

2. *La metafísica como ontología y los múltiples significados del ser*: 2.1. *Primer principio de la ontología aristotélica*, 131; 2.2. *El platónico «parricidio de Parménides» llevado a sus últimas consecuencias: el ser entendido como originariamente múltiple*, 131; 2.3. *Justificación «enunciativa» de la tesis de la multiplicidad estructural del ser*, 132; 2.4. *Contexto de la discusión sobre la multiplicidad de los seres en la Física*, 134; 2.5. *Evidencia de la multiplicidad originaria de los seres*, 135; 2.6. *Platón y los Platónicos no han logrado superar adecuadamente la posición de Parménides*, 136; 2.7. *Lista de los significados del ser según Aristóteles*, 137; 2.8. *Multiplicidad de los significados del ser también dentro de los cuatro grupos descritos*, 139

3. *Significados del ser como «análogos» y sentido plurívoco de la fórmula «ser en cuanto ser»*: 3.1. *Relación existente entre los múltiples significados del ser y su analogía con referencia a un único principio*, 142; 3.2. *Segundo tipo de analogía de los significados del ser: unidad por consecución*, 144; 3.3. *Significado de la fórmula aristotélica «ser en cuanto ser»*, 145

4. *Las categorías como ejes portantes de los múltiples significados del ser*: 4.1. *El ser según las figuras de las categorías*, 146; 4.2. *Las categorías no son sinónimos, ni homónimos en sentido casual, sino homónimos por analogía*, 148; 4.3. *La cuestión del hilo conductor para deducir las categorías aristotélicas*, 150; 4.4. *Las categorías son accidentes en cuanto inherentes a la sustancia, mas no son de por sí seres accidentales*, 152; 4.5. *Antecedentes platónicos de la doctrina aristotélica de las categorías*, 154

5. *La metafísica como teoría del ser en el significado principal de sustancia (usiología) y las múltiples acepciones de sustancia*: 5.1. *La sustancia en Aristóteles*, 155; 5.2. *Presupuestos teóricos que han condicionado la interpretación del concepto aristotélico de la sustancia*, 157; 5.3. *Presupuestos historiográficos que han condicionado la interpretación del concepto aristotélico de la sustancia*, 158; 5.4. *Aplicación de los cánones de la interpretación histórico-genética a la usiología aristotélica*, 159; 5.5. *El término «sustancia» traduce correctamente el original griego «οὐσία»*, 160; 5.6. *Líneas de fuerza de la problemática aristotélica de la sustancia*, 161; 5.7. *Nueva distinción dentro del problema de la sustancia en general*, 162; 5.8. *Notas que definen el concepto de sustancia y realidades a las que se aplica esa noción*, 164; 5.9. *La forma aristotélica no es el universal*, 168;

6. *Significados del ser como potencia y acto*: 6.1. *Conceptos del ser como potencia y acto en relación con el movimiento*, 170; 6.2. *Polémica con los Megarenses sobre el concepto de potencia*, 171; 6.3. *El concepto de acto*, 173; 6.4. *Cuándo una cosa existe en potencia y cuándo en acto e identificación del primer significado lógico de la potencia con la materia*, 174; 6.5. *Prioridad del acto respecto de la potencia*, 175

7. *Componente teológico: existencia y naturaleza de la sustancia suprasensible*: 7.1. *Las tres clases de sustancias*, 176; 7.2. *Demostración de la existencia de la sustancia suprasensible*, 177; 7.3. *Causalidad del Primer Motor*, 179; 7.4. *Naturaleza del Motor inmóvil*, 180; 7.5. *El problema de la unicidad de Dios*,

Motor primero y supremo, y de la multiplicidad de los motores celestes, 181; 7.6. *Dios y el mundo*, 183
8. *Relaciones de la metafísica con las matemáticas y las demás ciencias particulares, y su superioridad axiológica*: 8.1. *Puesto de la metafísica en el cuadro general de los conocimientos*, 184; 8.2. *Falta de correspondencia exacta entre las tres ciencias teoréticas y las tres clases de seres*, 186; 8.3. *Las tres ciencias teoréticas que corresponden a los tres tipos de sustancias indicados por Aristóteles*, 188; 8.4. *Relación entre la metafísica y las ciencias particulares*, 189; 8.5. *A propósito del principio de contradicción*, 190; 8.6. *En qué sentido el objeto de la filosofía primera es «universal» y cuál es su significado metafísico*, 192; 8.7. *Interpretación aristotélica de los entes matemáticos*, 193; 8.8. *Aristóteles y la geometría*, 196; 8.9. *Superioridad axiológica de la metafísica*, 198
9. *Las «metafísicas» de Aristóteles y de Platón*: 9.1. *Algunas semejanzas estructurales entre el pensamiento metafísico de Aristóteles y el de Platón*, 199; 9.2. *Naturaleza del realismo aristotélico*, 201; 9.3. *La polémica de Aristóteles contra Platón*, 202; 9.4. *Consecuencias de la crítica aristotélica del concepto básico de Platón relativo a la distinción entre inteligencia e inteligible*, 206

IV. Fortuna de la obra 209

1. *La* Metafísica *de Aristóteles en el mundo antiguo*, 209; 2. *La* Metafísica *de Aristóteles durante la Edad Media, el Renacimiento y la «segunda Escolástica»*, 212; 3. *La* Metafísica *de Aristóteles en la Edad Moderna*, 217; 4. *La* Metafísica *de Aristóteles en el siglo* XX, 223

Bibliografía compilada por Roberto Radice 233

Obras de carácter bibliográfico, 233; *Ediciones críticas de referencia*, 233; *Traducciones integrales recientes en lengua castellana*, 233; *Traducciones integrales en lengua italiana*, 234; *Traducciones en otras lenguas*, 234; *Comentarios sistemáticos e integrales*, 235; *Comentarios de los distintos libros*, 235; *Obras monográficas*, 236; *Selección temática de la Bibliografía por conceptos*, 245

Índice onomástico 247

Capítulo 1

GÉNESIS DE LA OBRA

1. Dos cuestiones preliminares

Los problemas que ha de plantearse y resolver todo lector de la *Metafísica*, antes de abordar la obra, son los siguientes: primero, el del *significado del término* que constituye el título; segundo, el de la *génesis y estructuración de la obra misma*. Son dos problemas bastante complejos, si bien comienza ya a dárseles algunas respuestas concretas.

El título no es de Aristóteles. No se sabe quién lo ideó ni qué quiso su autor expresar exactamente con ese término; se ignora también la época en que fue acuñado.

Desde el punto de vista literario, la *Metafísica* no es una obra unitaria, sino un conjunto de libros y, más precisamente, de apuntes y materiales de diversa índole relacionados con las lecciones impartidas por Aristóteles sobre una determinada problemática que él designaba con varios nombres y, en particular, con la expresión técnica de «filosofía primera»[1].

En el transcurso del siglo actual, sobre todo desde los años veinte hasta los setenta y en parte también después, como lo haremos ver con precisión en las páginas que siguen, se ha llegado hasta poner en duda que la *Metafísica* tuviera una unidad conceptual y a considerarla más bien como reflejo de las *sucesivas fases de la evolución del Estagirita*, a menudo opuestas entre sí y por ende difíciles de unificar.

---

1. «Filosofía primera» entendida como ciencia que estudia la «sustancia primera», metasensible; distinta de la «filosofía segunda» que se ocupa de la «sustancia segunda», o sea sensible. Cf. *Metaf.*, VI 1, 1026 a 16 e, cap. 1; *Física*, I 9, 191 a 36; II 2, 194 b 14.

Sólo con plena conciencia de tales problemas se puede sacar provecho de la lectura del complejo y abundantísimo material presentado en los distintos libros.

2. *Génesis del término «metafísica»*

En el siglo pasado y las primeras décadas del nuestro, los especialistas coincidían en la opinión de que el término «metafísica» no era anterior al siglo I a. de J.C. De hecho, lo menciona por vez primera Nicolás de Damasco, de quien se dice, en uno de los escolios de un códice de la *Metafísica* de Teofrasto, que escribió un estudio sobre la *Metafísica* de Aristóteles[2].

Nicolás de Damasco vivió en la época de Augusto y fue contemporáneo, aunque más joven, de Andrónico de Rodas, célebre editor de los escritos de Aristóteles. Puesto que del título de *Metafísica* no hay rastro alguno antes de Nicolás, al menos en lo que ha llegado hasta nosotros, se han sacado las siguientes conclusiones. El término en cuestión debió nacer en el siglo I a. de J.C., poco antes de Nicolás, es decir, justo en la época de la edición de las obras de Aristóteles por Andrónico. Éste pudo haberlo acuñado para su publicación, o bien el término apareció inmediatamente después o a consecuencia de la publicación misma; en efecto, μετὰ τὰ φυσικά parece referirse al orden de las obras, ya que los libros de «filosofía primera» venían *después* (μετὰ) de los de la física.

La mayoría de los eruditos, por tanto, pensaban que el inventor de aquel título pretendía simplemente aludir a una *sucesión cronológica de publicación* o, en todo caso, de *disposición editorial* de los tratados aristotélicos[3].

---

2. He aquí el texto de la nota que refiere el hecho: «Andrónico y Hermipo ignoran este libro [la *Metafísica* de Teofrasto], del que no hay mención alguna en sus listas de las obras de Teofrasto. En cambio Nicolás, en su libro sobre la *Metafísica* de Aristóteles, hace alusión a él, diciendo que es de Teofrasto.»

3. Sostienen todavía esta opinión especialistas como I. Düring, que en su libro *Aristoteles* (1966) escribe: «La *Metafísica* de Aristóteles es debida a un redactor, probablemente Andrónico de Rodas. En general éste, en las obras que iba redactando y publicando, encontró títulos adecuados, como *De la generación y corrupción*, *De la retórica*, etc. Para las obras mayores, denominadas *pragmateiai*, que él mismo compiló a partir de diversos escritos o refundió tomándolas de algún editor reciente, ideó también títulos convenientes, por ejemplo *Política*, *Física*, etc. En cuanto a la colección que noso-

Ahora bien, siendo así que, por un afortunado azar, la palabra μετά significa igualmente «más allá de» o «por encima de», la expresión «metafísica» (τὰ μετὰ τὰ φυσικά) viene de perlas para indicar *el contenido* mismo de la obra, o sea la investigación sobre el ser suprasensible y trascendental, propia de los catorce libros.

Por eso, a la fórmula original de Aristóteles, «filosofía primera», y a otras análogas la posteridad ha preferido con mucho el término «metafísica», ya que, prescindiendo de las posibles intenciones de quien lo forjó, refleja de manera más nueva, eficaz y penetrante lo que Aristóteles se propuso en esos catorce libros, a saber, estudiar y dilucidar las cosas que están *más allá* o *por encima* de la «física» y que, por consiguiente, pueden calificarse de «metafísicas».

Pero ¿podemos de veras creer que la génesis de un término como éste, ya secular, se haya debido a meras contingencias relacionadas con motivos puramente editoriales?

3. Nuevas perspectivas nacidas de los estudios contemporáneos

Las bases en que se apoyaba esa interpretación se han venido parcial o totalmente abajo a raíz de algunos estudios detallados sobre los catálogos que conocemos de las obras de Aristóteles. De tales estudios se desprende que el título de *Metafísica* podría ser anterior no sólo a Nicolás, sino también a Andrónico, e incluso es muy probable que hubiera ya figurado en un catálogo de Aristón de Ceos, de fines del siglo III a. de J.C., del que presuntamente proceden los famosos catálogos de Diógenes y del Anónimo.

Por lo demás, el hecho de que en el catálogo de Diógenes no figure el título de *Metafísica* se debe a causas del todo fortuitas, como lo ha demostrado Paul Moraux[4]. Este título falta, es cierto, en la versión de Diógenes,

---

tros llamamos *Metafísica* de Aristóteles, parece que no pudo encontrar ningún título apropiado. No sabemos por qué no escogió el de *Filosofía primera* o, siguiendo a Teofrasto, el de *Teoría sobre las realidades primeras*. Supongo yo, con Bonitz, que el contenido de los 14 escritos se le antojó quizá demasiado dispar para ponerle un título como ésos. Prefirió así una denominación absolutamente neutral: *ta metà tà physiká*, es decir, las obras que en su edición venían de los escritos de ciencias naturales.»

4. P. Moraux, *Les listes anciennes des ouvrages d'Aristote*, Éditions Universitaires de Louvain, Lovaina 1951.

la mejor conservada, mas la reconstrucción de las cinco columnas en las que el catálogo fue transcrito antes de la era cristiana pone de manifiesto que en la cuarta columna existe una laguna de cinco títulos (las tres primeras columnas constan de treinta y cinco títulos y la cuarta sólo de treinta). Ahora bien, conforme al orden sistemático de las listas, la *Metafísica* debía precisamente hallarse en esa cuarta columna. A su vez el catálogo anónimo presenta en ese mismo punto cinco títulos que no están en el de Diógenes: la *Metafísica* y cuatro obras «hipomnemáticas». Parece no haber aquí más que una conclusión correcta: esos cinco títulos son justamente los perdidos en el catálogo de Diógenes[5]. En tal caso, podemos afirmar que la lista de Aristón contenía también el título de *Metafísica*.

¿Cuál es entonces el verdadero significado de «metafísica» (τὰ μετὰ τὰ φυσικά)? Cuesta creer que pueda tratarse de una simple etiqueta clasificadora con vistas a una edición o a un catálogo. El orden sistemático de la catalogación primitiva parece sugerir que, desde el principio, la *Metafísica* ocupaba el tercer puesto en la sucesión «física - matemáticas - metafísica», que refleja con exactitud el cuadro epistemológico presentado por Aristóteles en el libro VI de la *Metafísica*, del que hablaremos más adelante.

Moraux, con todo, impugna la validez de la interpretación de Simplicio, que él califica de «neoplatónica» y a tenor de la cual el término «metafísica» viene de que esta ciencia se ocupa de un objeto *transfísico o suprafísico*[6]. Según el mismo Moraux, el sentido de «metafísica» se basa, al contrario, en razones y consideraciones de carácter didáctico:

> La flaqueza de nuestra mente nos obliga a comenzar por el estudio de cosas imperfectas o secundarias, objeto de la física, para luego pasar al de seres perfectos y primarios, objeto de la «filosofía primera»; *con relación a nosotros*, ésta viene *después* de la física y merece así el nombre de μετὰ τὰ φυσικά[7].

Ateniéndonos a esto, podríamos incluso, al menos como conjetura, atribuir a Eudemo la invención del término. El Seudoalejandro sostenía

---

5. *Ibid.*, p. 314-15.
6. Cf. Simplicio, *In Phys.*, 1, 18ss. Diels.
7. Moraux, *op. cit.*, p. 315.

que la *Metafísica* había sido confiada a Eudemo, quien por primera vez la sistematizó[8].

A buen seguro, estas nuevas perspectivas, por seductoras que parezcan, son sobre todo válidas como hipótesis de trabajo. Mas se trata de hipótesis sólidamente fundadas y por tanto más coherentes y firmes que las anteriores. De todos modos, no puede ya sostenerse la tesis del origen meramente casual y contingente del título de *Metafísica*.

4. *Posición de los antiguos comentaristas*

¿Nos ayudan los comentaristas antiguos a esclarecer el sentido de la enigmática expresión τὰ μετὰ τὰ φυσικά? Básicamente la interpretan de dos maneras distintas, que son las mencionadas por Moraux en la cita presentada más arriba, pero que es aquí oportuno explicitar y aclarar mejor.

Simplicio y otros intérpretes neoplatónicos dan a «metafísica» el significado de *superorden jerárquico*: la «meta-física» sería así la ciencia que trata de las realidades enteramente *separadas de la materia*, derivando su nombre de la situación que ocupan, desde el punto de vista axiológico, «por encima» de las cosas físicas. Según esto, la metafísica tiene por objeto la investigación de lo «suprafísico», es decir, de las realidades trascendentales[9].

Alejandro y Asclepio, en cambio, subrayan el sentido que tiene la palabra μετὰ en la *relación de sucesión de nuestros conocimientos*. Alejandro afirma que la «sabiduría» o «teología» se llama también «metafísica», debido a su orden de sucesión respecto de nosotros, o sea el orden en que vamos adquiriéndola[10]. Esta concepción es también la de Asclepio[11], según el cual Aristóteles trató primero de la física, cuyo objeto, *por naturaleza* posterior,

---

8. Cf. H. Reiner, «Die Entstehung und ursprüngliche Bedeutung des Namens Metaphysik», en *Zeitschrift für philosophische Forschung*, 8 (1954), p. 210-37; «Die Entstehung der Lehre vom bibliothekarischen Ursprung des Namens Metaphysik», en *id.*, 9 (1955), p. 77-99. Véase Alejandro, *In Metaph.*, p. 515, 3-11 Hayduck, y Asclepio, *In Metaph.*, p. 4, 4-16 Hayduck.

9. Cf. *supra*, nota 7.

10. Alejandro, *In Metaph.*, p. 171, 6 ss. Hayduck.

11. Asclepio, *In Metaph.*, p. 3, 28 ss. Hayduck. Sobre este problema sigue siendo fundamental la obra de K. Kremer, *Der Metaphysikbegriff in den Aristoteles-Kommentaren der Ammonius-Schule*, Aschendorff, Münster 1961.

es *para nosotros* anterior; luego trató de las cosas divinas, a cuya ciencia dio el nombre de «metafísica», porque, aunque tales cosas sean *por naturaleza* anteriores, son posteriores *para nosotros*. La «meta-física», por tanto, es la ciencia que *para nosotros* viene *después* (μετὰ) de la física, *dado el orden en que adquirimos nuestros conocimientos*.

5. Respuestas que los textos aristotélicos pueden dar a nuestro problema

Los textos de Aristóteles justifican ampliamente ambas exégesis. En todos sus libros, según veremos, el Estagirita presenta como problema perentorio de la «filosofía primera» el de la sustancia *suprasensible* o *suprafísica* (sustancia primera) y, por otra parte, dice a menudo que lo que *por naturaleza* es anterior es *para nosotros* posterior, y viceversa[12]. En conclusión, *Metafísica* puede significar ambas cosas. Es más, puede significar la segunda sólo en la medida en que significa *también* la primera: una ciencia que es (aristotélicamente), *quoad nos*, «posterior» a la física por cuanto (y *sólo por cuanto*) se sitúa axiológicamente «más allá» de la física.

Entre los muchos textos disponibles, hemos escogido tres particularmente elocuentes y aun decisivos en ciertos aspectos. En el libro IV, Aristóteles caracteriza lo metafísico en función de su «superorden jerárquico» con relación a lo físico:

> Por otro lado, puesto que hay alguien *que está todavía por encima del físico* (de hecho, la naturaleza es sólo una modalidad del ser), a quien estudia lo universal y la sustancia primera le incumbe también el estudio de los axiomas. La ciencia es, sí, una sabiduría, mas no la primera sabiduría[13].

El término utilizado, ἀνωτέρω, denota muy bien el estar «más allá», es decir, *más arriba, por encima de lo físico*. El pasaje citado anticipa lo que se describirá más detalladamente en el libro VI, donde la metafísica es llamada teología y presentada como anterior (προτέρα) a la física precisamente en razón de su objeto:

---

12. Cf. G. Reale, *Il concetto di filosofia prima e l'unità della Metafisica di Aristotele*, Vita e Pensiero, Milán 1994[6].

13. *Metaf.*, IV 3, 1005 a 33-b 2.

Si no existiera otra sustancia además de las que constituyen la naturaleza, la física sería la ciencia primera; si existe, en cambio, una sustancia inmóvil, la ciencia de ésta vendrá en primer lugar y será la filosofía primera[14].

En el libro VII, Aristóteles enfoca de la mejor manera posible la relación de sucesión de nuestros conocimientos, estableciendo cómo *para nosotros* viene *primero* el conocimiento de las realidades físicas y sólo *después* el de las realidades suprasensibles:

Todos admiten que algunas de las cosas sensibles son sustancias; de éstas, pues, debe arrancar nuestra investigación. No cabe duda que es utilísimo avanzar gradualmente hacia lo más cognoscible y, de hecho, todos adquieren de este modo su saber, procediendo a través de lo que por naturaleza es menos cognoscible [las realidades suprasensibles] (...). Las cosas cognoscibles y primeras para el individuo son a menudo escasamente cognoscibles por naturaleza y poco o nada nos dicen del ser. No obstante, hay que partir de estas cosas poco cognoscibles por naturaleza, pero que son las que el individuo puede conocer, para llegar a lo cognoscible en sentido absoluto, procediendo, como decíamos, a través de las primeras[15].

Así, *para nosotros* viene *después* lo que ontológicamente es superior y *primero*, al estar *más allá* o *por encima* de lo sensible.

En suma, el término «metafísica» (sobre todo en la expresión griega original τὰ μετὰ τὰ φυσικά) implica en definitiva las dos exégesis, por razones estructurales. En tal caso, sea cual fuere la génesis histórica de esa palabra, podemos adoptarla legítima y definitivamente, dándole el doble valor arriba ilustrado, para designar lo que el propio Aristóteles designaba con múltiples expresiones menos eficaces, como «sabiduría», «filosofía primera», «teología», «ciencia selecta», «ciencia del ser en cuanto ser», «ciencia de la sustancia», «ciencia de la verdad», etc.[16]

---

14. *Metaf.*, VI 1, 1026 a 27-30.
15. *Metaf.*, VII 3, 1028 a 33-1029 b 12.
16. El lector interesado podrá encontrar estas expresiones y las referencias a los correspondientes pasajes, así como su comentario, en la sexta edición de mi libro *Il concetto di filosofia prima*, etc., *op. cit.*

Nótese, sin embargo, que la fórmula aristotélica más significativa, «filosofía primera», confirma plenamente la exégesis que proponemos: la filosofía primera es tal por ocuparse de lo que es ontológica y axiológicamente primero.

6. *El problema de la génesis de la obra*

La otra cuestión a que antes aludíamos es la de la génesis y unidad de la *Metafísica*. Está ya fuera de duda que los catorce libros que nos han llegado con el título de *Metafísica* no constituyen una *unidad literaria* propiamente dicha ni un todo orgánicamente predispuesto, coordinado y acabado. Ya algunos especialistas del siglo pasado declararon apócrifos libros enteros o partes de éstos, por contener afirmaciones supuestamente contrarias a las consideradas como genuinas y auténticas. Se ha intentado también reconstruir, entre los libros que componen la *Metafísica*, un orden distinto del que aparece en los textos que poseemos y hasta hay quienes creen que la obra no es más que una antología de escritos diversos, algunos de cuyos títulos figuraban todavía en el catálogo de Diógenes.

Pero sólo a partir de Jaeger —y esto, como ya hemos dicho, es lo que ha caracterizado la crítica aristotélica de nuestro siglo durante cerca de cincuenta años— *se pretendió negar toda unidad de pensamiento a la «Metafísica»*. El erudito alemán escribió textualmente: «No es lícito considerar como unidad los textos recogidos en el *corpus metaphysicum* y basar su confrontación en una categoría común que sólo representa el promedio de elementos absolutamente heterogéneos».[17]

Y añadía:

> Del todo ilícito es partir del presupuesto de su *homogeneidad* filosófica para disimular los problemas que la obra plantea a cada paso, aun desde el punto de vista del contenido. Hay que rechazar, pues, cualquier intento de reconstruir una póstuma *unidad literaria* con los fragmentos que conservamos, mediante la transposición o exclusión de libros. Pero no menos conde-

---

17. W. Jaeger, *Aristotele. Prime linee di una storia della sua evoluzione spirituale*, versión italiana autorizada de G. Calogero con añadiduras y apéndice del autor, La Nuova Italia, Florencia 1935, p. 223. [Ed. esp. Fondo de Cultura económica, Madrid, 1993.]

nable es la precipitada admisión de su *unidad filosófica*, a despecho de las características de cada documento. En el marco de una actividad intelectual que forcejeó con los mismos problemas durante decenios, cada uno de esos documentos representa un momento fecundo, un punto de partida para una nueva formulación[18].

En eso mismo coincidían cuantos aceptaron y aplicaron el método «genético», si bien con diferentes matices. Hoy tal exégesis se juzga anticuada y casi nadie la defiende.

Brevemente podemos aquí enfocar la cuestión como sigue. Al cabo de medio siglo de investigaciones, el método genético acabó por minar y disolver enteramente sus propias bases sin alcanzar ninguno de los grandes objetivos que se proponía. De hecho, a partir de los mismos indicios, elementos y datos, los distintos especialistas, aplicando dicho método, llegaron a demostrarlo todo y lo contrario de todo, dándose la posibilidad de defender tal o cual tesis, exactamente la contraria y una o varias intermedias. Así también algunos tenían por texto antiguo el mismo que otros consideraban reciente o intermedio. Por último, basándose en ese método, se presentaban como textos de inspiración «platónica» los declarados «antiplatónicos» por otros investigadores[19].

En suma, los resultados obtenidos mediante la aplicación de los cánones del método histórico-genético se revelaron capaces de anularse mutuamente, quedando reducidos a cero; con ello se autoanuló también el método mismo.

Esto no significa, ni mucho menos, que haya sido vano medio siglo de trabajos basados en el método genético. Se lograron ciertamente resultados, aun notables (es más, el fervor y las esperanzas que suscitó el nuevo método volvieron a despertar el interés por Aristóteles), pero no se alcanzaron las *metas* prefijadas. A la inversa, se ha llegado a ver con toda claridad que, si se niega la *homogeneidad filosófica y especulativa de una obra, resulta absolutamente imposible entenderla*[20].

---

18. *Ibid.*, p. 226.
19. Véase mi detallada demostración al respecto en *Il concetto di filosofia prima*, etc., sexta edición, *op. cit.*
20. En muchos casos se atribuye a la obra interpretada una serie de contradicciones de las que en realidad sólo es responsable el intérprete.

Pasemos ahora a exponer las tesis que en el pasado defendimos a contracorriente[21] y que hoy se imponen como irrefutables en todos los niveles.

Sin ningún género de duda, hemos ya de admitir que la *Metafísica* no es una obra unitaria, sino una colección de escritos. Éstos no fueron redactados de una sola vez y en un mismo período, siendo más bien fruto de una maduración de ideas, meditaciones y pensamientos que se prolongó durante años. En esta tesis se resumen precisamente los resultados positivos de la interpretación histórico-genética.

La época de composición de los varios libros se extiende probablemente desde la fundación del Peripato (335-34 a. de J.C.) hasta la muerte del Estagirita (322 a. de J.C.). Alguno que otro texto podría datar de años anteriores, a partir de 347-45, es decir, del período en que Aristóteles dirigió una escuela en Assos, junto con Xenócrates, Erasto y Corisco. Pero, en contra de lo que se defendía en las interpretaciones histórico-genéticas, hay que admitir que Aristóteles tuvo ciertamente por válidos todos los textos que conservó. Así, aunque nacidos en distintas épocas de su vida, no cabe duda que en tales libros hay una *unidad fundamental de pensamiento*. Si se niega esta unidad, resulta sencillamente imposible la lectura de la *Metafísica*.

Dice muy bien Aubenque —investigador que nos complacemos en citar, porque, pese a seguir una dirección teórica opuesta a la nuestra, defiende también ese principio básico— en un interesante volumen:

> La tesis de la evolución no significa, pues, que esta obra [la *Metafísica*] no pueda considerarse como un todo; *no es posible ninguna interpretación filosófica de cualquier autor si no se acepta el principio de que ese autor sigue siendo en todo momento responsable de la totalidad de su obra, a menos que haya renegado de esta o aquella parte.* El mismo principio se aplica a Aristóteles, tanto más cuanto que los escritos que de él nos han llegado no eran obras destinadas a la publicación, sino un material didáctico permanente (lo que no quiere decir intangible) al que Aristóteles y sus discípulos debían referirse todo el tiempo como a una «carta» de la unidad doctrinal del Liceo[22].

---

21. Téngase presente que hasta los años setenta predominó el modelo histórico-genético de interpretación.

22. P. Aubenque, *Le problème de l'être chez Aristote*, Presses Universitaires de France, París 1962 (reeditado muchas veces), p. 9-10.

Especialmente hemos de recalcar que hasta hace poco no se han sabido leer las obras aristotélicas que conocemos, y en particular la *Metafísica*, como clases y material reservado a los alumnos, o sea como obras intraperipatéticas con finalidad, estructura y hechura del todo diversas de las de los escritos redactados con vistas a su publicación. Repeticiones, rupturas formales, saltos, laconismos, aridez y rigidez lingüísticas y estilísticas son moneda corriente en la *Metafísica*. Quien pretendiese leer esos libros como la obra acabada que hoy se publica (o como componía el propio Aristóteles las obras que publicaba) seguiría el peor de los caminos y difícilmente llegaría a comprender el mensaje que le transmiten.

Aclaradas estas cuestiones preliminares, trataremos a continuación de describir la estructura de la obra mediante un análisis de cada libro, recorriendo por orden sus capítulos, y en segundo lugar pondremos de relieve e interpretaremos la armazón teórica del pensamiento metafísico de Aristóteles, mostrando sus fundamentos, conceptos clave y trabazones internas.

Capítulo 2

ESTRUCTURA DE LA OBRA
CONTENIDO

1. Análisis del libro I (A)

Como ya lo hemos explicado en el capítulo precedente, la *Metafísica* no posee la estructura sistemática y unitaria de una obra como tal, por ser sólo una recopilación de todas las clases y lecciones dadas por Aristóteles sobre las materias y puntos tratados. No obstante, una breve síntesis del contenido de cada libro nos facilitará una visión general y significativa de la problemática del conjunto y de su coherencia.

Este análisis revelará también la existencia de cierto hilo unitario (en cuanto al contenido doctrinal, desde luego, y no en cuanto a la forma literaria) que, pese a haber sido negado y cuestionado por los partidarios del método genético y otros intérpretes bajo su influjo, no parece que pueda ponerse en duda, como veremos.

Empecemos por el análisis del libro I.

Su esquema —perfectamente unitario— es el siguiente: La «sabiduría» (*sophia*) o, dicho de otro modo, la metafísica, es la forma suprema del conocer humano y consiste en el conocimiento de las *causas y principios*; más exactamente, en el conocimiento de las *causas y principios primeros* (capítulos 1-2).

¿Cuáles son esas causas y principios primeros? Son, según Aristóteles, las *cuatro* causas ya elucidadas en la *Física* (II 3 y 7): causa *formal*, causa *material*, causa *eficiente* y causa *final* (capítulo 3, comienzo).

Como prueba de que tales son única y exclusivamente las causas primeras, Aristóteles entra en una amplia disquisición histórico-teórica para mostrar que todos los filósofos anteriores a él hablaron de esas cuatro causas y no de otras, aun cuando a veces lo hicieran de modo tosco y confuso (capítulos 3-6). Tras una recapitulación (capítulo 7), vienen la crítica detallada de los Presocráticos (capítulo 8), la de los Platónicos (capítulo 9) y una breve conclusión (capítulo 10).

Del libro se desprenden, pues, cuatro puntos perfectamente concatenados: a) la metafísica es la ciencia de las causas primeras; b) estas causas son cuatro; c) no pueden ser más ni menos, como se deduce también de lo que dijeron todos los filósofos anteriores; d) por lo demás, las afirmaciones aproximadas e inexactas de esos predecesores se corrigen de la manera indicada por Aristóteles.

Este esquema, tan claro y coherente, debería barrer de un plumazo cualquier duda. Empero los intérpretes modernos no han vacilado en proponer audaces desmembraciones. Algunos han creído descubrir en el libro tres redacciones distintas, mientras otros estimaban que este libro fue suprimido en la redacción última de la *Metafísica* y sustituido por el que le sigue. Trátase aquí de meras conjeturas, de tesis en modo alguno demostrables y hoy tenidas por indefendibles.

Detengámonos, con todo, en una cuestión ya clásica cuyo interés rebasa los límites de la hermenéutica histórico-genética. En I 9, Aristóteles expone una serie de críticas contra la doctrina de Platón y de los Platónicos; ahora bien, la mayoría de esas críticas reaparecen en XIII 4-5 casi literalmente, aunque con una curiosa variante sistemática: en I 9, el Estagirita emplea la *primera persona* del plural al hablar de los Platónicos (como diciendo: «nosotros, los Platónicos»), mientras que en XIII 4-5 *utiliza, en lugar de la primera persona del plural, la tercera*[1]. ¿Cómo explicar esta aparente anomalía?

Jaeger defendió a este respecto una tesis que hizo época, pero que suscita no pocas dudas: La primera persona del plural indica que, en el momento de la composición de I 9, Aristóteles se contaba todavía a sí mismo entre los Platónicos («¡nosotros, los Platónicos!») a pesar de sus duras críticas contra ellos; más tarde, al escribir XIII 4-5, eliminaría sistemáticamente esa primera persona del plural, manifestando así que ya *no* se consideraba miembro de dicha escuela, por haber experimentado una ulterior evolución que lo llevaría a separarse definitivamente de los Platónicos. Por consiguiente, el libro I debía remontarse a los primeros años posteriores a la muerte de

---

1. Véanse los siguientes pasajes: I 9,990 b 9,11,16,23; 991 b 7; 992 a 11,25,27,28,31; y en el libro XIII 4, 1079 a 5,7,12,19; 5,1080 a 6.

Platón, es decir, al período de Assos, del que data también la redacción del escrito que lleva por título *De la filosofía*.

La tesis es ciertamente ingeniosa, pero, además de carecer del pretendido alcance filosófico, suscita, como decíamos, no pocas dudas.

Examinemos estos dos puntos. En primer lugar, aun suponiendo que el libro I se remontase al período de Assos, el hecho de que más tarde, en XIII 4-5, al reanudar su crítica de la doctrina de las Ideas, Aristóteles *diera por válido todo lo que había dicho en I 9*, hasta el punto de reproducirlo a la letra, y cambiara sólo la primera persona del plural, revela ya de por sí la escasa importancia de la evolución del pensamiento del Estagirita durante aquel intervalo. En realidad, el cambio de persona gramatical es una cuestión más formal que sustancial, *si el resto permanece intacto*. Podríamos incluso dar la vuelta al argumento genético diciendo: Si, mucho tiempo después de componer I 9, Aristóteles, al reemprender la crítica del platonismo, sólo se limitó a corregir la primera persona, esto significa que su postura frente al platonismo siguió siendo sustancialmente la misma desde el principio hasta el fin.

En segundo lugar, a esa persona gramatical podría dársele también el sentido, como alguien lo ha señalado acertadamente, de un plural estilístico de comunicación con fines didácticos. Dicho de otro modo, Aristóteles se autoincluye entre los Platónicos precisamente para acabar de raíz (a ello conduce su crítica) con la doctrina de éstos («Eso decimos nosotros, los Platónicos, pero ¡ved a qué consecuencias nos lleva!»).

A decir verdad, es de poco interés filosófico determinar la fecha de I 9, como tal, y establecer luego la distancia cronológica que media entre ese texto y XIII 4-5. Lo que realmente importa es evidenciar la correspondencia del contenido de ambos pasajes. Desde el punto de vista especulativo, resulta innegable que I 9 y XIII 4-5 *son perfectamente homogéneos*; el cambio de la primera a la tercera persona del plural en nada modifica, pues, la equivalencia teórica de las dos redacciones[2].

Tratemos ahora de recorrer de manera detallada el contenido del libro, según el orden de sus capítulos.

---

2. Cf. J. Annas, *Aristotle's Metaphysics. Books M and N*, Oxford University Press, Oxford 1976 [trad. it., *Interpretazione dei libri M-N della «Metafisica» di Aristotele*, traducción de E. Cattanei, introducción y traducción de los libros M-N por G. Reale, Vita e Pensiero, Milán 1992, espec. p. 125].

Aristóteles quiere primero demostrar que todos los hombres entienden por «sabiduría» la forma suprema del saber y que ésta es el *conocimiento de las causas y principios*. Para ello hace una descripción de las diversas formas del conocer: sensación, memoria, experiencia, arte y ciencia; indica cómo se desarrollan unas a partir de otras y muestra cómo todos coinciden en tener por sabiduría solamente el arte y la ciencia. La experiencia se refiere siempre a lo particular, mientras el arte (entendido como técnica) y la ciencia apuntan a lo universal, es decir, al porqué de las cosas, a su causa. Precisamente por esto no se consideran como sabiduría ni la sensación ni la experiencia, pero sí el arte y la ciencia, ni tampoco se ven como sabios los empíricos, sino sólo los que poseen arte y ciencia. —Además, la experiencia no puede comunicarse ni enseñarse a otros, al contrario del arte y la ciencia.— Por último, el *sabio* es tenido por tal en la medida en que se eleva a un saber más allá de las necesidades prácticas; este saber no es otra cosa que el conocimiento puro de las causas. (Cap. 1)

Dado que la *sabiduría* es el conocimiento de *ciertas* causas y de *ciertos* principios, Aristóteles pasa a explicar *cuáles* son esas causas y esos principios, concluyendo que son las causas y principios *primeros o supremos*. —El sabio, para serlo, ha de presentar las siguientes características: a) debe conocerlo todo, en cierto sentido, y logra esto el que conoce lo universal; b) debe conocer las cosas difíciles, y tales son precisamente los universales; c) debe tener conocimientos exactos, y exacto es sobre todo el conocimiento de los primeros principios; d) debe saber enseñar, y quien mejor sabe enseñar es el que conoce las causas; e) debe poseer la ciencia que se busca por sí misma y no por sus efectos prácticos, como sucede con la ciencia de los primeros principios; f) debe, finalmente, poseer la ciencia superior a toda otra ciencia, o sea la ciencia del fin, que es una causa primera.— El carácter puramente teórico de esta ciencia implica su carácter divino: se busca por puro afán de saber y no por utilidad práctica. Es, por tanto, una ciencia libre, cuyo fin está en sí misma y no en otra cosa; es también divina, por tratarse de la ciencia propia de Dios y porque tiene a Dios mismo por objeto (todos, de hecho, piensan que Dios es causa y principio primero, de donde se desprende que la ciencia que trata de las causas y principios trata de Dios).— Para concluir, Aristóteles habla del estado de ánimo que da origen a la sabiduría: por un lado, el estupor y asombro de que las cosas sean como son y estén como están; por otro, el deseo de liberarse de la ignorancia. (Cap. 2)

Habiendo puesto en claro que la «sabiduría» es la ciencia de las causas primeras, Aristóteles procede a determinar la índole de dichas causas. «Causa» se entiende en cuatro sentidos: a) causa *formal*; b) causa *material*; c) causa *motriz* (o *eficiente*); d) causa *final*.— La prueba de que éstas y no otras son las causas primeras se basa en el examen crítico de las doctrinas de sus predecesores. Los antiguos pensadores centraron su atención en la causa material, al tener por causa de las cosas uno o más elementos materiales (Tales estableció como principio de las cosas el agua, Anaxímenes y Diógenes el aire, Hipaso y Heráclito el fuego, Empédocles los cuatro elementos, y Anaxágoras las homeomerías).— Aquellos filósofos, sin embargo, no tardarían en percatarse de que el principio material no bastaba para explicar el devenir de las cosas y se vieron obligados por la realidad misma a ir más lejos en busca de otro principio, el principio motor.— Pero esos dos principios (causa material y causa motriz) tampoco eran suficientes para explicar toda la realidad; ninguno de los elementos materiales podía ser causa, por ejemplo, de la belleza y bondad de las cosas. Surgió así la doctrina de Anaxágoras, que introdujo una inteligencia para explicar el orden, aunque considerada más como causa de cambio que como causa final. (Cap. 3)

A su vez Empédocles, al observar que en el universo existen fealdades y males además de la belleza y el orden, introdujo, para explicar esos contrarios, dos principios opuestos: la *Amistad y la Discordia*.— De lo hasta aquí dicho se deduce que todos los filósofos mencionados entrevieron dos causas: la material y la motriz (sólo en grado mínimo la causa final).— Análogamente, Leucipo y Demócrito, con su doctrina de los átomos y las diferencias entre éstos, apuntaron a la causa material, pero pasaron por alto la causa del movimiento. (Cap. 4)

Siempre para demostrar que sus predecesores sólo hablaron de algunas de las *cuatro causas* antes citadas, Aristóteles procede a examinar las respectivas doctrinas de los Pitagóricos y de los Eleáticos. En lo que toca a los primeros, hace notar que su pensamiento filosófico dependía en gran manera de las matemáticas, pues consideraban los números y las características de éstos (pares e impares) como principios de las cosas y de las cualidades de las cosas. Para algunos Pitagóricos, los principios eran diez *pares de contrarios*. Aristóteles, no sin algún embarazo, opina que esos principios desempeñan la función de *causa material*, por cuanto los Pitagóricos los concebían como constitutivos inmanentes de las cosas de que son principios. Al final del capítulo, no obstante, admite que los Pitagóricos comenzaron ya a dar algunas definiciones (aunque rudimentarias) y a hablar de la *esencia, es decir, de la causa formal*.— En cambio, el tipo de investigación que llevaron a cabo los Eleáticos queda fuera del ámbito de las causas primeras, pues lo reducían todo a una única realidad inmóvil. Aristóteles, no obstante, asimila el Uno de Parménides (finito) a la forma (causa formal) y el Uno de Meliso (infinito) a la materia (causa material). En particular, ve en la segunda parte del poema de Parménides una confirmación de sus propios puntos de vista: el Eleático, no pudiendo hacer caso omiso de los fenómenos, tuvo que admitir, además del Uno (según la razón pura), el múltiple (según la sensación y la experiencia). Y, para explicar el múltiple (siempre en la segunda parte del poema), introdujo dos principios: el calor y el frío. (Cap. 5)

Sigue un examen de la filosofía de Platón, en la que Aristóteles ve también los antecedentes de la doctrina de las *cuatro causas*. La famosa doctrina platónica de las Ideas o Formas resulta, según el Estagirita, de la combinación de las teorías de Heráclito con el método socrático del concepto (interpretación que tendría gran éxito, aun entre los eruditos modernos).— Convencido, por un lado (como los seguidores de Heráclito), de que lo sensible está sometido a un flujo continuo y, por otro, de la pertinencia del método socrático de la definición, que postula al contrario un objeto estable e inmóvil (de características, por tanto, opuestas a lo sensible), Platón introdujo otras realidades (las Formas o Ideas) como objetos a los que se refieren las definiciones. Entre las Ideas y las cosas sensibles establecía una relación de «participación» (designándola sencillamente por lo que los Pitagóricos llamaban «imitación», aunque sin profundizar en ella).— Además, Platón puso como objetos «intermedios» entre las Ideas y las cosas los *entes matemáticos*, que son múltiples en cuanto sensibles, pero inmóviles y eternos como las Ideas.— Más adelante, Platón trataría también (y aquí Aristóteles se refiere a doctrinas que no encontramos en los *Diálogos* sino en forma de vagas alusiones, es decir, a «doctrinas no escritas») de determinar los elementos a partir de los cuales se originan las Ideas mismas. Estos elementos son la Díada grande-pequeño y el Uno (el Estagirita se remite así en parte a los Pitagóricos y en parte disiente de ellos).— Luego de mencionar algunas incoherencias de esta doctrina, Aristóteles subraya que las causas de que se sirvió Platón son fundamentalmente dos: la *formal* (las Ideas son causas formales de las cosas, y el Uno es causa formal de las Ideas) y la *material* (la Díada grande-pequeño desempeña el papel de causa material). Asimismo Platón entendía la *causa formal* como causa del bien (o sea como causa final) y *causa material* como *causa del mal* (ya Anaxágoras y sobre todo Empédocles lo habían entendido de esa manera). (Cap. 6)

Aristóteles resume del modo siguiente los resultados hasta aquí obtenidos. La mayoría de los pensadores hablan de la *causa material*. Algunos también de la *causa motriz*. Los Platónicos hablaron, en particular, de la *causa formal*, pero no con suficiente claridad. La *causa final* sólo ha llegado a entreverse y de ella se ha hablado impropiamente. (Cap. 7)

Una vez expuestas las ideas de sus predecesores, Aristóteles emprende un examen crítico de las mismas, comenzando por los físicos, que consideraban como causa de las cosas un solo elemento (Monistas) o varios (Pluralistas) y por los Pitagóricos. A los Monistas les opone estas objeciones: a) introdujeron causas capaces de explicar únicamente las cosas corpóreas, mas no las incorpóreas; b) no hablaron con precisión de ninguna causa motriz; c) ignoraron toda causa formal; d) el elemento originario que escogieron es impropio.— A Empédocles le achaca el haber tenido por originarios los cuatro elementos, que empero se transforman unos en otros, y haber también introducido dos causas opuestas del movimiento (Amor y Odio).— En lo que atañe a Anaxágoras, Aristóteles señala toda una serie de dificultades implícitas en su concepción de la originaria mezcla de las homeomerías.— Por último, a los Pitagóricos les reprocha lo siguiente: a) descubrieron, sí, principios más elevados que los de los naturalistas, pero se limitaron a explicar los fenómenos físicos; b) no dieron razón del principio del movimiento; c) no aclararon el modo en que los caracteres físicos de los cuerpos se derivan de los números; d) no explicaron adecuadamente cómo las distintas cosas se derivan de los números. (Cap. 8)

A la crítica de los Pitagóricos sigue otra muy minuciosa de Platón y de los Platónicos, donde Aristóteles aúna diversas críticas que equivalen a un compendio de numerosas argumentaciones (veintiséis, según la exégesis más extendida y aceptada) expuestas detalladamente en otras obras suyas.— Los temas básicos de tales argumentaciones son: a) el mundo de las Ideas es una inútil duplicación del mundo sensible; b) las pruebas aducidas por los Platónicos para demostrar la existencia de las Ideas se revelan erróneas por defecto (ya que no alcanzan su objetivo de manera adecuada); c) las Ideas no resultan ser aptas ni para constituir ni para dar a conocer las realidades sensibles; d) en sus doctrinas sobre los números, íntimamente ligados a las Ideas, se descubren muchísimas contradicciones; e) no es sostenible la doctrina platónica del conocimiento de las Ideas (anamnesis). (Cap. 9)

El último capítulo resume las conclusiones a que ha llegado Aristóteles en su investigación de los puntos tratados en el libro I. Todos los filósofos buscaron exclusivamente las cuatro causas arriba citadas y ninguna otra fuera de éstas. A menudo, también, trataron de tales causas de modo balbuciente y confuso. (Cap. 10)

2. *Análisis del libro II (α)*

El libro II consta de tres capítulos (es el más breve de toda la *Metafísica*). Los dos primeros están estrechamente vinculados, por cuanto siguen una misma línea de pensamiento; el nexo del tercer capítulo con los dos anteriores es tenue, pero parece darse.

En primer lugar, Aristóteles enumera las dificultades —subjetivas y objetivas— inherentes a la búsqueda de la verdad, luego identifica la filosofía (metafísica) con esa búsqueda y finalmente equipara la búsqueda de la *verdad* a la búsqueda de las *causas*. La verdad es, pues, la *causa* o *razón de ser de las cosas*: la verdad suprema es el ser supremo y por ende coincide con la causa primera, o sea con la causa que es la razón de ser de la verdad de las cosas que de ella dependen (capítulo 1). Después de reducir la verdad a la causa, demuestra la necesidad de que las causas sean finitas, en cuanto al *número* y en cuanto a la *especie* (capítulo 2). El libro concluye con algunas breves reflexiones sobre el *método* de investigación. Mientras los dos primeros capítulos tratan del objeto de la filosofía, este último trata del método: he aquí un nexo suficiente para vincular el capítulo 3 a los capítulos 1 y 2.

La autenticidad del libro ha sido muy discutida ya desde los tiempos antiguos, por las siguientes razones: a) es una colección de pensamientos fragmentarios; b) se halla impropiamente inserto entre los libros I y III; la numeración misma con la que nos ha llegado sugiere una inserción posterior, puesto que el libro I lleva el alfa mayúscula y el II la minúscula; c) no hay ninguna cita de este libro en los demás; d) el final parece introducir un tratado de física más que de metafísica.

Muchos han acabado, pues, por aceptar como probable el contenido de una apostilla descubierta en un códice, según la cual el autor del texto debía ser Pasicles de Rodas, discípulo de Aristóteles e hijo de Boeto, hermano, este último, de Eudemo. En esa misma apostilla, sin embargo, se recuerda que Alejandro pensaba que el libro era obra de Aristóteles[3].

---

3. El escolio dice: «Este libro es considerado por la mayoría como obra de Pasi-

La conclusión, por consiguiente, no es decisiva, tanto menos cuanto que, como se ha señalado desde hace ya tiempo, el libro podría muy bien haber sido materialmente redactado por Pasicles, pero como apuntes de las lecciones aristotélicas.

En tiempos más recientes, se ha defendido la tesis de que dicha apostilla no se refiere en modo alguno al libro II, sino al I, y que la relación establecida con el libro II se debe sólo a un error de lectura paleográfica[4].

De todas maneras, creemos poder refutar una por una las razones aducidas contra la autenticidad del libro II.

1) El libro II no es en realidad más fragmentario que otros muchos y, como ya hemos visto por el esquema trazado más arriba y veremos mejor en el resumen detallado que sigue, tiene su propia coherencia lógica; tampoco están fuera de lugar las indicaciones metodológicas del último capítulo, si se ven desde cierto ángulo.

2) No hay nada extraño en su inserción entre los libros I y III, pues no interrumpe su conexión, sino que se presenta como complemento del libro I. Éste muestra solamente que, *de hecho*, los predecesores de Aristóteles no mencionaron otras causas que las cuatro en cuestión; el libro II prueba que el número de esas causas es por necesidad finito, aun *de derecho*. Además, las últimas líneas del libro I hablan de dos órdenes de problemas o «aporías»:

> Pero volvamos a algunos de los problemas que podrían plantearse *sobre estas mismas doctrinas de las causas*; tal vez de su solución podamos sacar algún provecho para resolver *otros problemas que vendrán después*.

Si se entienden correctamente estas declaraciones, resulta obvio que el primer orden de problemas es el tratado en el libro I y que la alusión al segundo orden se refiere a los problemas planteados en el libro II.

---

cles de Rodas, que era auditor de Aristóteles, hijo de Boeto, hijo de Eudemo. Pero Alejandro de Afrodisia dice que es de Aristóteles.» En efecto, Alejandro, en su *Comentario sobre la Metafísica de Aristóteles* (p. 137, 2 Hayduck), escribe: «El libro alfa elatton [= libro II] de la *Metafísica* es de Aristóteles.»

4. Véanse en particular: E. Berti, «Note sulla tradizione dei primi due libri della "Metafisica" di Aristotele», en *Elenchos*, 3 (1982), p. 5-37; S. Bernardinello, «Gli scoli della "Metafisica" di Aristotele nel f. 234' del Parisinus Graecus 1853 (E)», ibid. p. 39-54.

3) Verdad es que no hay ninguna cita segura de este libro en los demás libros de la *Metafísica* aristotélica, pero sí, en cambio, dos citas claras de la *Metafísica* de Teofrasto. Y como Teofrasto, en su escrito, se remite precisamente a la *Metafísica* y no a otras obras de Aristóteles, esto puede ser suficiente[5].

4) En cuanto a la última duda, basada en que la temática del libro parece relacionarse con un tratado de *física* más que de *metafísica*, alguien ha hecho justamente notar que, al final de I 3, se menciona la física sólo a guisa de ejemplo; no hay motivo, pues, para creer que debía necesariamente seguirle un tratado de física.

5) Por último, si consideramos válida la tesis de que la apostilla del códice que atribuye la redacción de este libro a Pasicles de Rodas está relacionada con el libro I y no con el II, cae por su base cualquier duda que pudiera abrigarse acerca de nuestro libro.

Como vemos, los diversos argumentos tendentes a negar la autenticidad del libro II pierden todo fundamento si se someten a una crítica minuciosa; por otra parte, el libro contiene algunas reflexiones verdaderamente espléndidas y típicamente aristotélicas, como la siguiente (reproducida a la letra por Teofrasto):

> Quizá también, puesto que la dificultad [de captar la verdad] es de dos clases, la causa de que la verdad sea difícil no reside en las cosas, sino en nosotros. En efecto, tal como los ojos de los murciélagos se comportan frente a la luz del día, así la inteligencia de nuestra alma se comporta frente a las cosas que por naturaleza son las más evidentes de todas[6].

He ahí una observación que resume, con una bellísima imagen, lo dicho de modo abstracto al final de VII 3. Puede por tanto leerse el libro II (y no sin fruto) como apéndice y complemento del libro I.

Examinemos ahora más por menudo el contenido de los tres capítulos.

---

5. Cf. G. Reale, *Teofrasto e la sua aporetica metafisica*, La Scuola, Brescia 1964, p. 133 s.; Id., *Il concetto di filosofia prima e l'unità della Metafisica di Aristotele*, Vita e Pensiero, Milán 1994[6], p. 53. En particular, cf. Arist., *Metaf.*, II 1, 993 b 7-10 con Teofr., *Metaf.*, 9 b 10-13; véase también la concordancia entre Arist., *Metaf.*, II 3, 993 a 14-17 y Teofr., *Metaf.*, 10 a 4-9.

6. *Metaf.*, II 1, 993 b 7-11.

La búsqueda de la verdad es, en cierto sentido, difícil, y en otro sentido, fácil. Es difícil por no poderse captar en su totalidad; fácil, porque no hay hombre que no logre alcanzarla al menos en parte. La verdadera razón de la dificultad de esa búsqueda no está en las cosas, sino en nosotros mismos, o sea en la incapacidad de la mente humana para ver las cosas que, sin embargo, son de por sí las más evidentes. De hecho, la mente humana se comporta ante las cosas como los ojos de los murciélagos ante la luz. Aristóteles da luego a entender que la búsqueda de la verdad se beneficia de los hallazgos de todos los pensadores, aun los más superficiales, ya que todos ellos, directa o indirectamente, ayudan a descubrir lo verdadero. A la filosofía se le da también con pleno derecho el nombre de *ciencia de la verdad*, porque, como ciencia teórica y no práctica, tiene por meta la verdad y sólo la verdad. Ahora bien, conocer la verdad significa conocer la causa; y cuanto más una causa es condición del ser de las cosas que de ella dependen, tanto más es verdadera. Las más verdaderas de todas son las causas de los seres eternos, por cuanto son eternamente verdaderas. Por tanto, el grado de verdad de una cosa corresponde a su grado de «ser». (Cap. 1)

Habiendo dejado en claro que el conocimiento de la verdad coincide con el de las causas, Aristóteles pasa a demostrar que el número de causas es necesariamente finito. En primer lugar, no es posible una regresión infinita en cada especie de causa: ni en la material, ni en la motriz, ni en la formal, ni en la final. Admitir un proceso hasta el infinito en cualquiera de esas causas nos llevaría al absurdo. En segundo lugar, tampoco puede existir *un número infinito de especies de causas*, lo que imposibilitaría todo conocimiento (dado que sólo es cognoscible lo determinado o finito, y no lo indeterminado, es decir, lo infinito). (Cap. 2)

El libro termina con algunas observaciones de carácter metodológico. El éxito del método seguido en las lecciones depende de los hábitos y de la *forma mentis* de quien las escucha: cuanto más responda a esos hábitos, más éxito tendrá, y viceversa. Algunos sólo aceptan el método riguroso de las matemáticas; otros desean que se proceda mediante ejemplos; otros, por fin, quieren oír testimonios de poetas. Y mientras que a unos les gusta reír, a otros les desagrada. Es necesario, pues, que al abordar una ciencia se conozca previamente el método empleado para estudiarla, ya que no es posible aprender a la vez el método y la ciencia. El mejor método es el matemático, mas no puede pretenderse aplicar este método a todas las ciencias, sino sólo a las relacionadas con los entes matemáticos, que son inmóviles. Por ejemplo, el rigor de las matemáticas no podrá aplicarse a la física, que trata de entes móviles y ligados a la materia. Consiguientemente, deberá utilizarse el método más apropiado a la ciencia que se quiere estudiar. (Cap. 3)

3. Análisis del libro III (B)

El libro III trata de las «aporías», es decir, de un grupo de problemas que constituyen el núcleo de las dificultades metafísicas. En el primer capítulo, Aristóteles expone las razones por las que es necesario darse de antemano plena cuenta de los problemas como tales. Los problemas se asemejan a los nudos, que no pueden deshacerse si se ignora su existencia; en otras palabras, cuanto más conscientes seamos de un problema, tanto mejor lo resolveremos. El autor enumera esos «problemas» y los discute luego sistemáticamente.

La vivacidad de que Aristóteles hace gala en este libro es debida a la *estructura antinómica de la discusión de los problemas mismos.*

He aquí su lista:

1) ¿Pertenece a una sola o a varias ciencias el estudio de las distintas causas?

2) ¿Compete a una misma ciencia o a varias el estudio de los principios tanto de las sustancias como de la demostración?

3) ¿Compete a una misma ciencia o a varias el estudio de todas las sustancias?

4) ¿Trata la ciencia sólo de las sustancias o también de los accidentes?

5) ¿Existen únicamente sustancias sensibles o también otras? Y éstas ¿son o no de un solo género?

6) Los principios de los seres ¿son los géneros o los elementos materiales?

7) Esos principios ¿son los géneros supremos o los ínfimos?

8) Si no hay nada más que las cosas singulares ¿cómo es posible la ciencia?

9) La unidad de los principios ¿es específica o genérica?

10) Los principios de las cosas corruptibles ¿son o no los mismos que los de las incorruptibles?

11) ¿Son el Ente y el Uno sustancias de las cosas o no?

12) ¿Son los números y los entes geométricos sustancias o no?
13) ¿Por qué, además de las sustancias sensibles y los seres intermedios, hay buscar otras cosas, por ejemplo las Ideas?
14) Los elementos ¿son tales en potencia o en acto?
15) Los principios ¿son universales o singulares?

En cada problema, Aristóteles presenta las soluciones de los Naturalistas y les contrapone las de los Platónicos, mostrando que ni unas ni otras son válidas y que, al propio tiempo, todas aciertan en algo. Al lector se le deja en la «tensión» de la aporía, pero con la enorme ventaja, aparte del interés despertado por el problema, de haber visto el pro y el contra de cada cuestión.

Entre los muchos problemas relativos a la exégesis del libro III, mencionemos uno que nos parece esencial. En el pasado se creyó poder afirmar el carácter «platónico» de las aporías, por centrarse éstas básicamente en el problema de la trascendencia (véanse los problemas 5 y 8); se pensaba, además, que tendían a restaurar la conquista llevada a cabo por Platón en el campo de lo suprasensible. El libro III debía por tanto pertenecer a la «primera» metafísica. Esta tesis, que ya nadie defiende, es abolutamente arbitraria, pues no tiene en cuenta la estructura misma de la aporética. De hecho Aristóteles, en las aporías, critica o aprueba puntos de la doctrina platónica y también de las doctrinas antiplatónicas. Se trata, en suma, no de *una* única postura intelectual que se cuestiona para luego recuperarla críticamente, sino de dos posturas del todo diversas, la platónica y la naturalista, que se contraponen para subrayar su carácter unilateral y a la vez sacar partido de lo que una y otra tienen de justo. La verdad está en el medio.

Aristóteles escribe las aporías sabiendo muy bien que una u otra postura, la de los Platónicos o la de los Naturalistas, son insostenibles, aun si cada grupo tiene sus razones. *A la solución de los problemas se llega sólo en un plano más elevado que abarque ambas posturas*, un plano que permita tener en cuenta de modo sintético tanto lo positivo de los Platónicos como lo también positivo de la posición antiplatónica[7].

Por lo demás, estos «problemas» y el libro B se mencionarán todavía varias veces en la *Metafísica*: cf. IV 2, 1004 a 33 s., X 2, 1053 b 10; XIII 2, 1076 a 38-b 1; XIII 10, 1086 b 15. Todos ellos, explícita o implícita-

---

7. Para un examen minucioso del libro III, véase Reale, *Il concetto di filosofia prima*, sexta ed., *op. cit.*, p. 54-98.

mente, irán resolviéndose a lo largo del tratado. Los problemas 1-4 se resuelven en IV 1-3. El problema 5, citado con frecuencia (cf. sobre todo VII 2), queda resuelto en los libros XII-XIII-XIV. A los problemas 6 y 7 se les da una respuesta sólo implícita en VII 10, 1035 a 24, 30 y VII 12, 1038 a 19; cf. también VII 13 y XII 4. Para la solución del problema 8, véase VII 8, 13, 14; XII 6-10; XIII 10. El problema 9 se resuelve en VII 14; XII 4-5 y XIII 10. El problema 10, en VII 7-10 y XII. El problema 11, en VII 16, 1040 b 16 s. y X 2. El problema 12, en XIII 1-3 y 6-9; XIV 1-3 y 5-6. El problema 13, en los textos que tratan y resuelven el 5. La solución del problema 14 puede verse en IX 8 y en XII 6-7. La del problema 15, en VII 13, 14, 15 y en XIII 10.

En conclusión, si el libro III expone una serie de problemas y si algunos de los libros que le siguen se refieren expresamente a esos problemas, no puede negarse cierta vinculación entre los distintos libros ni cierto entramado conceptual, aunque no literario, claro está. Por lo tanto, aun manteniendo la tesis de que la *Metafísica* no fue redactada unitariamente, sino que es una colección de diversos escritos, debemos decir que ofrece un preciso plan conceptual de carácter unitario.

Examinemos ahora de manera detallada la organización del libro y cada una de las aporías.

> Los problemas y dificultades se exponen y discuten adecuadamente por los siguientes motivos.— Darse plena cuenta de las dificultades es una etapa esencial en el paso del no saber al saber; el que ignora las dificultades no sabe qué buscar y, en caso de encontrar algo, no sabe si lo que ha encontrado es lo que debía buscar.— La solución correcta no es otra cosa que acabar con las dificultades previamente identificadas. La dificultad es como un «nudo», y el que duda es como el que está atado; la solución equivale a deshacer el nudo. Evidentemente, esto no es posible para quien ignore la existencia e índole del nudo mismo.— Dudas y problemas nacen del encuentro o, mejor, del choque entre opiniones opuestas. Ahora bien, conocer las opiniones opuestas de los filósofos tiene la ventaja de presentar el pro y el contra de la cuestión y permitir así que madure un conocimiento de las razones de las partes contrarias, poniéndonos, como en un proceso, en las condiciones ideales para juzgar y decidir. (Cap. 1, 994 a 24-b 27)
>
> *Primera aporía.*— Se ha visto, en los libros anteriores, que hay cuatro clases de causas. De aquí el primer problema: *¿es una sola la ciencia de las cuatro*

causas o son varias? — [*Tesis*] No parece posible que sea una sola, por las siguientes razones: a) cosas entre sí *diversas* pueden pertenecer a una sola ciencia únicamente si son *contrarias*, pero las cuatro especies diversas de causas *no son contrarias*; b) no *todas* las cuatro causas están siempre presentes en *todas* las cosas; por ejemplo, las causas eficiente y final no están presentes en los seres inmóviles ni en las cosas matemáticas.— [*Antítesis*] Por otra parte, si las ciencias de cada especie de causa son diversas, no podrá tenerse por «filosofía primera» ninguna de ellas con exclusión de las demás, pues no sólo una sino todas poseen algún título para poder ser consideradas como «filosofía primera»: a) la ciencia de la *causa final* posee ese título por cuanto todas las cosas están en función de algún fin; b) la ciencia de la *causa formal*, por cuanto el conocimiento de la forma o esencia de las cosas es el conocimiento por excelencia; c) la ciencia de la *causa eficiente*, por cuanto explica la razón de la génesis y el devenir de las cosas. (Cap. 2, 996 a 18-b 26. La aporía se resolverá en IV 1.)

Segunda aporía.— ¿Pertenecen a una misma y única ciencia el estudio de *los principios lógicos fundamentales y el de la sustancia? (Y si no pertenecen a una misma ciencia, ¿con cuál de las dos identificaremos la «filosofía primera»?.*— [*Tesis*] Parece imposible que los principios lógicos fundamentales sean objeto de investigación para una misma ciencia, por estas razones: a) de los principios lógicos fundamentales hacen uso todas las ciencias; no se ve entonces por qué motivo el estudio de esos principios deba ser propio de la filosofía primera y no de las demás ciencias; menos todavía puede ser objeto de todas ellas; b) incluso podría decirse que *no existe ciencia alguna* de los principios lógicos, ya que éstos son inmediatamente evidentes y resulta imposible un conocimiento demostrativo de los mismos.— [*Antítesis*] Por lo demás, si la ciencia de los axiomas es distinta de la de la sustancia, hay que determinar cuál de las dos tiene precedencia y superioridad sobre la otra. En efecto, los principios lógicos fundamentales son lo más universal que puede existir y, por tanto, valen para todas las realidades. Así, nadie está mejor capacitado que el filósofo (¡el metafísico!) para indagar su verdad o falsedad. (Cap. 2, 996 b 26-997 a 15. Aristóteles responderá a esta cuestión en IV 3.)

Tercera aporía.— ¿*Hay una sola o diversas ciencias para todos los tipos de sustancias (sensibles o suprasensibles)?* — [*Tesis*] Si se admite que son diversas las ciencias de las diversas sustancias, surgirá la dificultad de decidir de qué tipo de sustancias es ciencia la «filosofía primera».— [*Antítesis*] Al contrario, si se admite una ciencia única para todos los tipos de sustancias, se caerá en esta absurda consecuencia: toda ciencia demostrativa gira en torno a un sujeto y demuestra las *propiedades* o *atributos* esenciales de ese sujeto, partiendo de los principios lógicos fundamentales. Por consiguiente, si la ciencia de todas las sustancias fuese única, sería también único el sujeto de esa sustancia; todas las propiedades lo serían de ese mismo sujeto y, manifiestamente, su estudio correspondería a esa misma y única ciencia. Todas las ciencias se verían entonces reducidas a ella sola. La validez de esta conclusión se mantiene sea cual fuere la solución de la aporía precedente. (Cap. 2, 997 a 15-25. Esta aporía será resuelta en IV 2 y en VI 1.)

Cuarta aporía.— *La ciencia que estudia la sustancia ¿es la misma que estudia también las propiedades de la sustancia?* — [*Tesis*] Si se admite que la ciencia de la sustancia coincide con la ciencia de las propiedades de la sustancia, se caerá en esta absurda consecuencia: puesto que la ciencia de las propiedades de la sustancia es *demostrativa*, habrá que admitir lógicamente que también es *demostrativa* la ciencia de la sustancia. Mas esto es absurdo, pues la sustancia y la esencia no pueden *demostrarse*, sino sólo *definirse*. De donde se deduce que ambas ciencias no pueden coincidir.— [*Antítesis*] Ahora bien, si se admiten dos ciencias distintas (una de la sustancia y la otra de las propiedades de la sustancia), surgirá la siguiente dificultad: no podrá encontrarse esa ciencia que trata *sólo de las propiedades*, ya que toda ciencia trata de las propiedades de *un sujeto determinado*. (Cap. 2, 997 a 25-34. Esta aporía se resuelve en IV 2, 1003 b 33-1005 a 18.)

Quinta aporía.— *¿Existen únicamente sustancias sensibles o hay también otras suprasensibles? Si hay sustancias suprasensibles, ¿serán éstas sólo las Ideas platónicas o también los entes intermedios (las realidades matemáticas)?* — [*Tesis*] Llevan a consecuencias absurdas tanto la doctrina de las Formas o Ideas como la de los entes intermedios. Admitiendo la existencia de Ideas (como lo hacen los Platónicos), se caerá en el absurdo, por una parte, de afirmar que hay realidades *más allá* de las sensibles y, por otra, de considerarlas *idénticas* a éstas, con la única diferencia de tener las primeras por «eternas» y las segundas por «corruptibles» (entre el caballo «en sí» y un caballo sensible, por ejemplo, no existe otra diferencia que la mencionada). Las Ideas no son más que «sensibles eternos», es decir, duplicaciones inútiles y absurdas de las realidades sensibles. Admitiendo la existencia de «entes matemáticos intermedios» entre los números ideales y los números sensibles, deberá admitirse, por analogía, la de entes intermedios para las ciencias matemáticas y luego también para todas las demás ciencias, con lo que se caerá en un abismo de absurdos: habrá que admitir un cielo, un sol y una luna «intermedios» entre los ideales y los sensibles; o bien una salud «intermedia» entre la ideal y la sensible, o una medicina intermedia y así sucesivamente. — [*Antítesis*] Por otro lado, debe reconocerse lo que hay de justo en la argumentación de los Platónicos. De hecho, ni la geodesia parece tener por objeto las magnitudes sensibles, ni la astronomía el cielo que vemos. Tampoco las líneas sensibles son aquellas de que habla la geometría, ya que no existe ninguna cosa sensible recta o curva del modo exacto en que la considera esa ciencia. Análogamente, los movimientos y revoluciones de los cielos tal como los estudia la astronomía no son idénticos a los naturales, ni los astros son puntos, como los describen los astrónomos. Desde esta perspectiva, pues, parece necesario admitir la existencia de «entes intermedios». — Por otra parte, es absolutamente imposible admitir esos entes intermedios y decir, como algunos Platónicos, que son *inmanentes* a los sensibles. En realidad, los argumentos que valdrían para probar la inmanencia de los entes intermedios llevarían a admitir también la inmanencia de las Ideas. Pero, sobre todo, se llegaría a absurdos como éste: en el mismo lugar deberían existir, por ejemplo, dos sólidos, el sensible y el intermedio inmanente; además, ¡el primero debería ser móvil y el segundo *inmóvil*! Esta doctrina es todavía más absurda que la de los entes intermedios separados. (Cap. 2, 997 a 34-998 a 19. La solución de esta aporía se encuentra en los libros XII, XIII y XIV, especialmente en XII 6-9 y XIII 3.)

Sexta aporía.— *Los principios de los seres ¿son las partes de que se compone toda cosa, es decir, sus elementos materiales, o son los géneros?* — [*Tesis*] Por un lado, los principios parecen ser las partes originarias de que está constituida cada cosa (los principios materiales), por las siguientes razones: a) los principios constitutivos de las palabras parecen ser los sonidos (vocales y consonantes) y no el género universal (o sea la noción abstracta de palabra); b) en geometría, damos el nombre de elementos a las proposiciones y demostraciones fundamentales que entran en la constitución de todas las demás proposiciones y demostraciones; c) los filósofos naturalistas consideran como principios de los cuerpos los elementos materiales que los constituyen (fuego, agua, etc); d) aun los objetos producidos artificialmente (por ejemplo una cama o cosas similares) los conocemos por cuanto conocemos sus partes constitutivas.— [*Antítesis*] Por otra parte, los principios parecen ser los géneros: a) de hecho, conocemos por medio de las definiciones; pero los géneros son los principios de las definiciones y por ende igualmente de las cosas definidas; b) además, conocemos las cosas por medio de la especie, y los géneros son los principios de la especie; c) finalmente, los Platónicos declaran que los principios de las cosas son el Ser y el Uno, que parecen considerar como géneros.— Nos veríamos inclinados a admitir como verdaderos ambos puntos de vista (el de la tesis y el de la antítesis), pero esto no es posible, porque entonces la definición de una cosa sería doble, siendo así que cada cosa no puede definirse sino de una sola manera. (Cap. 3, 998 a 20-b 14. Esta aporía no se resuelve explícitamente; con todo, se le da una respuesta implícita en los libros VII y VIII.)

Séptima aporía.— *En la hipótesis de que los principios sean los géneros, ¿serán principios los géneros primeros o los géneros últimos?* — [*Tesis*] Que los géneros primeros o supremos sean principios parece imposible, por los siguientes motivos: a) si nos atenemos a la regla de que cuanto más universal es una cosa más es principio, los principios deberían ser *los géneros más universales*, a saber, el *Ser* y el *Uno*, que son los *universales supremos*; pero, en realidad, el Ser y el Uno no son géneros y, al no serlo, tampoco serán principios; b) principios tendrían que ser también todos los universales intermedios, constituidos por el género en combinación con las sucesivas diferencias: de hecho, todos estos intermedios, en cuanto universales, son géneros; ahora bien, lo cierto es que tales intermedios no son realmente géneros y, por tanto, tampoco principios; c) universales son asimismo las *diferencias*, que por ello merecerían a su vez considerarse como principios; pero, en este caso, los principios serían innumerables por serlo igualmente las diferencias; d) en cuanto a admitir que el Uno es principio, resulta entonces que los principios serían más bien no los géneros supremos, sino las *especies ínfimas*; lo verdaderamente uno e indivisible no es el género, que se divide en especies, sino la especie última y por tanto indivisible; e) finalmente, no existe ningún género fuera de las especies, ni para las cosas que constituyen una serie (números, figuras), ni para las demás; así pues, también en este caso parecen imponerse como principios las *especies ínfimas*.— [*Antítesis*] Al contrario, *si se admiten las especies ínfimas como principios,* tendremos estas consecuencias: el principio y la causa deben estar fuera y separadas de las cosas de que son principios; ahora bien, lo que existe más allá de lo singular sólo puede ser lo universal predicable de muchas cosas singulares. En tal caso, lo que es más universal estará más separado de lo particular y será entonces más principio. Siguiendo este razonamiento, puesto que los géneros primeros son los *universales supremos*, habrá que deducir que los principios tienen que ser no las especies, sino los géneros. Y con esto volvemos a la *tesis* de la aporía y a las dificultades que suscita. (Cap. 3, 998 b 14-999 a 23. Para la solución de esta aporía, cf. particularmente VII 12-13.)

Octava aporía.— *El problema de la octava aporía es una variante del de la quinta. ¿Existe o no algo fuera de los seres individuales?* — [*Tesis*] Si no existiera nada más que los individuos concretos, dado que éstos son infinitos en número, la ciencia sería imposible. El conocimiento de los individuos sólo es posible si existe un universal que los abarque en sí.— [*Antítesis*] Pero, si por fuerza tiene que existir el universal, tendrán que existir también los géneros (primeros o últimos), lo cual, como ya hemos visto en la precedente aporía, resulta imposible. Además, en el supuesto de que existan formas o especies aparte de los individuos concretos, surge la siguiente dificultad: ¿existen especies separadas correspondientes a todos los individuos, o sólo a las realidades naturales y no a los objetos artificiales?; ¿o habrá que negar sin más la existencia de tales formas o especies? — [*Tesis*] Pero, volviendo al comienzo, si nada existiese fuera de lo sensible, se seguirían estas conclusiones absurdas: a) no existiría lo *inteligible* y por ende tampoco la ciencia (a menos que ésta no se reduzca a la sensación); b) no existirían *lo eterno ni lo inmóvil*; pero entonces tampoco podría existir lo sensible, porque lo sensible depende de lo suprasensible y lo móvil de lo inmóvil. Es necesario, pues, que exista una materia no engendrada y una forma no engendrada.— [*Antítesis*] Sin embargo, si se admite la existencia de formas no engendradas y por tanto separadas, se plantea el siguiente problema: *¿de qué cosas existen formas separadas?* No de todas, ya que es absurdo pensar que existe una forma separada de los objetos artificiales, por ejemplo una casa. Por añadidura, la forma (de las cosas para las que existe) *¿será o no única para todas?* Parece absurdo que sea única, pues entonces todas las cosas que tienen la misma forma serían una sola (pues lo que tiene una forma o sustancia única constituye una cosa única). Por otra parte, una misma forma no puede ser múltiple, porque no puede haber múltiples formas sustanciales idénticas. Y por último, ¿cómo puede la forma, si se admite que está dotada de existencia propia constituir una unidad junto con la materia, es decir, constituir el *sýnolon*? (Cap. 4, 999 a 24-b 24. Véase la solución de esta aporía en el libro VII, sobre todo en los capítulos 8, 13 y 14; véanse también los libros VIII y XII 6-10.)

Novena aporía.— *¿Tienen los principios unidad específica o unidad numérica?*— [*Tesis*] Si los principios tienen solamente unidad específica y no numérica, se siguen estas consecuencias: a) nada podrá ser numéricamente uno, puesto que los principios no lo son; b) por el mismo motivo, tampoco podrán tener unidad numérica ni el Uno en sí ni el Ser en sí; c) finalmente, esto echa por tierra la ciencia, que sólo es posible si hay algo idéntico y uno (y no sólo de manera específica, sino también numérica) que abarque lo múltiple.— [*Antítesis*] Por otro lado, si la unidad de los principios es numérica, tendremos esta otra consecuencia inadmisible: las cosas se limitarán a ser tantas cuantos sean, numéricamente, los principios. Por ejemplo, si los elementos de la voz estuvieran numéricamente determinados, es decir, si fueran tantos como las vocales y consonantes tomadas una sola vez e irrepetibles (según esta hipótesis, no podría haber sino una sola «a», una sola «b», etc.), todas las palabras se reducirían a las veinticuatro letras del alfabeto y, más precisamente, a las que se pueden componer con esas veinticuatro letras irrepetibles; lo cual es absurdo. (Cap. 4, 999 b 24-1000 a 4. Véase la solución de esta aporía en VII 14; cf. también XII 4-5 y XIII 10.)

Décima aporía.— *¿Son idénticos o distintos los principios de las cosas corruptibles y los de las incorruptibles?* — [*Tesis*] Si son idénticos, no se explica cómo algunas cosas derivadas de ellos son incorruptibles, mientras otras son corruptibles. Resultan inadecuadas las explicaciones mitológicas y teológicas dadas por los filósofos antiguos. Éstos, incluido Empédocles, que sobre este tema dijo más que los otros, dejan sustancialmente inexplicado el problema.— [*Antítesis*] Por el contrario, si se admite que los principios de las cosas incorruptibles son distintos de los de las cosas corruptibles, surgirán las siguientes dificultades: a) ¿afirmaremos que los principios de las cosas corruptibles son también corruptibles o que son incorruptibles? Si son corruptibles, a su vez tendrán que derivar de otros principios; pero entonces habrá principios de los principios (lo que es absurdo, tanto si la serie de estos principios se considera limitada como ilimitada); b) además, si los principios son corruptibles, tendrán que perecer en un momento dado; en tal caso, no podrá ya existir nada sensible. Si, en cambio, son incorruptibles también los principios de las cosas corruptibles, tendremos una nueva dificultad: ¿cómo es posible que de algunos principios incorruptibles se deriven entes incorruptibles y de otros principios, igualmente incorruptibles, surjan entes corruptibles? c) por último, ningún filósofo ha dicho nunca que fueran distintos los principios de las cosas corruptibles y los de las incorruptibles, aunque también es cierto que ninguno de ellos profundizó suficientemente en esta cuestión. (Cap. 4, 1000 a 4-1001 a 3. La solución de esta aporía puede verse en VII 7-10 y XII 1-7.)

Undécima aporía.— *¿Son el Uno y el Ser realidades en sí y sustancias de las cosas o no tienen realidad por sí mismas y se predican de otra cosa?* Luego de recordar cómo los filósofos están divididos sobre esta cuestión (Platón y los Pitagóricos por un lado, los Naturalistas por otro), Aristóteles desarrolla la aporía como sigue:— [*Tesis*] a) Si el Uno y el Ser no son sustancias, siendo ambos los universales por excelencia, entonces tampoco podrán ser sustancias los otros universales; b) además, si el Uno no es sustancia, tampoco podrá ser sustancia subsistente en sí el número, que está constituido por unidades; en tal caso el Ser y el Uno serían realidades en sí y su sustancia no sería otra cosa que el Ser y el Uno mismos.— [*Antítesis*] En cambio, si se admite la existencia del Ser y el Uno en sí, se cae en el siguiente absurdo: a) en primer lugar, será imposible admitir la existencia de otras cosas fuera del Ser y el Uno: en efecto, otro que el Ser no puede darse (razón por la cual habrá que admitir, con Parménides, que todo se reduce al único ser en sí); análogamente, fuera del Uno en sí no podrá existir otra unidad ni tampoco lo múltiple, pues lo múltiple consta de varias unidades y, aparte del Uno en sí, no puede haber otras unidades; b) además, si el Uno es indivisible, equivale a la nada, según la doctrina de Zenón (de hecho, lo que añadido a algo o sustraído de algo no lo aumenta ni disminuye, es «nada»). Esta doctrina de Zenón ha de tenerse por burda y podría refutarse diciendo que lo indivisible es ciertamente un ser, ya que, si al añadirse a algo no lo aumenta en grandeza, sí que lo aumenta en *número*. Mas sigue siendo válida esta objeción (a partir de la doctrina de Zenón): ¿cómo del Uno (inextenso) o de múltiples unidades (inextensas) pueden derivarse la magnitud y la extensión? Esto equivaldría a pretender que del punto (inextenso) se deriva la línea; c) la doctrina de los Platónicos, que del Uno y de la desigualdad derivan los números y del Uno (o de algunos números) y de la misma desigualdad derivan también las magnitudes, no es válida en absoluto. (Cap. 4, 1001 a 4-b 25. Para la solución de esta aporía, véanse los textos de IV 2 y X 2.)

Duodécima aporía.— ¿Son o no sustancias los números, los cuerpos, las superficies y los puntos? — [*Tesis*] Si números, cuerpos, superficies y puntos no son sustancias, no se ve qué otra cosa pueda ser la sustancia, por los siguientes motivos: a) no son sustancias las afecciones, relaciones, movimientos o cosas similares, por no ser nada determinado y referirse siempre a un sustrato; b) tampoco son sustancias los elementos (aire, agua, fuego, tierra, etc.) ni sus «afecciones» (como el calor y el frío); c) queda entonces la posibilidad de que lo sea el *cuerpo* o *sólido* que sirve de soporte a esas «afecciones» o modificaciones. Sin embargo, el cuerpo parece ser sustancia menos que la superficie, pues ésta lo determina; la superficie parece ser sustancia menos que la línea, pues a su vez ésta determina aquélla; y la línea menos que el punto, por la misma razón. Tal es la explicación de que Platónicos y Pitagóricos hayan considerado como sustancias los números. En suma, si todas esas cosas no son sustancias, no existe ninguna.— [*Antítesis*] En otro sentido puede argumentarse como sigue: a) si se admite que puntos, líneas y superficies son sustancias más que los cuerpos, no se ve en qué cuerpos puedan encontrarse, pues es inconcebible que estén en los cuerpos sensibles; b) además, los puntos, líneas y superficies parecen ser no sustancias, sino divisiones de los cuerpos; c) y están presentes en los cuerpos no *en acto* (no como sustancias), sino sólo *en potencia*, como cualquier figura está presente, por ejemplo, en el mármol; d) finalmente, puntos, líneas y superficies se producen y destruyen de manera muy distinta de la de las sustancias (es decir, no merced a un proceso de generación y corrupción); esto demuestra que no son sustancias. (Cap. 5, 1001 b 26-1002 b 11. Para la solución de esta aporía, véanse los textos XIII 1-3 y 6-9; XIV 1-3 y 5-6.)

Decimotercera aporía.— *Además de las cosas sensibles y de los entes intermedios, ¿hay que admitir también las Ideas?* — [*Tesis*] Parece necesario admitir también la existencia de las Ideas, por estas razones: los entes «intermedios» se diferencian de los sensibles por su inteligibilidad, pero comparten con ellos la característica de ser múltiples en número dentro de una misma especie (hay muchos números iguales, muchos triángulos iguales, etc.). Así, tampoco sus principios estarán numéricamente determinados (por ejemplo, no están numérica sino sólo específicamente determinados los elementos del lenguaje y de la escritura: hay veinticuatro especies de letras, pero de cada especie de letras existen innumerables ejemplares). Por tanto, si además de las cosas sensibles existieran los entes matemáticos, los principios de los seres estarían determinados sólo en cuanto a la especie y no en cuanto al número, siendo así que, en realidad, los principios de los seres tienen que estar específica y numéricamente determinados. Esto nos obliga, pues, a admitir también la existencia de las Ideas, que están numéricamente determinadas. — [*Antítesis*] Al contrario, si se admite la existencia de las Ideas y que los principios están determinados en cuanto al número y no en cuanto a la especie, se llega a las conclusiones absurdas examinadas en la novena aporía. (Cap. 6, 1002 b 12-32. Para la solución de esta aporía, véanse los textos relativos a la de la quinta y octava.)

Decimocuarta aporía.— *¿Existen los principios en potencia o en acto?* — [*Tesis*] Si existen en acto, tiene que haber algo anterior a los principios, a saber, su potencia, ya que ésta existe antes que el acto.— [*Antítesis*] Si existen en potencia, todo lo que es podría no ser, porque lo que aún no es está también en potencia de ser. (Cap. 6, 1002 b 32-1003 a 5. Para la solución de esta aporía, véase IX 8 y XII 6-9.)

Decimoquinta aporía.— ¿*Son universales los principios o individuales y particulares?* — [*Tesis*] Si son universales, los principios no pueden ser sustancias, puesto que lo universal expresa un atributo de la sustancia y no la sustancia misma. Además, si, como lo hacen los Platónicos, se elevan los universales al rango de sustancia, se cae en consecuencias absurdas.— [*Antítesis*] En cambio, si los principios son particulares, no pueden ya ser objeto de ciencia, pues la ciencia se refiere siempre a lo universal; y si se quiere que haya una ciencia de los principios, habrán de admitirse principios (universales) anteriores a otros principios (particulares), lo cual es absurdo. (Cap. 6 1003 a 5-17. Esta aporía se resuelve en VII 13-15 y XIII 10.)

4. *Análisis del libro IV (Γ)*

El contenido del libro IV es fácil de resumir.

En el primer capítulo, Aristóteles afirma que existe una ciencia del ser en cuanto ser y explica cómo hay que entenderla. En el segundo, aborda los conceptos mismos del ser y el uno, así como las principales nociones derivadas del uno. Luego, en el capítulo tercero, establece que también incumbe a la ciencia del ser el estudio de los principios lógicos fundamentales, entre los que ocupa el primer puesto el de contradicción. Todos los demás capítulos (3-8) son una defensa «negativa» de este principio, lo que significa que el autor no lo «demuestra», sino lo «muestra» refutando las tesis de quienes lo niegan (discípulos de Heráclito y sofistas).

Parece aquí oportuno subrayar la unidad profunda del libro, negada todavía por no pocos eruditos. En primer lugar, es obvio el vínculo de este libro con el III, ya que los capítulos 1-3 resuelven las cuatro primeras aporías, una de las cuales se cita expresamente[8]. En cuanto a la unidad interna del libro, se explica así: El capítulo 1 trata de la ciencia del ser y el capítulo 2 del ser mismo. Del concepto del ser pasa luego Aristóteles al del «uno», que a su juicio es convertible con el «ser» (tesis a la que el Estagirita llega superando la *henología* platónica, o sea la metafísica

---

8. Cf. Metaf., IV 2, 1004 a 33 s.

centrada en la problemática del uno, con su propia *ontología*, es decir, la metafísica centrada en la problemática del ser, como más adelante veremos).

En el mismo capítulo 2, Aristóteles saca igualmente a colación el *múltiple*, el diverso, el *semejante*, el *desemejante*, etc. ¿Qué le lleva a evocar esos conceptos? También esto es perfectamente explicable: se trata de conceptos derivados del «uno» y de su contrario, los «muchos», que el autor integra en la problemática ontológica y que, como nociones básicas, se discutían en la Academia, de donde él los toma. Es más, en la cuarta aporía (en III 1) Aristóteles dice explícitamente:

> Es preciso examinar estas cuestiones (...) y también la de si nuestra investigación se aplica sólo a la sustancia o asimismo a las propiedades de la sustancia. *Aún habrá que ver a qué ciencia corresponde la tarea de estudiar conceptos como el «mismo» y el «diverso», el «semejante» y el «desemejante», el «idéntico» y el «contrario», el «anterior» y el «posterior» y todas las demás nociones de este tipo*[9].

La segunda aporía, por otra parte, planteaba el problema de si era o no asunto de la metafísica, además del estudio de los principios de la sustancia, el de los principios lógicos fundamentales. En IV 3 Aristóteles responde afirmativamente y, en consecuencia, pasa a estudiar esos principios (el de contradicción y el del tercio excluso).

Tocante a la pretensión de datar el libro y sacar conclusiones sobre su significado en la supuesta evolución de la metafísica, baste decir lo siguiente. Dado que el final del capítulo 8, donde se hace un razonamiento basado en la doctrina del Motor inmóvil, faltaba en algunos manuscritos antiguos (como nos dice Alejandro[10]), se han deducido dos cosas diametralmente opuestas: que el propio Aristóteles lo *suprimió*, a causa de su carácter teológico, en aras de su (presunta) convicción última, no teológica, o, al contrario, que lo añadió, como dicen los que opinan que el momento teológico fue no el primero, sino el último.

Esta tesis resulta insostenible, ya que el momento teológico de la *Metafísica* es *estructural* y no primero ni último. A lo largo del libro IV,

---
9. *Metaf.*, III 1, 95 b 18-25.
10. Cf. Alejandro, *In Metaph.*, p. 341, 30 Hayduck.

Aristóteles se refiere muchísimas veces al componente teológico de su filosofía[11].

Veamos ahora detalladamente el contenido de cada capítulo.

Aristóteles demuestra, en primer lugar, que existe una *ciencia del ser en cuanto ser y de sus propiedades esenciales*. Esta ciencia es distinta de las demás ciencias particulares, puesto que abarca *todo el ser*, mientras que cada una de las otras se ciñe a *una sola parte del ser*. Las causas y principios *primeros* o *supremos* no son más que las *causas y principios primeros del ser en cuanto ser*. Por consiguiente, la sabiduría (o filosofía primera, o metafísica) es el estudio de las causas y principios primeros del ser en cuanto ser. (Cap. 1)

Una vez admitido que nuestra ciencia, o sea la metafísica, estudia las causas y principios del ser en cuanto ser, es preciso determinar *qué es el ser*. Estructuralmente, el ser se toma en *múltiples acepciones*, mas todas ellas, cada cual a su manera, se refieren a un único significado primero y fundamental, que es el de *sustancia*. El filósofo, pues, deberá investigar *todos los significados del ser, pero sobre todo el de sustancia* y, naturalmente, se ocupará también de las *causas y principios de la sustancia*.— A continuación el autor demuestra que el ser y el uno se implican mutuamente y que, por tanto, es asunto de la filosofía primera estudiar, además del ser en sus varios significados, el uno y las distintas nociones que de él se derivan o a él se refieren (*idéntico, semejante*, etc.).— Sigue una observación de fondo. La filosofía se divide en «partes» y éstas son tantas cuantas son las distintas sustancias (suprasensibles o sensibles). Consiguientemente, habrá una *filosofía primera* que estudia la sustancia primera y una *filosofía segunda* que estudia la sustancia segunda.— Por último, siendo tarea de una misma ciencia el estudio de los contrarios y puesto que al uno se le opone el *múltiple*, la filosofía tendrá también que ocuparse del múltiple y de las varias formas y nociones con él relacionadas (*diverso, desemejante*, etc.). (Cap. 2)

Aristóteles pasa en seguida a demostrar que a la metafísica compete no sólo la investigación del ser, del uno y de todas las nociones inmediata o mediatamente derivables de éstas, *sino también el estudio de los axiomas o principios de la demostración*. De hecho, los axiomas valen para todos los seres y no solamente para algunos, por lo que su estudio corresponde a quien estudia todo

---

11. Para una detallada demostración de esta tesis, cf. Reale, *Il concetto di filosofia prima*, sexta ed., *op. cit.*, p. 99-142.

el ser. Las ciencias particulares se sirven, pues, de los axiomas, pero *no los someten a investigación específica*; si algunos físicos estudiaron los axiomas mismos, es porque pensaban que la naturaleza física abarca la totalidad del ser; lo hicieron, pues, *como ontólogos* más que *como físicos*. Sin embargo, puesto que la naturaleza no es todo el ser sino sólo un género del ser, no cabe duda que el estudio de los axiomas interesará a quien se ocupa también del otro género del ser (y por ende de todo el ser), es decir, al metafísico.— Aristóteles enuncia a continuación el primero de los axiomas, o sea el *principio de contradicción*, a su juicio *el más seguro de todos los principios*, sobre el cual no es posible engañarse: «Es imposible que un mismo atributo pertenezca y no pertenezca simultáneamente a una misma cosa»; o también: «Es imposible que la misma cosa sea y no sea al mismo tiempo.» Éste es el principio de todos los demás axiomas y a él se refieren todos cuando demuestran algo. (Cap. 3)

De ahí pasa Aristóteles a su célebre «defensa» del principio de contradicción. Una «demostración» es aquí imposible, pues *los principios primeros no pueden demostrarse estructuralmente* (se iría así al infinito en la demostración). Sin embargo, es posible una «refutación» de las teorías que niegan el principio de contradicción, con lo que tendremos una prueba indirecta del mismo (demostración por vía de refutación). A quien niega el principio deberá pedírsele *no* que admita que *algo o es o no es* (ya que tal es el punto por demostrar), sino simplemente que *diga algo* que tenga sentido para él y para los demás. Si el adversario no lo hace, ni siquiera podrá hablar consigo mismo o con los otros; si lo hace, la refutación será entonces posible: se habrá ya admitido algo determinado y que eso es verdad, aunque no se demuestre. Sigue inmediatamente un gran número de pruebas de este género que constituyen de modo específico la prueba por refutación. (Cap. 4)

En los siguientes capítulos continúa la misma prueba del principio de contradicción con referencias más explícitas a determinados pensadores como los Físicos y, sobre todo, Protágoras. Al refutar las tesis de los que niegan el principio de contradicción, Aristóteles pone bien de relieve lo que sigue. Hay quienes niegan dicho principio a causa de ciertas dificultades encontradas al estudiar la realidad. Otros, en cambio, lo niegan sólo por razones erísticas. A los primeros no cuesta trabajo convencerles de su error, por cuanto a algunos de sus argumentos, válidos, se les pueden contraponer otros aún más válidos. Con los segundos la discusión es mucho más difícil, ya que no aducen razones propiamente tales, por lo que es necesario atacarlos en su propio terreno. (Cap. 5 y 6)

Aristóteles pone también sobre el tapete el «principio del tercio excluso», estrechamente ligado al principio de contradicción: *Entre dos términos contradictorios no puede darse un término medio*. Los que niegan este principio lo hacen porque son víctimas de argumentaciones erísticas o porque pretenden que existe una demostración exacta de todo, lo cual es imposible. Para refutar su postura hay que obligarlos a dar un significado preciso a cada una de las palabras que usan. (Cap. 7)

El libro termina con la refutación de dos grupos de tesis extremas que, de uno u otro modo, implican el rechazo del principio de contradicción.— Primero se refutan las tesis de quienes afirman que «nada es verdadero» o que «todo es verdadero». Estas tesis se autodestruyen: si «todo es verdadero», necesariamente será también verdadera la tesis que dice lo contrario, desmintiendo la primera; en cambio, si «todo es falso», resultará igualmente falsa la tesis misma, con lo que se llega a un callejón sin salida.— En segundo lugar, se refutan las tesis según las cuales «todo está en reposo» o, al contrario, «todo está en movimiento». El primer grupo de tesis queda desmentido por el hecho mismo de que quien la afirma no existía en un momento dado y luego nació y existió. El segundo, porque las cosas que van cambiando presuponen otras que no cambian. En particular, Aristóteles se refiere aquí al Motor inmóvil del que hablará en el libro XII. (Cap. 8)

5. Análisis del libro V (Δ)

El libro V es un estudio de las diversas acepciones de una serie de términos filosóficos. Su vinculación con el libro anterior y con el siguiente no es clara — al menos a primera vista —, por lo que muchos eruditos lo consideran como libro ajeno a la *Metafísica* e inserto tardíamente en el lugar en que nos ha sido transmitido. Por lo demás, la mención de Diógenes Laercio entre las obras de Aristóteles (V 27) de un escrito *Sobre los términos que poseen múltiples significados*, aludiendo con toda probabilidad a nuestro libro, ha llevado a creer que en su origen se trataba de una obra independiente, algo así como un léxico filosófico (hay quien ha llegado a llamarlo el primer «Eisler»). En cuanto a la época de su redacción, las opiniones difieren notablemente: mientras los más lo tienen por uno de los primeros escritos aristotélicos, otros piensan que figura entre los últimos.

A nuestro juicio, con todo, no carece de cierta unidad ni faltan razones para leerlo en el lugar que tradicionalmente ocupa, prescindiendo de su génesis y de quien lo haya colocado ahí. Describámoslo con brevedad. El libro consta de treinta capítulos, que ilustran los muchos significados de los términos en cuestión.

cap. 1: principio	cap. 16: perfecto
cap. 2: causa	cap. 17: límite
cap. 3: elemento	cap. 18: por lo que
cap. 4: naturaleza	cap. 19: disposición
cap. 5: necesario	cap. 20: hábito
cap. 6: uno	cap. 21: afección
cap. 7: será	cap. 22: privación
cap. 8: sustancia	cap. 23: tener
cap. 9: idéntico, diverso	cap. 24: provenir de
cap. 10: opuesto, contrario	cap. 25: parte
cap. 11: anterior y posterior	cap. 26: todo
cap. 12: potencia e impotencia	cap. 27: truncado
cap. 13: cantidad	cap. 28: género
cap. 14: cualidad	cap. 29: falso
cap. 15: relación	cap. 30: accidente

¿Se trata, como dicen algunos, de un libro o escrito independiente? Es posible, pero no seguro. De hecho, no hay en él ni introducción ni conclusión. Además, leído por separado, sin relación con los restantes libros de la *Metafísica*, no aporta gran cosa. Tampoco puede ser un léxico filosófico de carácter general, ya que faltan demasiados términos fundamentales, en especial todos los referentes a la ética y la política. Esta carencia sería inadmisible en una obra escrita con fines propiamente lexicográficos. Por último, no es defendible la tesis de la falta total de organización del libro.

Ante todo, existe un criterio en la enumeración de los distintos significados de los términos. Se empieza por estudiar cada uno de éstos en los varios sentidos que puede asumir; luego esas acepciones se recapitulan y, cuando es posible, se reducen al significado fundamental, o al menos se establece una determinada relación entre ellas y el sentido básico.

Tampoco es casual la selección de los vocablos, sino que responde a cierto plan, por vago que parezca. De todos modos, como ya lo hemos señalado y se desprende de una simple lectura de la lista, no se explica ningún término relativo a las ciencias práctico-poiéticas. El libro se ciñe a los conceptos teóricos pertenecientes al objeto de la *Metafísica* o estrechamente vinculados con él. Alguna que otra voz se relaciona también con la *Física*, no cabe duda, pero en conjunto no es tal el caso. Situado en el contexto de la *Física*, por ejemplo, el libro no tendría mucho sentido.

Por otra parte, hay igualmente un orden en la estructura interna. Unos cuantos capítulos contienen términos y conceptos referentes a la investigación etiológica: *principio* (cap. 1), *causa* (cap. 2), *elemento* (cap. 3), a lo que se añade todavía la disertación sobre la *naturaleza* (cap. 4), algunas de cuyas acepciones se relacionan con los tres primeros términos. También pueden incluirse aquí las consideraciones sobre lo *necesario* (cap. 5).

Un segundo grupo de capítulos contiene nociones clave de la filosofía primera: el *uno* (cap. 6), el *ser* (cap. 7), la *sustancia* (cap. 8). Los capítulos 9-11, donde se aclaran los conceptos de *idéntico, diverso, opuesto*, etc., pertenecen también a este grupo, por cuanto tales términos, como veíamos en el cap. 2 del libro IV, están ligados al *uno* (y al *ser*).

Asimismo los capítulos 12-15, dedicados a la potencia y a tres categorías, entran en la temática del ser y de la sustancia. Los capítulos 16, 17 y 18, que explican las nociones de *perfecto, límite* y *por lo que*, tienen un nexo común y, en sus significados particulares, se refieren a los conceptos de *principio* y *elemento*.

Los capítulos 19-27 ofrecen breves explicaciones de una serie de términos bastante utilizados (salvo insignificantes excepciones como *truncado*) que indican distintos modos de ser de las cosas, ya considerados en sí mismos, ya en relación con otros.

En cuanto a los tres últimos capítulos (*género, falso, accidente*), son más afines al segundo grupo. En suma, el libro aclara el sentido de unas cuantas voces reagrupadas por Aristóteles con *manifiesta referencia a la temática de la filosofía primera*. No es, pues, un diccionario filosófico en general; a lo más, podría dársele el nombre de *léxico metafísico*, pero, en vista de su carácter incompleto, incluso esta denominación resultaría impropia. En nuestra opinión, el libro parece ser una *clarificación preliminar de los términos que el autor empleará más adelante, profundizando en ellos*.

¿Por qué hemos dicho que este libro puede muy bien leerse en el puesto que tradicionalmente ocupa? Los libros I-IV no lo citan. En cambio, a partir del libro IV, o sea desde el libro que viene inmediatamente des-

49

pués, se cita con mucha frecuencia: una vez en VI 4, en VII 1, en IX 1, en IX 8, en X 1, en X 4 y en X 6.[12]

La función del libro podría ser ésta: luego de haber definido en los libros I-IV el concepto, objeto y problemas de la metafísica, Aristóteles, o el coordinador de sus textos metafísicos, sintió quizá la necesidad de precisar los términos que habían de emplearse en lo sucesivo, según el plan previsto en I-IV[13].

Examinemos a continuación el contenido de cada capítulo.

Principio (ἀρχή) tiene los siguientes significados. 1) El comienzo o punto de partida de una cosa; por ejemplo, el comienzo de una línea o de un camino.— 2) El punto de partida mejor o más favorable; por ejemplo, el punto a partir del cual se aprende más fácilmente algo.— 3) La parte fundamental de una cosa y de la cual deriva la cosa misma; por ejemplo, los cimientos de una casa, el corazón o el cerebro de los animales, etc.— 4) La causa eficiente o motriz de algo; por ejemplo, el padre respecto del hijo.— 5) Quien tiene poder para mover o modificar algo a voluntad; por ejemplo, el que ejerce el poder supremo en la ciudad o en las artes.— 6) Aquello de que partimos para conocer cualquier cosa; por ejemplo, las premisas de una demostración. Principio tiene el mismo significado que causa.— El denominador común de todos los significados de «principio» es el carácter de fundamento, razón o condición primera del ser, del generarse o del conocimiento de una cosa. Algunos principios son internos o inmanentes a las cosas, otros son externos. (Cap. 1)

Causa (αἰτία) puede significar: a) la *materia*; b) la *forma*; c) el *principio del movimiento*; d) el *fin* (respectivamente: causa material, formal, eficiente y final). De un mismo objeto puede haber múltiples causas, y esto no por accidente, sino porque las causas tienen diferentes significados.— Hay también causas recíprocas, que se condicionan una a otra, pero con distintos aspectos, precisamente por tener distintos significados. Además, una misma cosa puede ser causa de los contrarios: de un contrario por su presencia y del otro por su ausencia.— Habiendo mostrado, con ejemplos, cómo todas las causas

---

12. He aquí las referencias detalladas: VI 4, 1028 a 4 s. (cf. también VI 2, 1026 a 33 s.); VII 1, 1028 a 10 s.; IX 1, 1046 a 5 s.; id. 8, 1049 b 4; X 1, 1052 a 15 s.: id. 4, 1055 b 6 s.; id. 6, 1056 b 34 s.

13. Para un examen más minucioso, véase Reale, *Il concetto di filosofia prima*, sexta ed., *op. cit.*, p. 318-326.

se reducen a los cuatro tipos arriba indicados, Aristóteles pasa a ulteriores distinciones sobre el *modo de ser de esas causas*: a) existen causas *anteriores* y causas *posteriores* (causas que son tales sólo en general y de manera mediata, y otras que lo son en particular e inmediatamente); b) causas *propias* y causas *accidentales*; c) causas *en potencia* y causas *en acto* (las mismas distinciones valen también para los *efectos* de estas causas); d) por último, pueden combinarse entre sí causas propias y accidentales.— El capítulo termina con un resumen de los varios modos de ser de las causas. (Cap. 2)

Elemento (στοιχεῖον) tiene los siguientes sentidos: 1) Denota el *componente primero de que están hechas las cosas*, el cual es *inmanente o intrínseco* a éstas y no divisible en partes específicamente distintas de sí mismo: a) en este sentido son elementos las letras del alfabeto, así como el fuego, el aire y el agua, mencionados por los filósofos naturalistas; b) en un sentido similar, puede hablarse de elementos de las demostraciones geométricas o de las demostraciones en general.— 2) Por extensión, se designa también como elemento: a) todo lo pequeño, simple e indivisible que, en cuanto tal, puede servir para componer muchas cosas; b) así se entienden como elementos (según algunos filósofos) los *universales supremos*. La nota común a todos estos significados de «elemento» es el ser constitutivo primero e intrínseco de las cosas. (Cap. 3)

Naturaleza (φυσις) se toma en las siguientes acepciones: a) la generación de las cosas que crecen; b) el principio interno de esas cosas a partir del cual comienza el crecimiento; c) el principio del movimiento intrínseco de las cosas, que les pertenece en virtud de su propia esencia; d) el principio material y puramente potencial de las cosas, es decir, su materia; e) la sustancia o esencia de las cosas naturales; f) en general, toda sustancia.— El significado básico de «naturaleza» es el quinto, a saber, la sustancia o esencia de las cosas que poseen en sí mismas y por esencia propia el principio del movimiento. Todos los demás significados están en función de este último. (Cap. 4)

Necesario (ἀναγκαῖον) tiene estos sentidos: a) aquello sin cuyo concurso el viviente no puede vivir (por ejemplo el alimento) o sin lo cual el bien no puede existir ni producirse; b) lo que apremia u obliga oponiéndose, por ejemplo, a los impulsos o a las decisiones; c) lo que no puede ser distinto de como es; d) la serie que constituye una demostración.— Hay cosas necesarias que tienen fuera de sí mismas la causa de su necesidad; otras la tienen en sí mismas y son precisamente las causas de la necesidad de las primeras.— Estas últimas cosas coinciden con lo simple, que puede así considerarse como el sentido fundamental de lo necesario, por cuanto no puede ser diverso de como es. En consecuencia, si existen seres eternos e inmóviles, no podrá haber en ellos nada forzado o contrario a su naturaleza. (Cap. 5)

El *uno* (ἕν) puede entenderse: 1) en sentido accidental; 2) en sentido esencial. Estos sentidos admiten además, cada cual en su propio ámbito, nuevas distinciones.— 1) Son unidades accidentales las siguientes: a) «Corisco» y el «músico» (la sustancia con un accidente); b) el «músico» y el «justo» (dos accidentes); c) «Corisco músico» y «Corisco justo» (una sustancia unida a un accidente, en relación con la misma sustancia unida a otro accidente); d) «Corisco músico» y «Corisco» (la sustancia unida a un accidente, en relación con la misma sustancia); e) «hombre» y «hombre músico» (lo mismo de antes visto como noción universal).— Las cosas son unidades esenciales en estos otros casos: a) cuando son continuas y, sobre todo, si lo son por naturaleza; b) cuando su sustrato es idéntico en especie; c) cuando es idéntico su género; d) cuando es idéntica su definición.— 3) La esencia del uno consiste en ser un principio numérico o la primera medida de un género. Así, el uno es diverso por sus diversos géneros; no obstante, es siempre indivisible según la cantidad o la especie.— Lo indivisible en todos los sentidos según la cantidad se llama unidad; lo indivisible en todos los sentidos, pero que tiene una posición, se llama punto; lo divisible en una sola dimensión se llama línea; por último, lo divisible en dos o tres dimensiones se llama respectivamente superficie o cuerpo sólido.— Las cosas pueden también constituir una unidad según el número, la especie, el género o por analogía.— Se da a las cosas el nombre de *múltiples* en el sentido opuesto a aquel en que se entiende la unidad esencial, y ello: a) porque no son continuas; b) porque su materia no es idéntica en especie; c) porque sus definiciones no son idénticas. (Cap. 6)

El *ser* (ὄν) se entiende, fundamentalmente, en cuatro distintos grupos de significados: —1) Primero, *en sentido accidental*: a) diciendo, por ejemplo, que «el justo es músico», expresamos un ser accidental por cuanto «justo» y «músico» son sólo con referencia a otro que es verdadera y propiamente; b) también expresamos un ser accidental diciendo que «el hombre es músico», ya que «músico» es en cuanto accidente de «hombre», el cual constituye lo que propiamente es; c) por último, expresamos un ser accidental diciendo que «el músico es hombre», por cuanto el sujeto «músico» sólo denota un accidente de lo que hace función de predicado («hombre»), que constituye lo que propiamente es.— 2) Segundo, el ser se entiende *por sí mismo*. Entran en este grupo todos los significados que el ser tiene según los tipos de categoría (esencia, cantidad, cualidad, relación, acción, pasión, lugar y tiempo).— 3) Tercero, el ser significa *el ser verdadero*, y el no ser, *el no ser verdadero*, o sea lo falso. Así, cuando decimos: «Sócrates es músico», entendemos que es verdad que Sócrates es músico.— 4) Finalmente, el ser significa la *potencia* y el *acto*, distinción que se aplica a todas las precedentes. (Cap. 7)

Sustancia (οὐσία) tiene los siguientes significados: 1) Los cuerpos simples (o elementos materiales como el fuego, la tierra, etc.) y, en general, todos los cuerpos y cosas que de ellos se componen. A estas cosas se les da el nombre de sustancias porque no son nunca predicados de un sujeto, sino que, al revés, todas las demás se predican de ellas.— 2) Sustancia es también la causa inmanente de esos cuerpos, que constituye su razón de ser; por ejemplo, el alma de los seres vivientes.— 3) Según algunos filósofos, son sustancias los límites de los cuerpos (punto, línea, superficie), precisamente porque los delimitan y determinan, de suerte que, si se quitan esos límites, desaparecen también los cuerpos.— Por último, sustancia es el nombre que recibe la *esencia de las cosas*. En resumen, Aristóteles concluye diciendo que «sustancia» tiene dos acepciones básicas: el sustrato último, o sea lo que no se predica de otro, y la forma o estructura formal de las cosas, a la que se refieren los significados 3 y 4. (Cap. 8)

Significados de «idéntico», «diverso», «diferente», «semejante» y «desemejante».— *Idénticas* (o *las mismas*) se llaman las cosas: 1) ya *por accidente*; 2) ya *en sí* o *por esencia*.— 1) Son *accidentalmente idénticos* (o *los mismos*) dos accidentes de un mismo sujeto (por ejemplo, «músico» y «blanco», accidentes ambos del hombre); o el sujeto con un accidente y viceversa, porque uno es inherente al otro («el hombre es músico», «el músico es hombre»); o el conjunto de sujeto y accidente («hombre-músico») con relación a cada uno de los dos términos por separado y viceversa.— 2) En cambio, son *idénticas* (o *las mismas*) *en sí* las cosas que tienen: 1) materia específicamente una; o 2) materia numéricamente una; o 3) unidad de esencia. La identidad es, pues, la unidad del ser de dos o más cosas, o de una sola considerada como dos o más cosas.— *Diversas u otras* se denominan las cosas en sentido opuesto a aquel por el que se llaman idénticas.— *Diferentes* son cosas diversas, claro está, pero que tienen entre sí algo idéntico (identidad por especie, por género o por analogía). Llámanse también diferentes las cosas de diverso género, las contrarias y las de esencia diversa.— El término *semejante* se aplica a las cosas con todas las *afecciones* idénticas, con gran parte de las afecciones idénticas o con cualidad idéntica; o también a las que tienen en común todos o la mayor parte de los contrarios según los cuales las cosas se alteran.— *Desemejantes* se denominan las cosas en todos los sentidos opuestos a los que acabamos de ver. (Cap. 9)

Significados de «opuesto», «contrario» y «diverso según la especie».— 1) Por el nombre de *opuestos* se designan: a) los términos contradictorios; b) los contrarios; c) los relativos; d) la posesión y privación; e) los extremos de la generación y corrupción; f) los atributos que no pueden encontrarse juntos en un mismo sujeto, capaz de recibirlos por separado.— 2) *Contrarios* son: a) los atributos de diverso género que no pueden coexistir en un mismo sujeto; b) los atributos que difieren al máximo dentro de un mismo género; c) los atributos que difieren al máximo en el mismo sujeto que los recibe; d) las cosas que difieren al máximo en el ámbito de una misma facultad cognoscitiva; e) las cosas que presentan la máxima diferencia, ya absolutamente, ya según el género, ya según la especie.— Las demás cosas llamadas contrarias lo son en uno de estos sentidos o tienen alguna relación con ellos.— A la *multiplicidad* de significados del ser y del uno corresponde una multiplicidad de significados de los conceptos de idéntico, diverso y contrario (como derivados del ser y del uno); en particular, estas nociones variarán conforme a las varias categorías.— 3) Hay *diversidad según la especie* en: a) las cosas de un mismo género no subordinadas unas a otras; b) las cosas de un mismo género con alguna diferencia entre sí; c) las cosas con alguna contrariedad en su esencia; d) los contrarios; e) las especies últimas de un género; los atributos de una misma sustancia que difieren en algo.— *Idénticas según la especie* son las cosas en los sentidos opuestos a los mencionados. (Cap. 10)

Las cosas se llaman *anteriores* o *posteriores* en cuatro sentidos: 1) Primero, según que sean o no más próximas a un principio, determinado absoluta o relativamente. En este sentido, se habla de cosas anteriores: a) respecto del espacio; b) del tiempo; c) del movimiento; d) de la potencia; e) del orden.— 2) En otro sentido, «anterior» se entiende según el conocimiento, y más precisamente: a) según la noción definitoria (así, los universales son anteriores a los particulares, el accidente es anterior al conjunto de sustancia y accidente); b) o según la sensación (en este caso, los particulares son anteriores a los universales).— 3) En un tercer sentido, son anteriores las propiedades de las cosas anteriores.— 4) Finalmente, las cosas son anteriores según la naturaleza y la sustancia. Entran en esta categoría, por ejemplo, las cosas que condicionan a otras y pueden existir independientemente de éstas.— Considerando aquí las distintas acepciones del ser, habrá que decir: a) que el sustrato y la sustancia son anteriores a los atributos; b) que algunas cosas son anteriores por la potencia (la parte respecto del todo, la materia respecto de la sustancia formada) y posteriores por el acto.— Este último significado es el más importante y de él dependen los demás. (Cap. 11)

Potencia (δύναμιϛ) tiene los cinco significados siguientes: a) principio de cambio y de movimiento, que está en un ser distinto de la cosa movida o en la cosa misma en cuanto distinta; b) principio por el que una cosa es cambiada o movida por otra o por sí misma en cuanto otra (ya en general, ya mejorándose); c) capacidad para llevar algo a buen fin o a un fin previsto; d) capacidad de una cosa para ser modificada (por otra o por sí misma en cuanto otra) como debe serlo; e) estado en virtud del cual las cosas son inmutables o difícilmente mutables empeorando.— *Potente* (δυνατόν) tiene, en consecuencia, significados correlativos a éstos.— *Impotencia* (αδυναμία) denota privación de potencia, o sea del principio arriba descrito, en todas sus acepciones. Esta privación puede darse: a) en general; b) en algo que por naturaleza debería poseer ese principio; o c) en el tiempo en que por naturaleza debería poseerlo.— *Impotente* (αδυναύτον) tiene dos distintos grupos de significados: a) puede tener todos los sentidos correspondientes a impotencia; b) puede significar «imposible». *Imposible* se dice de aquello cuyo contrario es necesariamente verdadero.— Lo contrario de imposible es *posible*, con tres distintas acepciones: a) aquello cuyo contrario no es necesariamente falso; b) lo verdadero; c) lo que puede ser verdadero.— Por extensión se habla de potencia también en geometría (potencias geométricas).— El significado principal de «potencia», al que todos los demás de refieren y en el que todos se fundan, es el primero (quedan fuera, naturalmente, «posible» y el significado por extensión). (Cap. 12)

Cantidad (ποδόν) es lo divisible en partes integrantes, cada una de las cuales posee unidad y determinación propias: a) la cantidad puede ser numerable, en cuyo caso constituye una pluralidad, o sea lo divisible en partes no continuas; b) puede también ser mensurable, constituyendo entonces una magnitud, es decir, lo divisible en partes continuas (en una, dos o tres dimensiones).— Asimismo es posible distinguir entre: 1) cantidades en sí y 2) cantidades por accidente.— 1) Entre las primeras figuran: a) las cosas cuya definición implica esencialmente la cantidad, por ejemplo la línea; b) los atributos propios de esas cosas, como lo mucho, lo poco, lo largo, lo estrecho, lo semejante, etc.— En el grupo segundo entran: a) los accidentes de las cosas que son cantidades y que, por tanto, lo son accidentalmente; b) el movimiento y el tiempo, por cuanto aquello a lo que «afectan» es divisible (cantidad). (Cap. 13)

Cualidad (ποιότης) tiene las cuatro siguientes acepciones: a) en primer lugar, la diferencia de la sustancia o esencia de una cosa; b) en segundo lugar, lo que pertenece a la esencia del número, aparte de la cantidad; c) por cualidades se entienden también las «afecciones» o propiedades de las sustancias en movimiento; precisamente se dice que las sustancias cambian según esas propiedades; d) por último, reciben el nombre de cualidades la virtud, el vicio, el bien y el mal.— Aristóteles termina diciendo que el primer significado es el principal y que en él puede incluirse también el segundo; a su vez el cuarto puede asimilarse al tercero, con lo que los cuatro significados se reducen sustancialmente a dos. (Cap. 14)

Relativas se llaman las cosas que están entre sí como: a) lo que excede respecto de lo excedido; b) el agente respecto del paciente; c) lo mensurable respecto de la medida.— A las relaciones del primer tipo se les da el nombre de relaciones numéricas (Aristóteles describe sus diversas clases); entran también en este tipo de relaciones lo igual, lo semejante y lo idéntico.— El segundo tipo de cosas relativas lo constituyen aquellas cuya relación mutua es la de potencia (activa y pasiva) o de acto (de las mismas).— Mientras los dos primeros tipos de relaciones son tales porque su propia esencia consiste en una referencia a algo distinto, lo mensurable (tercer tipo de relación) es tal sólo por cuanto algo distinto se relaciona con ello. Por ejemplo, lo pensable y lo cognoscible (casos ambos de lo mensurable) son tales porque hay un pensamiento y un conocimiento de ellos; pero a su vez el pensamiento y el conocimiento no son relativos respecto de aquello de lo que son pensamiento y conocimiento. (Cap. 15)

Perfecto o *completo* (τέλειον) comprende los siguientes significados: a) lo que tiene todas las partes que debe tener; b) lo no superado por otra cosa en la cualidad que le es propia o peculiar (así se habla, por ejemplo, de un médico perfecto, un flautista perfecto, etc.); c) lo que posee o ha logrado el fin que le conviene.— Las cosas se denominan: a) perfectas por sí mismas en todos los sentidos que acaban de mencionarse; b) perfectas por accidente si guardan alguna relación con lo que es perfecto en los sentidos precedentes. (Cap. 16)

Límite (τέρας) tiene los cuatro significados que siguen: a) el término o extremo de cada cosa; b) la forma de una magnitud (cuerpo, volumen, etc.) o de lo que posee magnitud; c) el final de cada cosa y el punto de llegada del movimiento y de las acciones; d) la sustancia o esencia de las cosas. — «Límite» tiene tantos sentidos como «principio» e incluso más: de hecho, todo principio puede llamarse límite, pero no todo límite es un principio. (Cap. 17)

Por lo que (καθό) puede tomarse en estos sentidos: a) la forma o esencia de cada cosa; b) el sustrato en que un atributo se encuentra o se engendra por naturaleza, es decir, la materia; c) el fin o causa final; d) la causa eficiente; e) la posición.— También la expresión *lo que es de por sí* o *por sí mismo* puede tener muchos significados, en particular: a) la esencia; b) las notas contenidas en la esencia; c) las propiedades originarias de una cosa o de sus partes; d) lo que no tiene otra causa fuera de sí mismo; e) lo que pertenece por naturaleza a un solo tipo de sujeto. (Cap. 18)

Disposición (διάθεσις) tiene tres acepciones: a) ordenamiento de las partes de un todo según el lugar; b) ordenamiento de las partes de un todo según la potencia; c) ordenamiento de las partes de un todo según la forma.— La disposición, como la palabra misma lo denota, implica siempre una posición de las partes. (Cap. 19)

Hábito, modo de ser, estado (ἕξις) se toma en los siguientes significados: a) actividad de lo que posee y de lo poseído; b) disposición en virtud de la cual una cosa está dispuesta bien o mal, ya en sí misma, ya con relación a otra; c) lo que es parte de dicha disposición. (Cap. 20)

Afección (πάθος) tiene los siguientes sentidos: a) cualidad que permite a algo alterarse; b) las alteraciones mismas ya en acto; c) las alteraciones y movimientos perjudiciales; d) los grandes infortunios y grandes dolores. (Cap. 21)

Privación (στέρησις) es algo que se da de distintas maneras: a) cuando una cosa carece de alguna característica que sería natural tener, pero que por su naturaleza propia no puede tener; b) cuando una cosa carece de alguna característica que ella misma o su género debiera tener por naturaleza; c) cuando una cosa carece de alguna característica en un momento determinado en el que por naturaleza debiera tenerla; d) cuando hay una violenta supresión de algo; e) en los casos en que se hace uso del alfa privativa; f) cuando hay escasez de algo; g) cuando algo es difícil de hacerse u obtenerse; h) cuando algo falta por completo. (Cap. 22)

Tener, poseer, contener, sostener (ἔχειν) se toma en los siguientes sentidos: a) poseer, llevar o conducir algo conforme a su propia naturaleza o tendencia; b) por parte de un receptáculo, contener lo que está en el receptáculo; c) el poseer de lo que contiene respecto de lo contenido; d) contener o sostener algo impidiéndole moverse o actuar según su propia inclinación o tendencia.— *Estar en alguna cosa* posee significados semejantes y correspondientes a los de *tener*. (Cap. 23)

Provenir o *derivar de* (τὸ ἕυ τινος εἶναι) se emplea con los siguientes significados: a) derivar del propio sustrato material (en sentido tanto genérico como específico); b) derivar de la causa eficiente o primer principio motor; c) derivar del compuesto de materia y forma, como las partes derivan del todo; d) en lo que atañe a la forma, derivar de los elementos formales que la constituyen; e) derivar de una parte de las cosas arriba indicadas; f) tocante a un acontecimiento, derivar de otro en sucesión temporal. (Cap. 24)

Parte (μέρος) admite cuatro significados: a) aquello en que la cantidad puede dividirse; b) aquello en que la forma puede dividirse; c) aquello en que el todo puede dividirse (ya se entienda el «todo» como el conjunto de materia forma, ya únicamente como la forma); d) partes son también los elementos que constituyen una definición. (Cap. 25)

Todo o *entero* (ὅλου) se emplea en los siguientes sentidos: a) lo que no carece de ninguna de las partes que naturalmente debe tener para ser tal; b) lo que contiene las cosas contenidas de manera que éstas formen una unidad; c) tocante a la cantidad, existe un «conjunto» o «suma» cuando las partes de la cantidad pueden cambiar de posición sin producir diferencia; existe un «entero» o un «todo» cuando las partes de la cantidad no pueden cambiar de posición o proporción sin producir diferencia.— Finalmente, llámanse tanto un «conjunto» como un «todo» las cantidades en las que pueden verificarse ambos casos. (Cap. 26)

Truncado o *mutilado* se dice de aquello en lo que se dan las condiciones y requisitos que siguen: a) debe tratarse necesariamente de una cantidad que constituya un «todo» o «entero»; de ahí que las cosas que no forman un todo, sino sólo un «conjunto» o «suma» (según la distinción hecha en el capítulo precedente) no puedan estar «truncadas»; b) la cantidad en cuestión debe ser continua; c) debe también estar privada de una parte no esencial y situada no en cualquier punto, sino sólo en el extremo, y esta parte extrema ha de ser incapaz de reproducirse (si se trata de seres vivientes). (Cap. 27)

Género (γένος) puede tener los siguientes significados: a) generación continua de seres de la misma especie; b) estirpe de los descendientes de un único tronco; c) sustrato de las diferencias; d) primer elemento constitutivo de las nociones o definiciones (que constan precisamente de género y diferencia específica).— Llámanse *diversas en cuanto al género*: a) las cosas cuyo sustrato próximo es diverso y que no pueden reducirse a algo común; b) las cosas pertenecientes a distintas categorías. (Cap. 28)

Falso (ψεῦδος) se toma en los siguientes sentidos: a) puede indicar una cosa falsa, es decir, algo que no está unido o no es posible unir, algo que no aparece tal como es o algo enteramente ilusorio; b) puede indicar una noción o enunciación falsa (como la que afirma algo que no es o se refiere a algo distinto de aquello a lo que debería referirse); c) puede indicar, por último, una persona a quien complace decir lo falso o que induce a otros a decir lo falso. (Cap. 29)

Por último, de *accidente* se dan dos significados radicalmente distintos: a) en un primer sentido, «accidente» es lo que puede pertenecer a una cosa y afirmarse de ella, mas no siempre ni tampoco en la mayoría de los casos; no hay, pues, una causa determinada del accidente, sino sólo fortuita; b) en un segundo sentido, accidentes son los atributos de una cosa que no entran en su esencia, pero que, no obstante, pertenecen de por sí a esa cosa (por ejemplo, algunas propiedades de las figuras geométricas, propiedades que forman necesariamente parte de tales figuras sin por ello estar incluidas en su esencia o su definición). (Cap. 30)

6. Análisis del libro VI (E)

Con el libro VI se entra en lo vivo de la ejecución del plan trazado en los libros anteriores.

El primer capítulo no prosigue con la solución de las primeras aporías del libro III (como en cierto sentido se hace en IV 1-3). Explica, en cambio, por qué la metafísica, entendida como *teoría del ser*, es también *teología* y por qué razones se sitúa en la cumbre de todas las demás ciencias. El autor vuelve luego a pasar revista a los significados del ser, que en el libro IV había simplemente calificado de «múltiples» y que en V 7, lo mismo que aquí, presenta como cuatro. En particular, el libro VI profundiza sistemáticamente en dos de ellos: *el ser como accidente* y *el ser como verdadero* (VI 2-4). Aristóteles deja bien sentado que estos dos sentidos, siendo los más débiles por cuanto no denotan una realidad objetiva en sí, no pueden revelar la naturaleza del ser (VI 4). Como objeto de investigación del metafísico deben considerarse, pues, preferentemente, los demás significados del ser, en especial la sustancia.

Estudiado con arreglo a los cánones de la crítica genética, el libro VI ha dado resultados sorprendentemente contradictorios[14]: las conclusiones de un crítico son diametralmente opuestas a las de otro, y todavía otras conclusiones se sitúan a varias distancias intermedias entre esos extremos. Queda así bien patente que, con el método genético, se podía probar todo y lo contrario de todo. Sin embargo, los malentendidos de VI 1 habían ya comenzado con Paul Natorp y su escuela[15].

Tratamos aquí de hacer ver cómo el plan de Aristóteles resulta claro y coherente si lo situamos de modo correcto en su propia perspectiva.

1) Tras demostrar, en VI 1, que la ontología (que coincide con la búsqueda de las causas primeras y con la teoría de la sustancia, como veremos) es también esencialmente *teología* (lo que aún no se ha hecho de manera sistemática en los libros precedentes), Aristóteles aborda el problema del ser.

2) En VI 2, el autor procede a examinar las cuatro acepciones del ser, en el sentido: a) del ser como *accidente*; b) del ser como *verdadero*; c) *de las figuras de las categorías*; c) *de la potencia y el acto*.

3) En VI 2-4 estudia el primero y segundo de esos significados y muestra que los principales son los otros dos.

4) En el libro que sigue (VII, con el apéndice del libro VIII), Aristóteles ahondará en el significado del ser según las figuras de las categorías y demostrará que el ser por excelencia es el de la primera categoría, o sea el de la sustancia, pues todas las demás categorías y acepciones del ser dependen de la sustancia en cuanto tal.

5) En el libro IX, finalmente, Aristóteles abordará el cuarto significado del ser: el de la potencia y el acto.

Veamos ahora de manera detallada el contenido del libro.

El primer capítulo del libro VI es uno de los textos capitales de la *Metafísica*. Trata de tres cuestiones básicas: la diferencia entre la filosofía primera y las demás ciencias en general; la diferencia entre la filosofía primera y las demás

---

14. Véase una detallada discusión del problema en ibid., p. 143-171.
15. Cf. P. Natorp, *Tema e disposizione della «Metafisica» di Aristotele*, con el ensayo, a modo de apéndice, sobre la no autenticidad del libro K de la *Metafísica*, a cargo de G. Reale, traducción de V. Cicero, Vita e Pensiero, Milán 1995 (la edición original de los ensayos de Natorp se remonta a 1888).

ciencias teoréticas; la universalidad del objeto de la filosofía primera.— Como todas las otras ciencias, la filosofía primera estudia las causas y los principios. Pero, mientras las demás ciencias tratan de causas y principios *válidos solamente para un determinado sector del ser*, ésta examina las causas y principios *válidos para todo el ser*. Por otra parte, siendo así que las otras ciencias presuponen *la esencia de su objeto* de manera empírica o mediante postulados, la filosofía primera llega (como se verá a partir del libro VII) a una determinación precisa de la esencia y la sustancia. Finalmente, las demás ciencias no pronfundizan en el *régimen ontológico* de su objeto (es decir, el puesto que éste ocupa en el marco de todo el ser), contentándose sólo con dar por sentada su existencia.— El segundo punto se desarrolla con amplitud. Aristóteles alude a una distinción entre ciencias «prácticas», «poéticas» y «teoréticas». Estas últimas, a su juicio, son tres: la *física*, que se ocupa de los seres existentes por separado o en sí mismos y que tienen materia y movimiento; la *matemática*, cuyo objeto son en cambio los seres inexistentes por separado o en sí mismos, e inmóviles; y la *teología* (filosofía primera), la más elevada de las ciencias teoréticas, que investiga los seres existentes por separado e inmóviles (y por ende también inmateriales e insensibles).— El tercer punto se trata de manera muy condensada. Aristóteles hace ver cómo la descripción de la filosofía primera que acaba de ofrecer parece contrastar con la del primer punto; en efecto, según aquella descripción, la filosofía primera resulta ser *universal*, mientras que ahora se presenta como ciencia de una realidad *particular* (lo suprasensible e inmóvil). En verdad, dice Aristóteles, no hay aquí contradicción alguna: la filosofía primera es «universal» precisamente porque se ocupa de la sustancia suprasensible, la cual es «sustancia primera»; por eso y no otra cosa se llama «filosofía primera» y, en cuanto primera, es «universal»; a ella, pues, le incumbe el estudio de todo el ser y de las propiedades que pertenecen al ser como tal. (Cap. 1)

Establecido ya definitivamente que el estudio del ser es asunto de la filosofía primera, Aristóteles pasa a tratar de las acepciones del ser, refiriéndose a una distinción (ya hecha en el libro V) que habla de cuatro sentidos fundamentales: a) ser *accidental*; b) ser como *verdadero*; c) ser como *categorías*; d) ser como *acto y potencia*. En primer lugar, examina sistemáticamente el «ser accidental».— El Estagirita está convencido de que el ser accidental no puede constituir el objeto propio y específico de la metafísica, por las siguientes razones: a) es un ser debilísimo; b) de él no existe propiamente ninguna ciencia; c) el accidente es un ser sólo en cuanto al nombre, algo próximo al «no ser»: de hecho, las cosas naturales, que son entes sustanciales, se engendran y corrompen, mientras que en el accidente no hay proceso de generación y corrupción.— Y ¿cuáles son la naturaleza y la causa del accidente? Aristóteles las determina como sigue. Hay seres que son tales *siempre y por necesidad* y los hay que lo son *las más de las veces*. Ahora bien, el que haya esta última clase de seres implica que hay también seres que lo son únicamente «a veces» (de lo contrario, todos ellos serían necesarios); por tanto, *accidente es lo que no es ni siempre ni la mayoría de las veces, sino sólo a veces*. La causa del accidente es la *materia*, que, como ente potencial e indeterminado, da lugar a la posibilidad de que algo sea de modo distinto de como es siempre o las más de las veces.— ¿Por qué no existe una ciencia del accidente? Porque — responde Aristóteles — la ciencia se ocupa de lo que es siempre o la mayoría de las veces, lo que no sucede con el accidente, como se ha visto. (Cap. 2)

La existencia del accidente entraña por necesidad la existencia de causas accidentales, es decir, distintas de las que dan lugar a lo que es siempre o las más de las veces. Aristóteles ilustra esto con ejemplos, refiriéndose a sucesos tanto pasados como futuros, y muestra cómo, al remontar la cadena de causas y efectos, se llega en un momento dado a *cierto acontecimiento* donde acaba o se interrumpe la sucesión y que es, por tanto, la causa de todos los demás. Pero lo es de tal suerte que *no tiene una determinada razón de ser y está fuera de toda necesidad y regla*; en otras palabras, se trata de un acontecimiento *fortuito*. Este tipo de suceso es precisamente la causa del accidente. Aristóteles no se ocupa aquí del problema de si esta causa pertenece al orden de las causas formales, finales o eficientes, ya que, para resolverlo, se requeriría un minucioso estudio aparte. (Cap. 3)

Después de hablar del ser accidental, Aristóteles dirige su atención al *ser como verdadero* y al «no ser» *como falso*. Éstos consisten en las operaciones de unión y división propias del pensamiento. Lo verdadero está en unir las cosas unidas (o dividir las divididas) y lo falso en dividir las cosas no divididas (o unir las no unidas). Ahora bien, puesto que esas operaciones *se realizan en la mente y no en las cosas*, el ser como verdadero y falso se reduce a un *ens rationis* o *afección de la mente*. De ahí concluye Aristóteles que el metafísico ha de dejar de lado tanto el ser accidental como el ser en cuanto verdadero y falso: el primero, porque siendo indeterminado sólo tiene causas indeterminadas; el segundo, porque se reduce a un ser puramente mental. El metafísico deberá, en cambio, indagar las causas del ser como ser (fórmula que aquí, por consiguiente, sólo puede significar la sustancia). Tal será el punto de partida del libro que sigue. (Cap. 4)

7. Análisis del libro VII (Z)

El libro VII es la continuación natural del VI, como antes decíamos. Prosigue con el examen del ser, enfocándolo según las figuras de las categorías, y demuestra que la primera categoría, la *sustancia*, refleja el propio y auténtico significado del ser, que en todos los sentidos es primero (capítulo 1). Así la *ontología* debe principalmente presentarse como *usiología*, es decir, teoría de la sustancia, porque el ser es sobre todo sustancia.

Los siguientes capítulos se encaran, pues, con el problema de la sustancia. Aristóteles hace a este respecto varias aclaraciones:

Algunos de sus predecesores admitían sólo la existencia de sustancias sensibles; otros, en cambio, hablaban también de sustancias suprasensibles. Partiendo de este dato, habrá que establecer quiénes tienen razón y *si hay o no sustancias suprasensibles*. Sin embargo, para resolver este problema hay que definir primero qué es la sustancia *en general*. Dejando para otro libro la cuestión de la sustancia suprasensible (libro XII, con los complementos del XIII y XIV), el libro VII se concentrará en el problema de la sustancia en general (capítulo 2).

¿Qué es la sustancia en general? En un sentido muy débil e impropio, es materia (capítulo 3). En su sentido verdadero y propio, es esencia y forma (capítulos 4-6). Mas la sustancia es también «sýnolon», o sea conjunto sintético de materia y forma (capítulos 7-12), naturalmente en lo que toca a las realidades sensibles. En estos últimos capítulos, Aristóteles profundiza no sólo en el concepto de *sýnolon*, sino también en diversos aspectos del problema de la esencia o de la forma. En ningún sentido, en cambio, puede ser sustancia el *género*, es decir, *lo universal* o *la Idea* según la noción platónica (capítulos 13-16).

Cierra el libro un capítulo (17) a modo de compendio que, en forma distinta, vuelve a la noción de sustancia como *causa y forma* y presenta una vez más el problema general de la sustancia como problema preliminar tratado *en función del problema de la sustancia suprasensible*.

El libro VII es uno de los más comprometidos, complejos e interesantes de la *Metafísica*. Aristóteles pone aquí muy bien en evidencia la duplicidad estructural del problema usiológico.

Todo el capítulo 2 es una referencia estructural al libro XII (y a sus complementarios XIII y XIV). En este capítulo nos dice Aristóteles que *el problema de fondo de la usiología es el de la sustancia suprasensible y que el problema de la sustancia en general se sitúa en función del primero*[16].

Un punto clave que el lector del libro VII debe asimilar es el de *la multiforme estructura de la concepción aristotélica en general y de la sustancia en particular*. Pero de este problema nos ocuparemos con mayor profundidad en el tercer capítulo de la presente obra.

Examinemos ahora por menudo el contenido de los distintos capítulos del libro VII.

Luego de distinguir (VI 2) cuatro acepciones del ser y exponer los motivos por los que se dejan aparte el ser *como accidente* y el ser *como verdadero*, ya que presuponen los significados del ser como categorías y se apoyan en ellos (VI 4), Aristóteles aborda ahora precisamente ese grupo central de significados del ser. Ya en este primer capítulo subraya que, dentro de las categorías, *una sola se revela como verdaderamente fundamental y primera: la sustancia*; el ser de todas las demás categorías presupone, como condición, el ser de la primera, o sea el *ser sustancial,* puesto que ninguna otra categoría puede subsistir separada de la sustancia. Ésta es prioritaria respecto de las demás categorías en todos los sentidos: en cuanto al *tiempo*, en cuanto a la *noción* o *definición* y en cuanto al *conocimiento*. De este hecho — es decir, de que todos los significados del ser presuponen el ser de las categorías y se fundan en él y de que a su vez las demás categorías presuponen la primera, o sea la sustancia, y se fundan en ella — se sigue que el *problema del ser* queda reducido al *problema de la sustancia*; dicho de otro modo, *sabremos qué es el ser cuando sepamos qué es la sustancia*. He aquí, pues, la cuestión de fondo por resolver y el objeto de este libro: *¿Qué es el ser como sustancia?* (Cap. 1)

Una vez afirmado el carácter central y primero del ser de la sustancia con relación al ser de las demás categorías y puesto ya en claro que la ontología *debe fundamentalmente ser una usiología*, Aristóteles aborda el problema *de fondo* de esta última: *¿Qué sustancias existen?* — 1) Comúnmente se estima que la prerrogativa de ser *sustancia* pertenece a los *cuerpos* y a lo que de alguna manera puede asimilarse a ellos (por ejemplo, los animales, las plantas, los elementos físicos originarios, el cielo y sus partes).— 2) Algunos filósofos consideran a su vez como sustancias los *límites de los cuerpos*, o sea lo que deter-

---

16. Para un examen más detallado, véase Reale, *Il concetto di filosofia prima*, sexta ed., *op. cit.*, p. 172-194.

mina los cuerpos mismos (superficie, líneas, puntos).— 3) Otros filósofos piensan que el ser sustancia es prerrogativa no tanto de las cosas sensibles como de los *entes eternos y suprasensibles* (así piensan, por ejemplo, Platón, Espeusipo y Xenócrates, si bien no concuerdan entre sí en la determinación del número y naturaleza de tales sustancias).— He aquí, por tanto, el problema que se plantea: ¿Quiénes de todos esos filósofos tienen razón? *¿Existen o no sustancias además de las sensibles? ¿Existen sustancias completamente separadas de las sensibles o sólo existen sustancias sensibles?* Aristóteles, con todo, dice expresamente que, antes de resolver este problema, debe resolverse otro: *¿Qué es la sustancia en general?* Tal es justamente el objeto del presente libro. (Cap. 2)

El término «sustancia» se usa al menos en *cuatro* sentidos distintos: *esencia, universal, género y sustrato*. Puesto que el *sustrato* es lo que no se refiere *a otro*, sino aquello a lo que todo se refiere, *podría ser sustancia más que toda otra cosa*; de aquí, pues, deberá partir nuestro estudio.— Por razones diferentes, pueden considerarse como «sustrato» no una, sino tres cosas: a) la materia; b) la forma; c) el compuesto de materia y forma; la forma es la primera, siendo anterior a la materia y por ende también al compuesto.— La sustancia es ciertamente *sustrato*, o sea *lo que no puede referirse a otra cosa y aquello a lo que todo se refiere*; pero la sustancia no puede caracterizarse sólo de este modo. Se seguiría entonces que la sustancia es única y predominantemente la materia, ya que, si a las cosas se les quitan todas las determinaciones según la categoría, solamente queda la materia. (De hecho, todas las categorías se refieren a la sustancia; a su vez la sustancia, entendida como esencia y forma, es inherente y se refiere a la materia.) — Al contrario, la sustancia ha de tener también estas características: debe *ser separable* y *algo en cierta manera determinado*. La materia posee la característica de que hablábamos antes, pero no estas dos últimas: *por tanto la forma y el compuesto parecen con mayor razón ser sustancia*.— Se impone, pues, examinarlos. Ahora bien, el compuesto es algo posterior y, además, bien conocido y manifiesto para todos, mientras que las principales dificultades vienen de la interpretación de la forma o esencia. *Esto será el objeto del examen que sigue*.— Como todos concuerdan en que algunas de las cosas sensibles son sustancias, habrá que partir de éstas para estudiar la sustancia en general.— Por lo demás, es del todo normal que, para aprender, se proceda de lo menos cognoscible por naturaleza y más cognoscible para nosotros (= lo sensible) a lo más cognoscible por naturaleza y menos cognoscible para nosotros (= lo no sensible). (Cap. 3)

Aristóteles pasa ahora a tratar de la esencia (τὸ τί ἦν εἶναι) *en el plano puramente racional*. Para explicar qué es la esencia, se sirve del concepto de *por sí mismo* («*per se*», *de por sí*) y del de *definición*.— Esencia es lo que una cosa es por sí misma en sentido estricto: es, pues, la cosa despojada no sólo de sus accidentes, sino también de los atributos que le son peculiares, pero que no entran en su definición.— Es claro que, así entendida, la esencia pertenece sólo a la categoría *de la sustancia*; de aquí el problema: *¿hay también definición de las otras categorías y de los compuestos según las otras categorías?* Aristóteles responde a esto con una compleja serie de razonamientos que desembocan en las siguientes conclusiones: *Esencia*, en su sentido propio y verdadero, sólo puede llamarse lo que es por sí mismo «*stricto sensu*», o sea aquello cuya noción es definición; tales son únicamente las *especies últimas* del género, es decir, sus *diferencias últimas*; en *sentido derivado*, puede hablarse de definición, y por tanto de esencia, refiriéndose a las demás categorías (o a los compuestos según las demás categorías), ya que éstas no son un *«no por sí mismas»* en sentido auténtico y propio; participan del ser no de manera unívoca, pero tampoco de manera puramente equívoca, y así son también en cierto sentido *unidades*. No hay, pues, definición y esencia de las cosas designadas por un solo nombre: a la unidad del nombre no corresponde una unidad ni en el primero ni en el segundo sentido arriba enunciados. (Puede decirse que el pensamiento fundamental del capítulo es el siguiente: el *criterio* de la sustancialidad es la *definibilidad*; algo es esencia *por cuanto es definible*). (Cap. 4)

En relación con lo dicho, Aristóteles plantea dos problemas sobre la posibilidad o no de que pueda darse una *definición* (y por ende una esencia) de lo que no es simple, pero que implica la composición de un atributo perteneciente *«per se»* a un sujeto (por ejemplo, la concavidad es atributo perteneciente *de por sí* a la nariz chata, o el macho es atributo perteneciente *de por sí* al animal).— ¿Cómo es posible que haya definición de tales cosas, dado que la definición de esos atributos implica siempre *adición de la cosa de que son atributos*? (No puede explicarse lo chato sin la adición de la nariz, ni el macho sin la adición del animal.) La respuesta es la siguiente: de estas cosas o no hay definición (y por tanto esencia) *en sentido propio y verdadero* o la hay, pero en sentido *secundario, derivado e impropio*.— El segundo problema es éste: Si nariz chata es igual a nariz cóncava, chato será igual a cóncavo, lo que resulta absurdo; y, si no es así, desde el momento en que no puede hablarse de chato sin nariz (porque chato denota concavidad de la nariz), entonces o no podrá decirse «nariz chata» o se repetirá lo mismo dos veces, pues al ser «chato» equivalente a «nariz cóncava», la expresión «nariz chata» equivaldrá a «nariz nariz cóncava». Resulta así, una vez más, que de tales cosas no puede haber definición y esencia (si hubiera esencia, esto supondría un regreso *ad infinitum*).— En conclusión, sólo de la sustancia hay *definición* (y *esencia*); de las demás categorías, en cambio, no hay definición (y esencia), o la hay del modo arriba dicho a propósito de los atributos *«per se»*, es decir, *por adición* (por ejemplo, no podrá definirse lo impar sin el número, ni la hembra sin el animal). Lo mismo sucede también cuando se consideran juntos los dos términos, como número —impar.— Así pues, *sólo de la sustancia hay definición y esencia en sentido fundamental, primario y absoluto*; en sentido secundario y derivado, puede hablarse de definición y esencia también con relación a las categorías y a los atributos *«per se»* (y a los compuestos sujeto + categoría, sujeto + atributo *«per se»*). (Cap. 5)

Una vez caracterizada la esencia como acabamos de ver, Aristóteles pasa a estudiar las relaciones entre *la esencia y cada ente en particular*. He aquí el problema: «esencia» y «ente singular» ¿constituyen una misma realidad o dos realidades distintas (como las Formas platónicas respecto de las cosas)? La respuesta del Estagirita es neta, aun cuando se desprenda de argumentos bastante complejos.— En lo que toca a las cosas o entes accidentales, esencia y ente *no coinciden*.— En cambio, tocante a las cosas que son *por sí mismas*, la esencia y la cosa coinciden. La demostración de la identidad o coincidencia entre la esencia y las cosas que son *por sí mismas* se escalona en seis pruebas sucesivas, que parten de la hipótesis de las Ideas platónicas y dialécticamente la «invierten», por decirlo así, de manera bastante sutil. Desde el principio hasta el fin del capítulo, el pensamiento básico de Aristóteles viene a ser éste: la separación de las Ideas es sustituida por la *inmanencia* de la *forma o esencia* en los entes singulares: forma y cosa, es decir, esencia y cosa, deben ser un todo y no dos entes separados. (Cap. 6)

Después de tratar de la esencia *basándose en puros razonamientos*, como antes decíamos, Aristóteles, en los dos capítulos que siguen, adopta un enfoque *físico-ontológico*, estudiando el papel que la esencia desempeña en la generación y el devenir de las cosas. En particular, el presente capítulo tiene por objeto describir los diversos tipos de generación y proporcionar los elementos en torno a los cuales se desarrollará la discusión de los dos siguientes capítulos.— Hay tres clases de generación: 1) la natural; 2) la que proviene del arte; 3) la debida al azar. Todas ellas implican tres condiciones fundamentales: a) algo *de lo que* derivan; b) algo *por obra de lo cual* derivan, o sea un agente; c) *algo* a lo que tienden.— 1) Son naturales las generaciones en las cuales, ya aquello de que las cosas derivan, ya el agente, ya el resultado del proceso, son entes naturales (el *aquello de que* es la materia, el *agente* es una realidad natural con la misma forma que el ser generado, y el *producto* o resultado del proceso es una de las sustancias naturales (hombres, animales, plantas).— 2) Las generaciones que provienen del arte se llaman *producciones*. El arte produce todas las cosas cuya forma o esencia preexiste en el pensamiento del artista o artífice. Los procesos de producción entrañan dos momentos: a) pensamiento; b) acción. Por ejemplo, el proceso de curación, que se da gracias al arte del médico, implica: a) un momento de pensamiento, que consiste en determinar qué condiciones han de cumplirse para devolver la salud al enfermo y cuáles son los medios necesarios; b) la realización o puesta en acción del medio que conduce al restablecimiento de las condiciones de la salud.— 3) En las producciones espontáneas, el principio de que parten es el mismo del que partiría el artífice. Así, en la curación por arte, el médico podría producir un calentamiento del cuerpo mediante una fricción, de la cual depende todo el proceso subsiguiente; en la curación espontánea, se dará algo análogo a la fricción; en lugar de ésta, aplicada con conocimiento de causa, será una parte del calor que está ya o se produce en el cuerpo la que pondrá en marcha el proceso, sin que intervenga el artífice.— En todo proceso de producción tiene que haber una *materia* que preexiste y es condición del devenir; más aún, es ella misma lo que «deviene». La materia, con todo, *no da su propio nombre a la cosa engendrada* (el nombre de la cosa, como hemos visto, depende y proviene de la forma o esencia); a lo más, la cosa podrá calificarse con un adjetivo derivado del nombre de la materia (por ejemplo, de una estatua se dirá que es no «madera» o «bronce», sino *de madera* o *de bronce*, etc.); y ello porque la materia, para constituir la cosa, debe trasmutarse (asumir una forma), no pudiendo quedarse tal cual es. (Cap. 7)

Luego de ilustrar las varias formas del devenir y sus condiciones generales, Aristóteles aborda en particular el problema de la *relación entre la forma o esencia y el devenir*. La forma o esencia es *condición* de la generación y del devenir, *pero ella misma no puede engendrarse ni devenir*. Es más, podría decirse que, precisamente por eso, la forma o esencia es condición del engendrarse y del devenir de las cosas. En realidad, nadie produce la forma, como nadie tampoco produce la materia o sustrato. Lo que se engendra y produce es el *«sýnolon» de forma y materia*, mediante la unión de ambas.— Si se engendrase también la forma, ésta debería a su vez, como toda otra cosa, ser engendrada por una nueva unión de materia y forma, y lo mismo tendría que suceder con esta nueva forma, hasta el infinito.— Aquí Aristóteles hace hincapié en su diferencia con los Platónicos, temiendo evidentemente que su tesis sobre la *«no engendrabilidad» de la forma* dé lugar a equívocos. Subraya, pues, que el admitir que la forma no puede ser engendrada no implica la afirmación de la existencia de Formas o Ideas separadas a la manera de los Platónicos. Los argumentos que aduce son éstos: a) si las Formas existen separadamente (y por tanto son ya de por sí algo determinado), no podemos explicar cómo constituyen el ser concreto y determinado; b) las Ideas o Formas platónicas son, en realidad, sólo un concepto (universal) que indica la especie o naturaleza de una cosa, y *la forma de lo sensible no existe sino en unión con la materia*; las Ideas no explican el devenir ni la constitución de las cosas, ni tampoco son sustancias; c) no es la Idea, sino el engendrador (la causa eficiente), lo que produce lo engendrado. De hecho, la Idea-paradigma no sirve: basta la causa eficiente para explicar la realización de la forma en la materia. Lo que de ahí resulta es el compuesto concreto, un conjunto de materia y forma. Los individuos de una misma especie son idénticos por la forma, pero distintos en cuanto a la materia. (Cap. 8)

Una vez ilustrada la no engendrabilidad de la forma, Aristóteles pasa a demostrar el *papel predominante que ésta desempeña en todos los procesos del devenir*: 1) en las producciones artísticas (y análogamente en las producciones espontáneas); 2) en las generaciones naturales; 3) análogamente en las generaciones espontáneas.— 1) Algunas cosas pueden sólo ser producto del arte (por ejemplo, una casa); otras, en cambio, pueden también producirse espontáneamente (por ejemplo, la salud). La razón de esto es que las primeras tienen una materia incapaz de moverse o de hacerlo de cierta manera sin que intervenga el artífice, mientras que las segundas tienen una materia capaz de moverse aun sin la intervención del artífice; la salud, por ejemplo, puede también producirse de modo espontáneo, porque en el cuerpo enfermo hay calor y de este último parte el proceso de curación, siendo el calor mismo (mediata o inmediatamente) parte de la salud. En cualquier caso —y a esto quería llegar Aristóteles— todas las cosas producidas por el arte *derivan de otras que tienen el mismo nombre y la misma forma* (como sucede con las producidas por la naturaleza); la *casa* deriva *de la forma de la casa* presente en la mente del artífice; la *salud* deriva *de la forma de la salud* presente en la mente del médico y así sucesivamente (en suma, la realización de la forma en la cosa producida proviene de la forma que está en la mente del artífice). O bien la cosa deriva de algo preexistente que tiene o es parte constitutiva de la esencia de lo producido, por ejemplo la salud que se produce por el calor que está ya en el cuerpo (en cuyo caso se verifica lo dicho, precisamente porque el calor está ligado, de modo mediato o inmediato, a la naturaleza o esencia de la salud). La conclusión es, pues, la siguiente: *al igual que el silogismo, la generación y la producción de las cosas se fundan en la esencia*.— 2) También los procesos de generación natural se dan, como ya sabemos, de manera enteramente similar a los de las producciones del arte: todo ser deriva de otro ser *que tiene el mismo nombre (y la misma forma)*: el hombre engendra al hombre, etc.— 3) Las generaciones espontáneas (como las producciones espontáneas) tienen lugar cuando la materia puede moverse aun sin la intervención del engendrador; también para ellas es válido el principio establecido.— Aristóteles concluye su argumentación mostrando cómo, además de la forma, tampoco se engendran las cosas que son *primeras*, por ejemplo las *categorías*. La diferencia entre forma o sustancia y las otras categorías es ésta: en la generación de la sustancia *debe siempre preexistir otra sustancia ya en acto*, lo cual no se impone para las demás categorías; basta que éstas *preexistan en potencia*. (Cap. 9)

Aristóteles aborda a continuación dos nuevos problemas. 1) El primero es éste: La noción de las partes de una cosa ¿debe o no entrar en la noción del todo? En otras palabras, la noción del todo ¿incluye o no también la noción de las partes? 2) El segundo, estrechamente vinculado con el precedente, puede formularse así: ¿Es el todo anterior a las partes o son las partes anteriores al todo? — 1) El término «parte», dice Aristóteles, tiene múltiples significados. Quedan excluidas del presente discurso todas las acepciones de la palabra que se refieren a la *cantidad* o a otras categorías, salvo las relacionadas con la sustancia. Ahora bien, *sustancia* puede ser la *materia, la forma* y el compuesto o *«sýnolon»* de materia y forma. Y tanto la materia como la forma y el compuesto de ambas tienen *partes*. ¿Cuáles de estas partes entran en la noción del todo? He aquí la respuesta del Estagirita: Cuando el *todo* se entienda expresamente como «sýnolon», entonces, por necesidad, entrará en la noción del *todo* también la *parte* material, ya que la materia es *parte* del compuesto. (Por ejemplo, en la noción de «chato» va también necesariamente incluida, además de la forma —lo curvo—, la *parte* material —carne y nariz—, y asimismo las partes materiales van incluidas en la noción de «estatua de bronce».) Al contrario, cuando el todo al que se hace referencia es la *forma*, en la noción del «todo» entrarán sólo las partes de la forma y *no* las partes materiales. En general, *nosotros designamos un objeto refiriéndonos a la forma y su aspecto formal y no a la materia.* Mas no nos dejemos inducir a error por esta primera solución. De hecho, una vez resuelto el segundo problema (del que hablaremos inmediatamente), Aristóteles vuelve al primero (1035 b - 1036 a), puntualizando (y esto es esencial) que *definición en sentido propio y verdadero la hay sólo de la forma y que, por tanto, en la noción definitoria deben únicamente entrar las partes formales.* Al tratarse, en cambio, del compuesto concreto e individual (por ejemplo, este círculo, ese hombre), de él no hay propiamente definición, sino sólo intuición y percepción sensible. Por último, la materia no es de por sí cognoscible, ni por vía de definición ni por percepción (y en consecuencia el compuesto mismo es, como si dijéramos, cognoscible sólo a medias).— 2) También a la solución del segundo de los dos problemas propuestos se llega distinguiendo con precisión entre: a) partes de la forma; b) partes de la materia; c) partes del compuesto. a) Si se trata de partes de la forma, todas o algunas de ellas son entonces *anteriores* al todo. (Por ejemplo de las partes del alma, que es sustancia formal y esencia del ser vivo, debemos decir que todas o algunas son anteriores al animal, entendido como compuesto de forma y materia en general o como concreto individual.) b) Si es cuestión de partes materiales, o sea de las partes en que se divide el compuesto, estas partes son *posteriores* al todo. c) Si se habla del *«sýnolon»* o compuesto como tal, por ejemplo un cuerpo animado, habrá que decir que las partes son, en un sentido, anteriores en cuanto elementos de que consta el compuesto y, en otro sentido, que no lo son, porque no pueden existir separadas del compuesto (por ejemplo, el dedo es tal sólo si está en la mano y la mano es tal sólo si está en el cuerpo). Finalmente, algunas partes del cuerpo no son ni anteriores ni posteriores, sino *simultáneas*; tal es el caso de las partes indispensables para la vida, como el corazón y el cerebro.— Luego de volver, como decíamos, al primer problema, Aristóteles cierra el capítulo con una nueva ilustración detallada de su solución y con toda una serie de distinciones y precisiones al respecto. (Cap. 10)

De lo dicho en el capítulo que precede surge ahora el siguiente problema: *¿Cuáles son las partes de la forma? ¿Cómo pueden reconocerse y determinarse?* En los casos en que vemos una forma en composición con diversos tipos de materia (por ejemplo en un aro, que se presenta en composición con la *madera,* el *bronce,* etc.), eso es fácil de entender. Al contrario, cuando no vemos la forma realizarse en diferentes sustratos, resulta difícil determinar cuáles son las partes de la forma y cuáles las de la materia. No obstante, *es claro* que, si nosotros viéramos solamente aros de bronce, no por eso el bronce sería parte de la forma del aro. Ahora bien, así vemos la forma del hombre, por ejemplo, realizarse sólo en la carne y los huesos. *¿Son por ello partes de la forma o no?* Para responder a esta pregunta, Aristóteles procede a examinar las soluciones de los Pitagóricos y de los Platónicos, erróneas por exceso, que llevan al extremo el intento de prescindir de la materia; muestra luego lo absurdo de tales soluciones y explica el modo correcto de entender las cosas.— La solución del problema no se da de manera enteramente lineal, pues el tono polémico de sus adversarios incita a Aristóteles a precisar, aun antes de responder a la cuestión principal, en qué cosas sensibles no se puede prescindir de la materia y a declarar que las formas sensibles son sólo formas subsistentes en una materia. Así, las cosas sensibles no pueden concebirse sin materia: el hombre y el animal no pueden concebirse sin movimiento y por ende sin órganos corpóreos. El caso del hombre no es, pues, análogo al del aro de bronce: el hombre no puede existir sin el cuerpo, mientras que el aro o círculo puede concebirse sin el bronce o la madera.— Empero estas precisiones no deben llevarnos a engaño. De hecho Aristóteles, al final, nos dice (sin retirar nada de lo que acaba de explicar) que el hombre en su *aspecto formal es alma*, en su *aspecto material es cuerpo* y en su *totalidad es compuesto de materia y forma*. Otro tanto debe decirse del hombre considerado no en general, sino como *individuo: la sustancia primera o forma de Sócrates es su alma, la materia es su cuerpo* (carne y huesos), y Sócrates, como tal, es ese alma y ese cuerpo suyos.— El capítulo hace por tanto una referencia explícita al fin al que tiende toda esta investigación sobre las sustancias sensibles (que de por sí incumbirían a la física). Tal fin consiste, como sabemos, en sentar la bases para el estudio de la sustancia suprasensible. (Cap. 11)

Aristóteles llega aquí a la conclusión de su tratado de la sustancia en cuanto esencia con un último problema: *¿Cómo y por qué lo contenido en una definición constituye una unidad?* Suponiendo, por ejemplo, que el hombre se defina como animal bípedo, ¿cómo y por qué «animal» y «bípedo» son una unidad y no una dualidad? — El problema cobra toda su importancia si se tiene presente que la unidad es rasgo distintivo de la sustancia y de la esencia, expresadas por la definición. Excluyendo que la unidad de los términos de la definición sea una unidad por accidente o por participación, Aristóteles, para resolver el problema, se atiene al proceso de definición por vía de división y procede así: 1) Los términos contenidos en la definición no denotan otra cosa que el *género* primero y las *diferencias* (las varias características que pueden añadirse y siguen al género primero deben todas ellas considerarse como género, de modo que sólo quedan género y diferencia).— 2) El género y las diferencias constituyen una *unidad* y no una dualidad, porque el género no existe fuera de las diferencias, sino sólo como materia de las diferencias, estando así contenido y casi absorbido en ellas.— 3) Cuando se dé la posibilidad de dividir todavía la diferencia en diferencia de las diferencias, se procederá hasta obtener la *diferencia última*, la cual es propiamente la sustancia, la esencia y la definición de la cosa. Y así como el género está contenido y absorbido en las diferencias, así también las diferencias anteriores están contenidas y absorbidas en las posteriores y todas en la última. Con esto queda perfectamente explicada la *unidad* de la definición. (Cap. 12)

Hasta el momento Aristóteles nos ha hablado de tres significados de «sustancia»: sustrato, esencia y *sýnolon*. Del primero ha tratado ampliamente en el capítulo 3; del segundo, en los capítulos 4-11; el tercero lo ha mencionado varias veces (y en el capítulo 3 ha dicho que es un significado manifiesto de por sí). *Queda ahora por ver si el universal es sustancia*, como pretenden los Platónicos. Con este capítulo da comienzo la demostración sistemática de la tesis según la cual *el universal no es sustancia*. Como para Aristóteles las Ideas platónicas son universales, es claro que la demostración de su tesis se articulará sobre todo en torno a una crítica de la teoría de las Ideas. Se aducen aquí ocho pruebas, de desigual valor y eficacia, que en su mayoría llevan a la siguiente conclusión: Si admitimos que los universales son sustancias, caemos en insuperables dificultades y flagrantes absurdos, por lo que resulta impensable que los universales sean sustancias. Además de utilizar una argumentación *ad hominem*, Aristóteles va poco a poco poniendo en claro (y esto es lo más importante) que *el universal no es sustancia por faltarle los rasgos que antes reconocíamos como distintivos de la sustancia.*— El universal no es algo propio de cada cosa, como lo es la esencia, sino algo común; no es lo que no se predica de otra cosa, sino que incluso se predica en general de otra cosa; no es nada determinado; por último, no tiene subsistencia separada. (Cap. 13)

Aristóteles continúa demostrando la tesis de que *el universal no puede ser sustancia*. Subraya aquí los nuevos absurdos en los que incurre la doctrina de las Ideas (téngase presente que las Ideas platónicas son para el Estagirita universales-sustancias). En particular se fija en los absurdos que provienen de admitir las Ideas como sustancias separadas y como resultados de la composición de género y diferencias. A guisa de ejemplo, menciona la Idea del Animal (género) y plantea este problema: Hombre y Caballo (especie) derivan forzosamente del Animal (y de la diferencia), por lo que el Animal debe estar presente tanto en el Hombre como en el Caballo. Pero ¿de qué manera está presente? ¿Como numéricamente uno o como numéricamente diverso? Es manifiesto que, teniendo el Hombre y el Caballo que contener necesariamente el Animal, será verdadera o la primera o la segunda tesis. Aristóteles demuestra que, de hecho, en el contexto del sistema platónico no resiste a la crítica ninguna de ambas. La invalidez de las dos tesis entraña obviamente la de su presupuesto básico, a saber, la del género (= universal) entendido como Idea-sustancia. Y no sólo es contradictoria la admisión del género-Idea, sino también la de la especie-Idea. Por consiguiente ha de rechazarse la doctrina de las Ideas. (Cap. 14)

Aristóteles trata luego de la *indefinibilidad del individuo*, desde una doble perspectiva: 1) Primero, considera la indefinibilidad e indemostrabilidad del individuo o *sýnolon* empírico. Éste es indefinible, dice, por estar constituido de materia, que puede ser o no ser. 2) En segundo lugar, habla de la Idea de los Platónicos, la cual, según él, es una realidad individual. En este caso, evidentemente, la indefinibilidad *no* depende de la materia (porque la Idea no tiene materia), sino de que cada Idea tiene que ser una realidad única y por tanto no expresable ni en términos únicos acuñados *ex novo* (que resultarían incomprensibles) ni en términos comunes (que valdrían también para otras realidades). (Cap. 15)

Aristóteles indica a continuación *qué cosas no pueden tenerse por sustancias*: 1) Primeramente, no son sustancias las partes de los animales (que sin embargo suelen considerarse tales); las partes del organismo animal sólo pueden ser potencias, luego son partes materiales. 2) Tampoco son sustancias el Ser y el Uno de los Académicos, porque «ser» y «uno» son comunes a todas las cosas, mientras que la sustancia es propia de aquello de lo que es sustancia. 3) Los Platónicos, al considerar sus Formas o Ideas como sustancias separadas, yerran en parte, pero en parte tienen también razón. Aristóteles reconoce aquí en particular la validez de la noción de lo suprasensible, presente en la doctrina de las Ideas; aunque es verdad que los Platónicos — añade el Estagirita — comprometen esa noción en el momento mismo en que la afirman, ya que las Ideas no son, en último término, sino las cosas sensibles transferidas al plano del *en sí*. Hay ciertamente sustancias suprasensibles, pero no son las mencionadas por los Platónicos. (Cap. 16)

Aclarada ya la cuestión de lo que *no es ni puede ser sustancia*, Aristóteles concluye este libro repitiendo una vez más —y ahora de modo definitivo— *qué es la sustancia*. Al hacerlo sigue las pautas de su propia investigación etiológica, o sea del estudio del *porqué* o la causa de las cosas. Cuando indagamos el *porqué* de algo, procediendo correctamente, preguntamos por qué una cosa se refiere a otra o por qué cierta materia o determinadas partes materiales constituyen una cosa determinada. Ahora bien, la respuesta última y definitiva a esa pregunta es dada precisamente por la sustancia de la cosa, es decir, la forma o causa formal, en virtud de la cual las cosas tienen su propio ser (son lo que son). Esta causa es algo muy distinto de la materia o los elementos materiales. Si nos fijamos, por ejemplo, en la sílaba BA, es claro que la sustancia de BA no es la mera suma de B + A, sino *algo diferente* que, añadiéndose a B y A, hace de estas letras una sílaba. Así también la sustancia «carne» no es la mera suma de elementos materiales como «fuego» y «tierra», sino el *quid* que unifica tales elementos convirtiéndolos en carne. Que ese *quid* no puede a su vez ser materia o elemento material se demuestra como sigue. Si fuese un elemento (material), sería difícil explicar cómo y por qué, al unirse a la tierra y el fuego, constituye la carne. Peor aún, si fuese un compuesto de elementos, la dificultad para explicar lo mismo sería mucho mayor. Por consiguiente, ese *quid* no es un elemento, sino un principio (no es materia, sino forma) que estructura formalmente la materia. Tal es la sustancia, en su más profundo significado. (Cap. 17)

8. *Análisis del libro VIII (H)*

Las interpretaciones del libro VIII son bastante dispares: a) hay quienes lo tienen por una serie de extractos y apuntes más bien fragmentarios, paralelos al libro VII; b) otros lo consideran como un escrito aparte, perfectamente coherente, que cuenta entre las últimas producciones de Aristóteles y es por tanto el reflejo más maduro de su usiología; c) para otros, finalmente, forma parte integrante del bloque VII-VIII-IX.

Las dos primeras tesis se anulan mutuamente. En efecto, leído con atención, el libro VIII presenta las características de todos los demás libros. Respecto del libro VII, por ejemplo, profundiza en algunos de sus conceptos y repite otros. Además, el capítulo primero del libro VIII resume exactamente el libro VII. Esto prueba la vinculación existente entre ambos, si bien el libro VIII está ligado al VII más como apéndice que como ejecución de un plan. Aristóteles quiso aquí ahondar en el estudio de algunos aspectos de la *sustancia sensible* en cuanto tal, sobre todo en función de los conceptos dinámicos de *acto* y *potencia*. La opinión según la cual forma bloque con los libros VII y IX es dudosa, debido al siguiente rasgo lingüístico. El libro VII expresa la noción de acto con el término ἐντελέχεια, mientras que el VIII, para indicar el mismo concepto, utiliza de improviso ἐνέργεια, voz que nunca aparece en el libro VII. Ahora bien, resulta difícil creer que un autor, en la primera parte de un texto escrito en la misma época evite sistemáticamente un término y use otro para expresar un determinado concepto y que luego, de pronto, invierta por completo su criterio lingüístico empleando únicamente el término que antes evitaba.

En conclusión:

1) No puede admitirse la tesis de que el libro VIII constituye, junto con el VII (y el IX), todo un tratado.

2) Tampoco es cierto que este libro presenta la sustancia desde una nueva perspectiva, pues todos los conceptos que aquí aparecen se encuentran igualmente en el libro VII.

3) El libro VIII sirve para ahondar y clarificar algunas nociones expuestas en el VII, especialmente acerca de la sustancia *en cuanto sensible* y en función de los conceptos de *acto y potencia*.

4) Faltan los datos necesarios para establecer cuándo y cómo nació el libro VIII, pero nada impide pensar que el propio Aristóteles (o el compilador de su obra) lo colocó donde ahora se encuentra, ya que esta colocación es la mejor posible[17].

He aquí ahora, con todo detalle, las tesis expuestas en el libro.

> Aristóteles resume primero, a grandes rasgos, los resultados del libro VII; comienza por examinar otra vez el problema de la sustancia para sacar nuevas conclusiones y aclarar algunos puntos, partiendo de las sustancias admitidas por todos, es decir, las sensibles y en particular la materia. Ésta (según se vio en VII 3) se considera con toda razón como sustancia, por ser sustrato. Más exactamente, la materia es sustrato (luego sustancia) por cuanto constituye *la condición que hace posibles todos los cambios*. No podría darse ningún cambio local si no hubiera algo (un sustrato) que ahora está en un lugar y luego en otro; no podría darse aumento ni disminución si no hubiera algo (un sustrato) que unas veces aumenta y otras disminuye; y no podría darse ninguna alteración si no hubiera algo (un sustrato) que recibe sucesivamente «afec-

---

17. Para un examen más minucioso de estos problemas, véase ibid., p. 195-202.

ciones» opuestas (por ejemplo, de sano pasa a estar enfermo); un sustrato, finalmente, es también indispensable en los procesos de generación y corrupción.— El capítulo termina con una nota sobre la relación existente entre esos cambios: la generación y la corrupción implican forzosamente también las otras tres formas de cambio, pero no al revés. (Cap. 1)

Después de hablar de la materia de las cosas sensibles, que es sustancia sólo en *potencia*, Aristóteles *trata de la forma, es decir, del acto de ser*. La forma o acto de las cosas sensibles (Aristóteles se refiere aquí a las cosas que no son sustancias en sentido propio, o sea sustancias naturales) se refleja en las «diferencias»; éstas no son solamente tres (como afirmaba Demócrito), sino muchas más. El Estagirita enumera e ilustra aquí algunas de esas diferencias, sin pretender sistematizarlas ni ser exhaustivo. Ahora bien, así como la sustancia (en el sentido de forma) es causa del ser de las cosas, así también esas diferencias, siendo causa del ser de las cosas que determinan, se tienen, si no por sustancia (forma) en sentido propio y auténtico, al menos por el correlativo analógico de la sustancia (forma). Las diferencias son, pues, el correlativo de la forma y del acto.— También en las definiciones de esas cosas, las diferencias ocupan el puesto que ocupa la forma o esencia en la definición de las sustancias naturales. En general, las cosas constan de materia y forma (y las materias son distintas de las distintas formas, o diferencias, y viceversa). Así, las cosas sensibles pueden caracterizarse tanto por su *materia* (en cuyo caso se dirá que tales cosas son en potencia) como por sus *diferencias formales* (en cuyo caso se dirá que son en acto), o también *reuniendo forma y materia* (y entonces la cosa se expresará como compuesto). El autor da remate al capítulo repitiendo el triple modo de ser de la sustancia sensible: a un tiempo *materia, forma y compuesto de materia y forma*. (Cap. 2)

Aristóteles prosigue con el examen de la sustancia entendida como forma y acto. En primer lugar, dice que no siempre es fácil ver si el *nombre* expresa el *compuesto* o la *forma*: «casa» puede significar, ya la casa concreta, ya la forma de casa; «línea» puede entenderse como díada en longitud o como dualidad; «animal» puede significar el compuesto de alma y cuerpo o sólo el alma.— De todas maneras, ambos significados se refieren a una misma realidad, aunque en sentido distinto.— La cuestión del doble significado no plantea dificultades para estudiar la sustancia, pues es claro e indudable que *esencia y forma coinciden*. En otras palabras, la esencia y la cosa entendida como forma coinciden; esencia del alma y alma coinciden; en cambio, esencia de hombre y hombre a) coinciden si por hombre se entiende el alma, pero b) no coinciden si por hombre se entiende el compuesto.— En segundo lugar, se ataca y refuta la doctrina de quienes reducen la sustancia y su definición a una *mera suma de elementos materiales*. Contra esta tesis, Aristóteles esgrime el argumento — tantas veces repetido — de que la sustancia no puede reducirse a los elementos ni a su suma empírica. La sustancia es el *principio formal* que une los elementos materiales.— La tercera cuestión discutida gira en torno a las analogías entre sustancia y número. La sustancia puede asimilarse al número, siempre y cuando no se vea en el número (como lo hacen erróneamente algunos Platónicos) un cúmulo o colección de unidades sustanciales (en acto): a) número y definición son divisibles en elementos indivisibles; b) número y definición dejan de ser lo que son si se les añade o quita un solo elemento; c) número y sustancia constituyen una unidad, por cuanto son un determinado acto y una *determinada naturaleza*; d) número y sustancia no admiten el «más» ni el «menos». (Cap. 3)

Una vez explicada la manera en que se entienden la forma y el acto de las cosas sensibles, Aristóteles vuelve a hablar de la materia, añadiendo numerosos detalles. La materia primera de todas las cosas sensibles es idéntica; lo distinto es la materia próxima de cada cosa en particular. Además, según el punto de vista desde el que se considere, una misma cosa puede proceder de distintos materiales (de unos de modo inmediato, de otros mediatamente). También hay que tener en cuenta que, en algunos casos, de una misma materia pueden derivarse cosas distintas (la diversificación viene aquí de la causa eficiente-formal). En otros casos, cosas distintas suponen necesariamente materias distintas. En otros, por último, de distintas materias pueden salir las mismas cosas (y entonces ha de ser idéntica la causa motriz-formal). Cuando determinamos las causas de algo, puesto que éstas son cuatro, debemos determinarlas todas; nos referimos a las causas próximas de ese «algo» y no a las causas remotas. Tratándose de los entes sensibles y eternos (cielo, astros), debemos tener presente que en ellos la materia es de otro tipo: su movimiento es sólo local. Finalmente, para explicar fenómenos accidentales, hay que considerar que de ellos no existe materia en el sentido habitual, pero que su sustrato es una sustancia. Aristóteles analiza, a modo de ejemplo, el fenómeno de los eclipses y el del sonido. Evidentemente, también en estos casos debemos buscar la explicación decisiva en las causas próximas. (Cap. 4)

Siguiendo el orden de ideas del capítulo anterior, Aristóteles aclara aquí algunas cuestiones sobre la materia de las cosas. Primero dice que de las cosas que aparecen y desaparecen, sin proceso de generación y corrupción, *no hay* materia. Por ejemplo, los puntos, las formas sustanciales y categoriales, no tienen materia propia. Luego plantea el problema de la relación entre la materia y los contrarios, respondiendo que la materia es potencia del contrario positivo según la posesión de la forma, y potencia del contrario negativo según la privación de la forma. Por último, Aristóteles plantea y resuelve el siguiente problema: ¿Por qué el vino no es vinagre en potencia y el animal no es cadáver en potencia? Porque el vinagre y el cadáver provienen respectivamente del vino y del animal por vía no de generación, sino de corrupción, es decir, no de manera directa, sino indirecta (más que del vino, el vinagre proviene de la materia del vino; y el cadáver, más que del animal, proviene de la materia del animal). Por otra parte, el contrario negativo es posterior al positivo y el proceso que lleva del uno al otro no es reversible; es preciso que el contrario negativo se resuelva en la materia primera para que pueda volver a formarse el contrario positivo. (Cap. 5)

Aristóteles concluye su estudio de la sustancia sensible proponiendo una vez más el problema (ya tratado en VII 12) de la razón de la *unidad de la definición y de la sustancia*. La respuesta dada en VII 12 era ésta: La definición es una unidad porque sus «partes» se reducen al *género* y a la *diferencia específica* y porque el género sólo existe en la diferencia (o como materia de la diferencia). La solución que el Estagirita da al problema en este capítulo *se vale de los conceptos de potencia y acto*: las partes de la sustancia constituyen una unidad perfecta porque una es materia y potencia y la otra es forma y acto. Aristóteles añade a esto que la causa que hace pasar una cosa de la potencia al acto es la *causa eficiente*, más allá de la cual no hay nada: la materia y la potencia tienden, *por naturaleza*, a la forma y el acto; a su vez la forma y el acto tienden, *por naturaleza*, a informar y actualizar la materia y la potencia. En cuanto a las cosas que no tienen materia ni sensible ni inteligible (las categorías), el problema ni siquiera se plantea, pues tales cosas son *inmediatamente* unidades. (Cap. 6)

9. *Análisis del libro IX (Θ)*

El libro IX es una verdadera monografía sobre los conceptos de *potencia* y *acto estudiados* con relación primero al movimiento (capítulos 1-5) y luego a la sustancia. En el plan general de la *Metafísica*, la función de este libro es muy clara: en el libro VI se estudian las dos acepciones más débiles del ser (el ser como accidente y como verdadero); en el VII, el ser como categoría y, sobre todo, como sustancia; ahora, en el IX, se examina el significado restante: el ser *según la potencia y el acto*. Así, con el libro IX se cierra el tratado de los significados del ser en general.

El capítulo más revelador y crucial es el octavo, donde se demuestra, con abundantísimas pruebas, el teorema de la *prioridad del acto sobre la potencia*. Con esta demostración, Aristóteles nos lleva hasta los umbrales de lo suprasensible. Podríamos incluso decir que en IX 8 nos brinda ya la primera prueba de la necesidad de un acto puro, y esto es precisamente lo suprasensible.

A la mayoría de los especialistas les resulta difícil justificar el último capítulo (el 10) donde se habla del *ser como verdadero*, tema ya discutido en VI 4. Sin embargo, conviene hacer notar que, en VI 4, Aristóteles prevé ya esta repetición (cf. 1027 b 29); además, en IX 10 desarrolla algunos conceptos para cuya comprensión es preciso haber tratado previamente del acto. Por tanto, IX 10 puede muy bien considerarse como un complemento que el autor había ya previsto.

Finalmente, huelga recordar que, a juicio de algunos eruditos, los dos significados de acto y potencia, contenidos en las dos partes del libro IX, reflejan dos distintos momentos del pensamiento aristotélico; según esos especialistas, Aristóteles descubrió primero el concepto de potencia y acto en relación con el movimiento y sólo después los aplicó a la sustancia, sin por ello lograr la fusión o combinación de ambas perspectivas. De esta cuestión nos hemos ocupado a fondo en otra obra, a la que remitimos al lector deseoso de más detalles[18]. Baste repetir aquí que la concepción de potencia y acto es doble en virtud de los fundamentos mismos de la doctrina aristotélica. La concepción más propiamente metafísica del acto y la potencia es la que se refiere a la sustancia; la concepción cinética, en cambio, se funda en otras categorías (las que dan lugar al movimiento): justamente *la distinción radical que existe entre la primera y las demás categorías entraña una correspondiente distinción radical entre acto y potencia* que, como ya hemos visto, sólo se dan según las diferentes categorías. La unificación de ambas concepciones tiene lugar, según el propio Aristóteles, en *virtud del principio de analogía*.

---

18. Cf. Id., *La dottrina aristotelica della potenza, dell'atto e dell'entelechia nella «Metafisica»*, ahora en Id., *Il concetto di filosofia prima*, sexta ed., *op. cit.*, p. 341-405.

Analicemos a continuación los temas de cada capítulo.

Habiendo hablado del ser como sustancia, Aristóteles lo examina ahora como potencia y acto. Comienza por estudiar la potencia *con relación al movimiento*; más adelante (a partir del capítulo 6) la estudiará también *con relación a la sustancia*. A propósito del primer punto, el Estagirita se remite con gran fidelidad al libro V 12. He aquí las varias acepciones de la potencia (δύναμις) entendida en el primer sentido. Significa: 1) *principio de movimiento o cambio activo que está en otro ser o en la cosa misma en cuanto otra*; 2) *principio de movimiento o cambio pasivo que está en otro ser o en la cosa misma en cuanto otra*; 3) propiedad por la que un ente no puede cambiar empeorando ni ser destruido por obra de otro ente o de sí mismo en cuanto otro; 4) por último, significa la capacidad general de hacer (modificar) o padecer (ser modificado) y la específica de hacer o padecer de manera conveniente.— Potencia activa y potencia pasiva son lo mismo, desde cierto punto de vista; en realidad, un ser está dotado de potencia tanto si tiene capacidad para modificar a otro como si puede ser modificado por otro. Consideradas, en cambio, con relación al objeto en que residen, son distintas. La potencia pasiva está en el paciente: éste es modificado («padece») por uno u otro agente, puesto que hay en él un principio — la materia — que posibilita esa modificación; la potencia activa, al contrario, está en el agente: el calor está en lo que produce calor, el arte de construir está en el constructor, etc. Por eso, si en un ente los dos aspectos no son distintos, ese ente no puede experimentar modificación alguna por obra de sí mismo.— El capítulo termina con un resumen de los significados de impotencia e impotente. Impotencia denota privación de potencia: a toda potencia corresponde, para el mismo objeto y según la misma relación, una impotencia. Por otra parte, puesto que se habla de privación en diversos sentidos (se da la privación en lo que no tiene una determinada cualidad que debiera tener; o cuando debiera ya tenerla por naturaleza, pero aún no la tiene del todo o en cierta manera; o finalmente cuando la violencia ha quitado a determinados entes propiedades que debieran tener), la impotencia asumirá también esos matices. (Cap. 1)

Aristóteles sigue tratando de la potencia e introduce una distinción entre potencias irracionales y potencias racionales. Los principios del movimiento y cambio, en los sentidos arriba expuestos, pueden encontrarse, ya en los seres inanimados, ya en los animados, ya finalmente en el alma, y ello tanto en sus partes no racionales como en su parte racional. En consecuencia, los principios que están en el alma racional son potencias racionales, por ir acompañados de razón; todos los demás, en cambio, son potencias irracionales.— Así pues, todas las artes, o ciencias poéticas, son potencias racionales, ya que constituyen principios de cambio en otro ser o en la cosa misma en cuanto otra y dependen del alma racional. El rasgo diferencial de los dos tipos de potencias consiste en que las irracionales pueden producir uno solo de los contrarios, mientras las racionales son capaces de producir, cada una, los dos contrarios (el calor, por ejemplo, sólo tiene potencia para calentar y no para producir el efecto contrario; el frío, sólo puede enfriar y no lo contrario; en cambio la medicina, potencia racional, es a un tiempo ciencia de la salud y de la enfermedad, pudiendo producir ambas).— El capítulo concluye con otra distinción: entre la potencia de hacer y padecer (activa y pasiva) *en general* y la de hacer y padecer de modo conveniente; la primera va necesariamente implicada en la segunda, pero no al revés: el que actúa convenientemente actúa, por el hecho mismo, en general; en cambio, el que actúa en general no actúa necesariamente bien o como conviene. (Cap. 2)

Aristóteles nos proporciona una importante confirmación crítica del *carácter imprescindible de la distinción entre potencia y acto* al refutar la doctrina de los Megáricos, que niega esa distinción. Según estos filósofos, sólo hay potencia cuando hay acto, lo que equivale a identificar ambas cosas; por ejemplo, tiene potencia para construir sólo quien está construyendo y nadie más.— He aquí los absurdos en que incurre la doctrina megárica: a) si la potencia no se distingue del acto, nadie podrá poseer un arte a menos de estar ejercitándolo (cuando el constructor deja de construir, aunque sea momentáneamente, pierde su arte, etc.); b) tampoco podrá existir nada sensible (lo caliente, lo frío, lo dulce, lo amargo, etc.), si no se siente «en acto»; c) ni siquiera podrá hablarse de sensibilidad, si uno no la tiene «en acto» (a quien cesara, aun por un solo instante, de ver u oír, habría que calificarlo de ciego o sordo); d) lo que no está produciéndose «en acto» no podrá nunca producirse; resulta así imposible todo movimiento y toda forma de devenir (el que está de pie no podrá nunca sentarse ni el que está sentado podrá ya ponerse en pie, etc.).— Los absurdos a que conduce la tesis que niega la distinción entre potencia y acto son la mejor confirmación de la necesidad de distinguirlos. Existe, pues, lo que está no sólo en acto, sino también en potencia. Y se dice que existe en potencia aquello cuyo paso al acto es posible.— El capítulo termina con la explicación del primer significado de «acto». Esta palabra, estrechamente relacionada con «entelequia», significa, en primer lugar, movimiento. Hay también otra acepción de «acto», pero la del movimiento, que implica actividad, es la primera. (Por eso las cosas que no existen pueden calificarse de muchas maneras — como inteligibles, deseables, etc. —, mas no puede decirse que están en movimiento, ya que éste implica existencia actual.) (Cap.3)

Es erróneo decir que una cosa *no existe en potencia si no existe ya en acto, como lo es también afirmar que una cosa existe en potencia, pero no se realizará nunca*. Declarar que algo es posible o que tiene potencia, pero que no se realizará nunca, equivale a negar o eliminar *lo imposible*: esto es precisamente lo que no se realizará nunca. Por ejemplo, decir que es posible, en un cuadrilátero, medir la relación de la diagonal con el lado, pero que esto no se hará nunca (pues nada impide que lo que puede existir o devenir no exista ahora ni después), es caer en el error indicado: el que así razona niega todo caso de imposibilidad. De hecho, está demostrado que, para poder admitir que algo que no existe, pero es posible, exista o devenga, ese algo no debe contener en sí mismo nada imposible. La posibilidad real de una cosa y su actualización son, pues, inseparables: dado lo uno, se da también necesariamente lo otro. (Cap. 4)

Las potencias pueden ser *congénitas o adquiridas*. Son congénitas las que se poseen por naturaleza, como las de los sentidos; son adquiridas las potencias racionales, por ejemplo las artes y las ciencias poéticas, originadas por la costumbre, el estudio o el razonamiento. Para poder poseer las potencias adquiridas, es necesario un ejercicio previo de la actividad; las potencias congénitas y pasivas, en cambio, no exigen ese ejercicio.— El capítulo desarrolla a continuación dos importantes conceptos: la «determinación« de toda potencia y la diversidad de las potencias racionales respecto de las irracionales tocante a su actualización. Toda potencia es siempre potencia de algo determinado en cierto tiempo y modo, con las restantes condiciones que deben formar parte de la definición. En tal caso, cuando en las potencias irracionales el agente y el paciente se encuentran según su potencia, uno necesariamente actúa y el otro padece. Esta necesidad no se da en las potencias racionales. Las potencias irracionales son capaces de producir uno solo de los contrarios, mientras las racionales pueden producir ambos contrarios; si se aplicara también a estas últimas la necesidad a que nos referimos, deberían también producir los dos contrarios, lo que es absurdo. En las potencias racionales debe darse otro principio que decide la actualización de uno de los contrarios; este principio es el *deseo* y la *opción racional*. Aun en estos casos subsiste cierta necesidad, pero únicamente de manera mediata. La ley de la *determinación* de toda potencia es válida no sólo para las potencias irracionales, sino también y en el mismo grado para las racionales. El agente sólo tiene potencia si está presente el paciente, y en las condiciones en que debe estarlo. Por eso no es posible querer o desear a la vez dos cosas distintas y opuestas, ya que no hay ninguna potencia de este tipo; se puede hacer sólo aquello para lo que se tiene potencia y del modo determinado por ésta. (Cap. 5)

Agotado ya el tema de la potencia considerada con relación al movimiento, Aristóteles *aborda la cuestión del acto y la potencia desde el punto de vista metafísico* (cuestión ya parcialmente anticipada en los capítulos 3 y 4). El acto es la *existencia misma de la cosa*, es decir, la existencia de hecho, no la existencia potencial como la de Hermes en un trozo de madera o la de la semirrecta en la recta, etc. Así pues, sólo es posible definir el acto (al igual que la potencia) presuponiéndolo. Como todos los conceptos originarios, el de acto puede captarse por inducción o comprenderse de modo intuitivo mediante analogías sugeridas por ejemplos particulares. *En potencia* hay un Hermes en un bloque de madera o una semirrecta en la recta, mientras que *en acto* está el Hermes esculpido y la línea realmente dividida. Podemos también decir que el acto es a la potencia lo que el construir al saber construir, el estar despierto al estar dormido, el mirar al tener los ojos abiertos, el objeto sacado de la materia a esta última en estado bruto. (Cap. 6)

A continuación, Aristóteles plantea y resuelve el problema de *cuándo* una cosa es otra en potencia. En lo que toca al arte, puede decirse que algo está en potencia cuando el artista quiere realizarlo y no hay ningún obstáculo externo que se lo impida. En cuanto a las cosas que tienen en sí mismas el principio de la generación, su actualización depende de su propia naturaleza; están, pues, en potencia de convertirse en otra cosa simplemente cuando nada externo lo obstaculiza. A buen seguro, la tierra no es el hombre en potencia; sólo lo es cuando se ha vuelto semilla y cuando ésta, además, ha sido depositada en la mujer. Una vez cumplidas esas condiciones, estará en potencia de convertirse en hombre, en virtud de su propio principio.— Completan el capítulo otras dos interesantes observaciones. Cuando decimos que *algo está hecho de otra cosa*, esto es siempre la potencia de aquello: un armario está hecho de madera y la madera es en potencia el armario; la madera está hecha de tierra y la tierra es en potencia la madera, etc. Cuando se llegue a una primera cosa que no está hecha de ninguna otra, eso será la materia (y por ende la potencia) primera y originaria.— Finalmente, Aristóteles nos recuerda que el *sustrato o sujeto* tiene dos sentidos: a) la sustancia respecto de sus accidentes;

b) la materia respecto de la forma. En el primer caso, la potencia y lo indeterminado no son el sustrato, sino sus atributos; en el segundo, la potencia y lo indeterminado son el sustrato. Por tanto, así como en el primer caso el objeto no se designa con el sustantivo que indica el sustrato, sino sólo con el adjetivo que de él se deriva, así también en el segundo caso el objeto no se designa con el sustantivo que indica las afecciones, sino sólo con el correspondiente adjetivo. (Cap. 7)

Aristóteles aborda ahora el problema ontológico de fondo, demostrando detalladamente lo que podríamos llamar el teorema de la *prioridad del acto sobre la potencia*. El acto es anterior a la potencia en los tres sentidos en que algo puede ser anterior a otra cosa, a saber: 1) en cuanto a la *noción*; 2) en cuanto al *tiempo*; 3) en cuanto a la *sustancia*.— 1) Tocante a la noción, el acto es anterior, puesto que podemos saber cuál es la potencia de una cosa sólo cuando conocemos el acto a que esa cosa tiende.— 2) Tocante a la anterioridad según el tiempo, hay que hacer una distinción: si se considera cada individuo en particular, en él la potencia es anterior al acto, porque, antes de existir plenamente en acto, el individuo ha existido como embrión, o sea en potencia; en cambio, si se considera la especie a la que pertenece el individuo o la serie de individuos, el acto es anterior, pues siempre es un individuo *ya en acto* el que engendra a otro individuo.— 3) Por último, tocante a la sustancia y el ser, el acto es anterior a la potencia. Para probar esto, Aristóteles se sirve de dos tipos de argumentación. El primer grupo de argumentos tiende a demostrar que el acto (en cuanto forma) es regla, principio y condición de la potencia (que es materia). Con el segundo grupo, en cambio, el autor demuestra que el acto, por constituir el modo de ser propio de los entes eternos e incorruptibles, es anterior a la potencia, modo de ser de los entes corruptibles, en la medida precisamente en que lo incorruptible es anterior a lo corruptible. (Cap. 8)

Siguen, para completar el tratado de la potencia y el acto, algunas reflexiones sobre las relaciones de estos conceptos con el bien y el mal y sobre la relación del acto con las operaciones y objetos matemáticos. En las cosas buenas, el acto es mejor que la potencia, ya que ésta es siempre potencia de los dos contrarios; lo que tiene potencia para la salud tiene también potencia para la enfermedad. Ahora bien, los contrarios pueden estar juntos en potencia, pero no en acto: un hombre no puede estar a la vez sano y enfermo, en reposo y en movimiento, etc. Por eso, el acto que realiza el bueno o positivo de ambos contrarios es mejor que su potencia, por serlo ésta también del otro contrario.— Tratándose del mal, en cambio, su acto es peor que la potencia, porque ésta es también potencia de lo contrario. Sin embargo, el mal es por naturaleza posterior a la potencia, ya que en sí no existe como algo en acto, independientemente de las cosas sensibles; y en los entes primordiales y eternos — que son acto puro — tampoco hay mal ni carencia ni corrupción, pues esto sólo es posible en las realidades que tienen potencia.— También en las realidades matemáticas el acto es anterior a la potencia. En efecto, los teoremas geométricos se demuestran con la actividad, es decir, por medio de oportunas divisiones y otras operaciones que los hacen evidentes en acto. Así, la prueba de las proposiciones geométricas consiste en hacerlas pasar de potencia a acto. Esto se debe a que el entender del geómetra es acto, puesto que conoce las cosas quien las produce en acto. Una vez más, pues, resulta evidente la prioridad del acto respecto de la potencia. (Cap. 9)

El último capítulo vuelve a tratar del problema *de lo verdadero y lo falso y del ser como verdadero o falso* (Aristóteles tocó ya en parte este problema en el libro VI 4). ¿En qué consiste lo verdadero y en qué lo falso? Lo verdadero consiste en reflejar las cosas como son: no porque pensemos las cosas de cierta manera es verdad que son así, pero, al revés, si las cosas son de la manera en que nosotros las pensamos, estamos en la verdad.— Luego, más en particular, Aristóteles menciona dos casos muy distintos entre sí. 1) Primero, el de las *cosas compuestas*: a) hay cosas que están siempre unidas y no pueden separarse, como las hay que están siempre separadas y no pueden unirse; b) hay también otras cosas que pueden estar o unidas o separadas. El *ser*, en lo que atañe al primer tipo de cosas, consiste en el estar unidas, y el *no ser* en el estar separadas. Pues bien, en estos casos, a propósito de las cosas que están siempre unidas o siempre divididas, una misma proposición será siempre verdadera o siempre falsa, según diga que están unidas las cosas unidas y separadas las separadas o que están unidas las cosas separadas y separadas las unidas. En cuanto a las cosas que pueden estar a veces unidas y a veces separadas, una misma proposición podrá ser a veces verdadera y a veces falsa. 2) En segundo lugar, Aristóteles menciona el caso de los *entes no compuestos*. Aquí el ser no tiene nada que ver con el estar compuestos (pues son simples), y así lo verdadero no consiste en unirlos o separarlos, sino en *intuirlos y enunciarlos*. En lo que se refiere a estos entes, el error o lo falso no es posible: a lo sumo podemos no conocerlos, lo que equivale a no haberlos captado o entendido. Estos entes son *acto puro* y *no existen en potencia*; de lo contrario, podrían engendrarse y corromperse y no serían ya simples. (Cap. 10)

10. Análisis del libro X (I)

También acerca del libro X, como de los demás libros de la *Metafísica*, las opiniones de los especialistas son sumamente dispares: a) unos lo consideran posterior a los libros VII-IX, redactado independientemente de éstos e incorporado al conjunto de la *Metafísica* en el último período; b) otros lo tienen incluso por un tratado ajeno a esta colección y, a su parecer, fue compuesto antes que los libros VII y VIII; c) para otros, finalmente, es uno de los escritos más antiguos del Estagirita. Estas tesis se basan, como de costumbre, en prejuicios de interpretación y elementos incompletos, no entendidos ni valorados en función del todo del que forman parte.

En nuestra opinión, aun si el libro X tuvo una génesis relativamente independiente de los demás, está vinculado con ellos, conforme a un plan bastante obvio. Ya hemos visto cómo la cuarta aporía preguntaba expresamente si la filosofía primera debía estudiar, además de la *sustancia*, las propiedades de ésta y nociones como *el mismo, diverso, semejante, desemejante*, etc. Veíamos también que, en el segundo capítulo del libro IV, Aristóteles volvía a formular esa misma pregunta y respondía a ella en sentido afirmativo. El *ser* y el *uno* son mutuamente convertibles, por lo que la ciencia del ser y de la sustancia debe también ocuparse del uno. Ahora bien, puesto que la ciencia de los contrarios es una sola, la ciencia que estudia el *uno* debe también estudiar los muchos y todos los pares de contrarios que se reducen a ese par supremo, por ejemplo *igual* y *desigual, semejante y desemejante*, etc.

Otra observación: los libros VI-VII-VIII-IX ejecutan el plan de los libros III y IV, estudiando por menudo todos los significados del ser; por su parte, el libro X reexamina a fondo las nociones mismas señaladas por IV 2 como objeto de estudio de la metafísica, además del ser y la sustancia; de hecho, el tema del libro X es la *unidad* y la *multiplicidad*, junto con los conceptos que se reducen a ese par supremo de contrarios.

En conclusión, el libro X es un repaso de las nociones acerca de las cuales la cuarta aporía preguntaba si debían o no ser estudiadas por la misma ciencia que estudia la sustancia y que IV 2 atribuía, como objeto de investigación, a la ciencia que se ocupa del ser y la sustancia, incluyendo en la *ontología* aristotélica conceptos *enológicos* del platonismo. Se trata aquí de conceptos clave de las doctrinas platónicas no escritas y de la Academia, que Aristóteles intenta recuperar y remozar según su nueva perspectiva.

Por otra parte, las continuas referencias del libro X a otros libros de la *Metafísica* prueban también que no es un tratado del todo independiente. Al comienzo de X 1 se cita V 6, mientras que X 4 remite a V 22 y X 6 a V 25[19]. Además, X 2, al principio, cita el libro III[20], replanteando el undécimo problema y resolviéndolo de la manera más clara y lineal justo a partir de las conclusiones del libro VII, expresamente citado[21].

El libro X presupone, pues, los libros III y VII y resuelve una aporía del libro III utilizando los resultados del VII. Tenemos así una excelente prueba de que el libro X forma un todo con el III y el VII, si bien podría ser posterior (al menos en la refundición definitiva, o sea en el momento de insertarlo en la colección) tanto al libro III como al VII.

He aquí un resumen analítico de los problemas tratados en este libro.

> Aristóteles se ocupa aquí de tres cuestiones: 1) En primer lugar, distingue los varios *significados del uno*. 2) En segundo lugar, determina la *esencia de la unidad*. 3) Finalmente, estudia el *concepto de medida*, traído a colación para definir la esencia de la unidad.— 1) El «uno» tiene cuatro significados: a) el *continuo*; b) lo que constituye *un todo*; c) la unidad *específica*; d) la unidad *numérica*. El autor analiza una por una estas acepciones, repitiendo en parte lo ya dicho en el libro V 6.— 2) Estos cuatro significados no deben confundirse con la *esencia de la unidad*; son más bien modos de la unidad, y no su esencia. Ésta consiste en ser *indivisible como algo formalmente determinado y particular*, separable por el lugar, la forma o el pensamiento, o también en constituir *un todo indivisible*. Especialmente, la esencia de la unidad es la *medida primera* de cada género de cosas, sobre todo de la cantidad.— 3) Luego de introducir así el concepto de *medida* para definir la esencia del uno, Aristóteles lo explica en todo el resto del capítulo: a) la medida se define como aquello por lo que conocemos la cantidad; mas ésta se conoce por el número y el número por el uno, luego el uno es la medida de la cantidad; b) por extensión se llama también medida el término primero mediante el cual se conoce cada género de seres (longitud, anchura, peso, velocidad); c) medida perfecta es aquella a la que no puede quitarse ni añadirse nada sin que esto se

---

19. He aquí las indicaciones exactas: X 1, 1052 a 15 s.; X 4, 1055 b 6 s.; X 6, 1056 b 34 s.
20. Cf. X 2, 1053 b 10.
21. Cf. X 2, 1053 b 17.

advierta de inmediato; la medida más perfecta de todas es la del número, es decir, el uno; d) de una misma cosa pueden a veces darse distintas unidades de medida (por ejemplo, el doble sostenido en la música, los varios sonidos del alfabeto en las palabras, etc.); e) la medida es siempre del mismo género que lo medido; pero no por ello ha de creerse que la medida de los números es un número: la medida del número es el uno, pues el número no es otra cosa que una multiplicidad de unidades; f) y, dado que conocemos las cosas por la ciencia y la sensación. suele también decirse, impropiamente, que la ciencia y la sensación son medida de las cosas; en realidad y en sentido propio, sucede lo contrario: *la ciencia y la sensación no miden, sino que son medidas por las cosas.* (Cap. 1)

Habiendo hablado del uno en relación con la cantidad y la medida, Aristóteles enfoca ahora la cuestión desde un punto de vista más radical. Mientras los Pitagóricos y los Platónicos hacen del uno la *sustancia de las cosas*, los Naturalistas dicen que la sustancia de las cosas es algo distinto y que el uno *se predica de ese algo*. Aristóteles resuelve el problema refutando la tesis pitagórico-platónica con estos dos argumentos: a) el uno, como el ser, es un *universal*; ahora bien, ningún universal puede ser sustancia, luego el uno tampoco puede ser sustancia de las cosas; b) el ser, en todas las categorías, lo es de cosas determinadas (las cosas no se reducen a su condición de seres, sino que son *seres determinados*). Lo mismo ocurre con el uno: éste, en cada categoría, es siempre *algo determinado*: una cualidad determinada, una cantidad determinada y por tanto también una sustancia determinada. El uno no es, pues, ni puede ser *sustancia en sí*, sino sólo y siempre atributo de *una determinada sustancia* (un hombre, un caballo, etc.), o bien un determinado atributo «categorial» de una determinada sustancia. Por decirlo en términos modernos, el uno no es una realidad en sí y transcendente, sino un *trascendental*. (Cap. 2)

Tras el examen del uno en sí mismo, Aristóteles pasa a considerarlo con relación al múltiple y a explicar las nociones fundamentales que se reducen al uno y al múltiple. El uno se opone al múltiple en muchos sentidos. En uno de ellos se opone al múltiple como lo *indivisible* a lo *divisible*. Esta oposición no es de contradicción, como tampoco de relación ni de privación, sino de contrariedad. Con el uno están vinculadas las nociones de *idéntico, semejante e igual.— Idéntico* puede significar: a) idéntico en número; b) idéntico tanto en la forma o definición *como* en el número; c) idéntico sólo en la forma, por definición.— *Semejante* se dice de: a) las cosas con alguna diferencia en su sustancia individual, pero con la misma forma; b) las cosas con una misma afección en el mismo grado; c) las cosas con una misma afección, aunque en distintos grados; d) las cosas con más atributos iguales que diversos.— *Diverso* y *desemejante* (nociones ligadas al múltiple) tienen a su vez muchos significados. *Diverso* es: a) lo contrario de idéntico (de suerte que toda cosa es o diversa o idéntica respecto de otra); b) lo no idéntico ni por el número ni por la forma; c) finalmente, «diverso» asume un tercer significado en el ámbito de las matemáticas.— A continuación, Aristóteles puntualiza que *diversidad* y *diferencia* no tienen el mismo significado. Una cosa puede ser *diversa* de otra *por cualquier concepto*; en cambio, una cosa es *diferente* de otra sólo si difiere de ella en *algo determinado* (y por consiguiente sólo si hay entre ambas cosas algo idéntico en lo cual difieren). Las cosas pueden diferir por el género o por la especie. (Cap. 3)

Del tratado de la diferencia, con el que se cierra el capítulo anterior, se pasa en éste al de la *contrariedad*, que es la diferencia máxima. Aristóteles profundiza en la descripción de la contrariedad mediante los dos siguientes corolarios: a) la diferencia máxima es diferencia perfecta o completa; b) precisamente por eso, sólo puede darse entre dos *términos*; así pues, los contrarios son únicamente dos o, en otras palabras, a un contrario se opone un solo contrario.— Dada esta premisa, Aristóteles demuestra que las distintas definiciones de los contrarios, cuatro según él (tal vez fueran las que se proponían en la Academia), presuponen esencialmente la arriba citada.— La última parte del capítulo estudia las relaciones existentes entre la contrariedad y los demás tipos de contrarios, con vistas a caracterizar la contrariedad misma como diferencia perfecta. La *contrariedad* no coincide con la contradicción; ésta no admite intermedios y aquélla sí. La contrariedad primera coincide, en cambio, con la *privación* perfecta o completa.— Todo el resto del capítulo está dedicado al examen de la relación entre contrariedad y privación. La tesis de Aristóteles reza así: La contrariedad es siempre privación, pero no al revés; sólo cierta privación (la privación perfecta) es contrariedad. (Cap. 4)

Un corolario, deducido del capítulo precedente, establecía que a un contrario se opone *un solo contrario*. Dado esto, ¿cómo puede *lo igual* oponerse tanto a lo grande como a lo pequeño, y cómo puede el *uno* oponerse a los *muchos?* — Dejando para el siguiente capítulo la solución del problema del uno y los muchos, Aristóteles desarrolla y resuelve aquí el de lo igual, mayor y menor. En primer lugar, no cabe duda que esos términos son *opuestos*, pues sólo en tal caso utilizamos la interrogación disyuntiva. (Preguntamos: «¿Es eso igual o mayor o menor?»).— Sin embargo, no se trata de opuestos *contrarios*, por estas razones: a) lo igual no puede ser lo contrario o *sólo* de lo grande o *sólo* de lo pequeño; b) menos todavía puede ser lo contrario de ambos, según el corolario del que hablábamos al principio; c) por último, siendo lo igual intermedio entre lo grande y lo pequeño, tendríamos ahí una contrariedad intermedia, lo cual es absurdo.— Lo igual es, según el Estagirita, privación o negación privativa de lo grande y de lo pequeño. (Cap. 5)

Una vez resuelto el problema de la oposición entre igual, mayor y menor, queda por resolver el de la oposición entre el uno y los muchos. Ésta no puede ser absoluta y unívoca, ya que entonces se seguirían consecuencias absurdas.— La respuesta a la cuestión planteada se obtiene distinguiendo entre los varios significados del término *muchos*. De las cosas se dice que son *muchas* en dos sentidos: a) si constituyen una multiplicidad en exceso, absoluta o relativamente; b) si constituyen un número. El uno se contrapone a los muchos *no* en el primer sentido, sino en el segundo.— Aristóteles precisa luego su pensamiento añadiendo que tal oposición es *oposición de relatividad*. El uno y los muchos son, pues, relativos, y lo son no en sí mismos, sino como la medida es relativa respecto de lo mensurable o la ciencia respecto de lo cognoscible; así, el uno es medida y el número (= los muchos) es *lo medido*. (Cap. 6)

Un concepto estrechamente relacionado con los vistos hasta ahora es el de *mediano* o *intermedio*, que Aristóteles desarrolla a fondo en este capítulo, aclarando tres puntos: 1) Cada uno de los intermedios pertenece al mismo género que las cosas de que es intermedio. 2) Los intermedios lo son entre opuestos *determinados*, es decir, entre *contrarios*. 3) Los intermedios son, además, compuestos de esos contrarios.— 1) Los intermedios pertenecen al mismo género que los contrarios por ser términos a través de los cuales debe necesariamente pasar la cosa que cambia de un contrario al otro y porque no es posible el paso de un género a otro sino por accidente.— 2) Los intermedios son tales sólo *entre opuestos*, porque el cambio se produce sólo entre opuestos y, más exactamente, entre ese *tipo particular de opuestos que son los contrarios* (la contradicción y la relación no admiten intermedios).— Finalmente, los intermedios están compuestos de los contrarios de que son intermedios. La demostración de este punto es bastante compleja. Aristóteles parece proceder en tres etapas, demostrando: a) primero, que las especies contrarias de un género presuponen diferencias contrarias que las constituyen; b) en segundo lugar, que las especies intermedias están compuestas de diferencias intermedias en unión con el género; c) por último, que las diferencias intermedias, y por tanto las especies intermedias, sólo pueden estar compuestas de diferencias contrarias. (Cap. 7)

Aristóteles pasa ahora al estudio de la *diversidad de especie*, mostrando sus rasgos característicos.— 1) Una cosa diversa de otra *en cuanto a la especie* debe ser diversa *en algo común a ambas*. Ese algo que las dos cosas tienen en común y que se diferencia en una y otra es el género. La diversidad específica es por tanto una diversidad dentro del género mismo y que lo diferencia.— 2) Esa diversidad es por fuerza una *contrariedad*. En efecto, toda división se hace por los opuestos y, si éstos pertenecen al mismo género son contrarios, porque la contrariedad (como ya se vio en el capítulo 4) es una diferencia perfecta; ahora bien, la diferencia específica es siempre diferencia de una cosa respecto de otra *en algo* que ambas tienen de idéntico y que les es común, a saber, el género.— 3) Ser diverso en cuanto a la especie implica, además de entrar en un mismo género y de la contrariedad, ser *indivisible*, ya que también hay contrariedades en las especies intermedias, que no son indivisibles.— 4) Aristóteles concluye diciendo que las especies de un género no pueden ser ni idénticas ni diversas respecto de ese género, como tampoco respecto de las demás especies de otro género; de estas últimas difieren genéricamente. (Cap. 8)

Una vez demostrado, en el capítulo anterior, que toda diferencia específica es una contrariedad, Aristóteles se pregunta *por qué esto no es también verdad al revés, o sea por qué no toda contrariedad engendra una diferencia específica*. Por ejemplo, la diversidad entre macho y hembra es una contrariedad, por añadidura esencial, perteneciendo ambos al género del animal; ¿por qué entonces hombre y mujer no son diversos en cuanto a la especie? Dicho de otro modo, ¿por qué algunas contrariedades, como «tener pies» y «tener alas», hacen específicamente diversos a algunos de los seres que poseen esas características y a otros no? — La respuesta es clara: las contrariedades *referentes a la forma* producen diferencia específica, lo que no sucede con las contrariedades *que sólo se refieren al compuesto material o a la materia*.— El problema queda así perfectamente resuelto: macho y hembra son afecciones propias del animal *no relativas a la forma, sino sólo a la materia o cuerpo del animal*; por eso no producen diferencia en cuanto a la especie. (Cap. 9)

El presente capítulo trata del *problema de la diversidad genérica de lo corruptible y de lo incorruptible*, utilizando para ello las conclusiones de una refutación de la doctrina platónica de las Ideas. Podría pensarse que entre corruptible e incorruptible no hay diversidad específica del modo descrito en el capítulo anterior, es decir, como la que existe entre «blanco» y «negro». Sin embargo, blanco y negro son predicados contrarios pertenecientes a las cosas sólo por accidente; en cambio, corruptible e incorruptible pertenecen a las cosas *necesariamente* y, por tanto, *esencialmente*, ya que son la sustancia de las cosas mismas o están en ella. Así pues, aquello por lo cual y en virtud de lo cual las cosas son corruptibles *se opone* a aquello por lo que las cosas son incorruptibles: entre lo uno y lo otro tiene que haber diversidad de género.— A la luz de estas conclusiones, la doctrina de las Ideas resulta del todo absurda. Según esa doctrina, tendría que haber un hombre incorruptible (la Idea de hombre) y otro corruptible (los varios individuos), ambos idénticos en cuanto a la especie. Al contrario, lo corruptible y lo incorruptible no sólo son diversos por la especie, sino también por el género. (Cap. 10)

11. *Análisis del libro XI (K)*

El libro XI consta, en los ocho primeros capítulos, de textos que resumen los libros I, III, IV y VI y, en los cuatro últimos, de extractos de la *Física* (III y IV). Los especialistas han emitido a este respecto todas las tesis posibles: a) según algunos, el libro no es auténtico, sino obra desmañada de un discípulo; b) según otros, no cabe duda alguna de su autenticidad, pero representa una fase del pensamiento aristotélico anterior a los libros III, IV y VI; c) para otros, finalmente, el libro XI es posterior a III, IV y VI y, en relación con ellos, fue redactado con miras más amplias y avanzadas.

En otra obra, a la que remitimos al lector[22], hemos discutido ya este problema con todo lujo de detalles. Nos limitamos aquí a unas cuantas observaciones esenciales. La primera frase de XI 1 resume el libro I; los capítulos 1-2 resumen el libro III, los capítulos 3-6 el libro IV, los capítulos 7-8 el libro VI y, por último, los capítulos 9-12 son extractos de la *Física*, III y V. Con todo, una atenta lectura revela que el resumen contenido en los capítulos 1-2 *obedece a un plan*. Las aporías del libro III, ya resueltas en los libros anteriores, se enumeran con suma brevedad; en cambio, *las que aún quedan por resolver* (precisamente las relativas *a lo suprasensible*, que se estudiarán en el siguiente libro) *reaparecen aquí para ser examinadas a fondo*. Vuelve también a ponerse sobre el tapete un punto no aclarado en

---

22. Cf. Reale, *Il concetto di filosofia prima*, sexta ed., *op. cit.*, p. 215-257.

la primera aporía, que se refiere directamente a la cuestión de la sustancia suprasensible e inmóvil. Es obvio, pues, que el libro XI sirve de preparación para el XII.

En cuanto a los capítulos 3-6 del libro XI, resumen con fidelidad el libro IV, del cual no son un simple esbozo, sino un verdadero sumario. En efecto, reproducen sucintamente el contenido del libro IV, salvo en lo tocante a la descripción de la metafísica como ciencia de la sustancia inmóvil, eterna y trascendente; sobre este tema, los dos textos tienen más o menos la misma extensión. Resulta así claro, una vez más, que en el libro X se pretende resumir todo lo anterior y preparar el tratado que seguirá en el libro XII, poniendo expresamente en evidencia el problema de lo suprasensible.

El capítulo 7, por otro lado, contiene una referencia casi explícita al libro XII. He aquí el pasaje en cuestión:

> Hay por tanto otra ciencia, distinta de la física y de la matemática, que estudia el ser separado e inmóvil, suponiendo que exista una sustancia de este tipo, o sea una sustancia separada e inmóvil, *como trataremos de demostrar*[23].

Aristóteles sólo puede aludir aquí al libro XII 6-7, ya que en ninguna otra parte se da tal demostración.

Por último, los capítulos 9-12 tienen también su razón de ser. El autor no podía proseguir con resúmenes de los libros VII, VIII y IX, porque juzgaba más oportuno hacerlo después de aclarar algunos conceptos básicos en el libro XII que, en su primera parte, ofrece una visión sintética de los principales problemas sobre la sustancia en general y la sustancia sensible y, en la segunda, sobre los referentes a la sustancia suprasensible, abarcando así todos los problemas de la usiología. Por eso Aristóteles, en XI 9-12, prefiere remitirse a la *Física*, hablando del ser como potencia y acto en relación con el *movimiento*, como veremos.

La alusión al *problema del infinito*, en el capítulo 10, pruede explicarse como preparación de las conclusiones de XII 7, donde se niega que el Motor inmóvil sea sustancia infinita, por existir en acto, siendo así que el infinito existe sólo en potencia.

Tratemos ahora de resumir punto por punto el contenido del libro.

---

23. *Metaf.*, XI 7, 1064 a 33-36.

El primer capítulo comienza por recordar brevemente la tesis del libro I: La sabiduría gira en torno a las causas y principios. A continuación vuelven a enunciarse, también con brevedad, las «aporías» del libro III, de la primera a la séptima. Entre la cuarta y la quinta, Aristóteles inserta un problema que en el libro III aparecía incorporado a la discusión dialéctica de la primera aporía: ¿Puede la sabiduría ocuparse o no de la causa final? Luego, entre la quinta y la sexta, suscita la cuestión, que falta en el libro III, de si a la sabiduría le incumbe también el estudio de la materia de los entes matemáticos. Especialísimo relieve cobra aquí la quinta aporía, que el autor formula con nuevos términos y discute ampliamente. (Cap. 1)

En el capítulo siguiente se repasan las demás aporías, aunque en distinto orden que en el libro III. Se hace sobre todo hincapié en la octava aporía, volviendo (como en la quinta) al problema de la existencia de lo suprasensible, todavía no resuelto. (Cap. 2)

De la problemática tratada en el libro III se pasa a la del libro IV.— 1) Primeramente, se resume la doctrina de la multiplicidad de los significados del ser y se vuelve a hablar del tipo especial de vínculo existente entre ellos, en virtud del cual el ser no es un puro homónimo, sino que constituye cierta unidad, convirtiéndose así en objeto de una única ciencia.— 2) En segundo lugar, se recuerda que, por ser asunto de una misma ciencia el estudio de los contrarios, la ciencia del ser deberá también estudiar todos los pares de contrarios, los cuales se reducen a las contrariedades supremas del ser (uno-muchos, igual-desigual, etc.).— 3) Finalmente, se habla de la diferencia estructural entre la metafísica, por un lado, y la matemática, la física, la dialéctica y la sofística, por otro: la metafísica estudia el ser *en cuanto ser*, mientras que la matemática se ocupa del ser *sólo* en su aspecto de *cantidad y continuo*, la física lo considera *por cuanto está en movimiento* y tanto la dialéctica como la sofística estudian los *accidentes* del ser, *no* el ser como tal. (cap. 3)

De ahí pasa Aristóteles a resumir la tesis ya defendida en IV 3. A la filosofía primera le compete *también* el estudio de los principios lógicos fundamentales (los axiomas), de los que incluso el matemático se sirve, aunque de manera *particular*. En efecto, la matemática estudia los objetos en cuanto dotados de rasgos particulares, teniendo así que utilizar, de modo particular, los principios lógicos fundamentales; el filósofo, en cambio, examina en general el ser y las cosas consideradas a la luz del ser en cuanto tal. Por consiguiente, es propio del filósofo el estudio de los principios que se aplican a todo el ser.— Y así como la matemática no se ocupa de los axiomas, así tampoco se ocupa de ellos la física, que limita su investigación al ser en movimiento. Matemática y física sólo son *partes* de la filosofía. (Cap. 4)

Seguidamente se resume el grueso del capítulo 4 del libro IV, junto con algunos puntos del mismo libro que se encuentran en los capítulos 3 y 8. Se enuncia el principio de contradicción y se explica por qué sólo puede demostrarse con argumentos *ad hominem*, es decir, *refutando las tesis de quienes lo niegan*. A continuación se aducen argumentos dialécticos ya mencionados en el libro IV. (Cap. 5)

Prosigue, siempre de manera resumida, la defensa sistemática del principio de contradicción contra las doctrinas que lo niegan. Los argumentos aquí presentados son, en síntesis, los contenidos en los capítulos 5-8 del libro IV. (Cap. 6)

Viene luego el resumen propiamente dicho del libro IV. En este capítulo se repiten con gran fidelidad los temas del capítulo 1 de dicho libro. Primero se establece la diferencia entre la metafísica y las demás ciencias. A continuación se demuestra la tesis de que la física es una ciencia teorética. En tercer lugar se describen las relaciones existentes entre las ciencias teoréticas: *teología* (o metafísica), *matemática* y *física*. Por último, como en VI 1, se propone y resuelve la aporía de si la metafísica es o no una ciencia universal. (Cap. 7)

Continúa el resumen del libro VI con la síntesis de sus capítulos 2-4. Se examinan aquí el ser *como accidente* y el ser como *verdadero o falso*. Ninguno de ambos constituye propiamente el objeto de estudio de la metafísica. En efecto, el primero sólo tiene causas indeterminadas e indeterminables, por lo que no puede ser objeto de una ciencia. En cuanto al segundo, resulta de las operaciones de la mente humana. Ni uno ni otro representan un ser objetivo y existente en sí. Sólo esto último, según Aristóteles, es propia y auténticamente el objeto de la metafísica. Cierran el capítulo algunas aclaraciones sobre el concepto de azar, tomadas de la *Física*, obviamente para completar la noción de ser accidental. (Cap. 8)

Aristóteles pasa ahora a la determinación conceptual del movimiento, mediante las nociones de *potencia y acto*. El ser está o en potencia o en acto, o a la vez en potencia y en acto, y ello en todas las categorías.— El movimiento no existe de por sí fuera de las cosas. Y, puesto que no hay nada fuera o por encima de las categorías, el movimiento tiene que estar ligado a las categorías.— En cada categoría se da la potencia y el acto; el movimiento es, precisamente, la *actuación de lo que está en potencia por cuanto está en potencia*, en cada categoría.— Aristóteles ilustra luego esa definición y profundiza en ella.

En particular, subraya que el acto y la potencia del movimiento son el acto y la potencia no de la cosa considerada *en sí misma*, sino considerada como *potencial y móvil*.— Para confirmar esto, se remite a las definiciones del movimiento dadas por otros filósofos. Los Pitagóricos y los Platónicos definían el movimiento como *alteridad, desigualdad, «no ser»*; pero ni es necesario que esas cosas se muevan ni son tampoco términos a los que tiende el movimiento. Dado que éste tiene un carácter *incompleto e indeterminado*, dichos filósofos lo han descrito con nociones tomadas de la serie negativa de su lista de contrarios, que son principios indeterminados y de privación.— En realidad, sólo puede decirse con certeza que el movimiento es algo *incompleto*: no es ni pura potencia ni puro acto, sino que está en medio; es un acto *incompleto*.— El capítulo termina repitiendo que el movimiento no existe de por sí y mostrando cómo en cierto sentido, es decir, de hecho si no conceptualmente, la actividad del motor en acto y la de lo movido en acto coinciden. (Cap. 9. Este capítulo consta de extractos del libro III de la *Física*.)

Aristóteles trata luego de la imposibilidad de que el infinito exista como realidad en acto.— 1) En primer lugar, indica las diversas maneras en que se entiende el infinito.— 1) En segundo lugar, demuestra, con cuatro argumentos, la imposibilidad de la existencia de un infinito en acto como ente separado de las cosas sensibles.— 3) En tercer lugar, examina también la hipótesis de que el infinito existe en las cosas sensibles y aduce cinco argumentos para excluirla.— 4) Finalmente, explica el tipo de relaciones que existen entre el infinito en la magnitud, en el movimiento y en el tiempo. (Cap. 10. Como el capítulo anterior, también éste está tomado del libro III de la *Física*.)

Luego de enunciar los sentidos en que se dice que una cosa cambia o se mueve, así como las condiciones generales del cambio, Aristóteles demuestra con una sólida argumentación que sólo son posibles tres clases de *cambio*, de las cuales una sola es *movimiento*.— El paso del no ser al ser es *generación* y el paso del ser al no ser es *corrupción*. Ni la generación ni la corrupción son movimiento, porque en ningún sentido puede decirse que el no ser se mueve.— El *movimiento* es, en realidad, un paso de ser a ser (y más exactamente de contrario a contrario).— En el siguiente capítulo, Aristóteles explicará que ese movimiento puede darse solamente en tres categorías. (Cap. 11. Este capítulo es un extracto del libro V de la *Física*.)

Para concluir, se expone la siguiente argumentación.— Primero se enuncian las categorías, que son siete, y la tesis de que sólo en tres de ellas puede haber movimiento.— Sigue la demostración de la tesis con la prueba analítica de que el movimiento no existe ni con arreglo a la *sustancia* (pues aquí hay generación y corrupción, no movimiento), ni según la *relación* (salvo *por accidente*), ni tampoco según el *hacer* y el *padecer* (los cuales son ya movimiento, y no puede darse movimiento de movimiento, excepto por *accidente*). (Cap. 12. También este capítulo se compone de extractos del libro V de la *Física*.)

12. Análisis del libro XII (Λ)

Llegamos así al libro que resuelve el «problema de los problemas» de la metafísica aristotélica. También a propósito del libro XII difieren los pareceres: a) tradicionalmente se consideraba como la cima y remate del sistema metafísico; b) Bonitz comenzó a tenerlo por un tratado independiente de los demás libros; c) Jaeger veía en él una conferencia sobre el primer pensamiento metafísico de Aristóteles, considerándolo por tanto como muy antiguo, a excepción del capítulo 8 que, a su juicio, debía ser una inserción (fuera de lugar) con las reflexiones del último período de Aristóteles; d) finalmente, otros especialistas, partidarios del método genético, han afirmado que es uno de los libros más tardíos de la *Metafísica*.

De los problemas planteados por Jaeger acerca del libro XII hemos ya tratado extensamente en otra obra a la que remitimos al lector interesado, que encontrará en ella argumentos de particular relieve[24]. Sea cual fuere la génesis del libro XII, es claro que, en la colección de que ha pasado a formar parte, constituye la cumbre del sistema y da remate a las doctrinas expuestas en los demás libros. Todos ellos, de modo implícito y aun muchas veces explícito, perparan y suponen el libro XII.

Ya en el libro I, Aristóteles define la metafísica como ciencia de lo divino y echa en cara a los Presocráticos el haber hecho una física más que una metafísica, porque se limitan a la sustancia y al ser corpóreo, siendo así que la metafísica debe ocuparse de lo incorpóreo, que también existe.

El libro III, como veíamos, culmina en las aporías, donde se desarrolla el problema de lo suprasensible (véanse, por ejemplo, las aporías quinta, octava y decimotercia).

---

24. Cf. Reale, *Il concetto di filosofia prima*, sexta ed., *op. cit.*, p. 258-317.

El libro IV presenta expresamente al metafísico situándolo *más allá del físico*, por cuanto estudia el carácter no físico del ser; luego, al refutar las doctrinas que niegan el principio de contradicción, el autor recurre varias veces a lo suprasensible, presentándolo como el ser no contradictorio por excelencia.

En el libro VI, Aristóteles da a la metafísica el nombre de *ciencia teológica* y dice que existe una «filosofía primera», o sea una metafísica, sólo en la medida en que hay una sustancia suprafísica; por lo demás, en VI 2 encontramos una referencia bastante explícita al libro XII:

> En cuanto a la cuestión de si sólo existe un «la mayoría de las veces» en los seres y no un «siempre», o si existen seres eternos, trataremos de ella más adelante[25].

El libro VII presenta el estudio de la sustancia en general y de la sustancia sensible como problema que se resuelve *para poder luego zanjar la cuestión de la sustancia suprasensible* (esto lo repite el libro VII varias veces y de manera sistemática, sobre todo en el capítulo 2).

El libro IX, especialmente en el capítulo 8, expone el teorema de la prioridad estructural del acto sobre la potencia y muestra que aquél es fundamento de ésta, demostrando ya así la necesidad de lo suprasensible como fundamento de lo sensible.

El libro XI, además de aludir con frecuencia a lo suprasensible, como es propio de los libros que resume, remite, según hemos visto, al libro XII, sobre todo en un pasaje que conviene releer:

> Hay por tanto otra ciencia, distinta de la física y de la matemática, que estudia el ser separado e inmóvil, suponiendo que exista una sustancia de este tipo, o sea una sustancia separada e inmóvil, como trataremos de demostrar[26].

El libro XII, por último, nos da la demostración. Así pues, la economía de todos los libros es la que exige el XII, aun desde el punto de vista estructural.

---

25. *Metaf.*, VI 2, 1027 a 19 s.
26. *Metaf.*, XI 7, 1064 a 33-36.

De lo dicho se desprende que la autonomía del libro XII respecto de los demás sólo puede ser *relativa*. Al margen de las razones ya expuestas, hay que tener también presente que XII 4-5 resuelve el problema planteado en la sexta aporía, como en general el mismo libro resuelve igualmente la quinta, la octava y la décima.

Recordemos especialmente que no es cierto que la teoría de la multiplicidad de los motores naciera tan sólo de la problemática astronómica de las esferas y de la exigencia de dar una base a sus movimientos. Aristóteles, en efecto, había ya heredado de la Academia el problema de la multiplicidad de las sustancias suprasensibles. En la quinta aporía, preguntaba expresamente:

> ¿Debe decirse que existen sólo sustancias sensibles o que hay también otras además de éstas? *¿Y hay que decir que existe un único género o diversos géneros de esas sustancias, como pretenden quienes afirman la existencia de Formas o Entes intermedios?*[27]

De hecho, el capítulo 8 del libro XII comienza así:

> Si debemos admitir una sola sustancia como ésta o más de una, y en tal caso cuántas, es un problema que merece atención; *y hemos de recordar también las opiniones de los demás pensadores, comprobando que no han dicho nada claro sobre el número de esas sustancias.* La teoría de las Ideas no afirma nada específico al respecto: los partidarios de las Ideas dicen que éstas son números y luego hablan de los números unas veces como si fueran *infinitos* y otras como si estuvieran limitados a la *década*, mas no proporcionan ninguna demostración rigurosa del motivo por el que la cantidad de los números debe ser tal. Es necesario, pues, que lo digamos nosotros, basándonos en lo que más arriba hemos establecido y puntualizado[28].

El capítulo 8 del libro XII se presenta como la continuación natural de los capítulos 6-7.

Personalmente, juzgamos más probable que este libro se cuente entre los más recientes. La seguridad con que Aristóteles hace la síntesis de todos

---

27. *Metaf.*, III 2, 997 a 34-b 2.
28. *Metaf.*, XII 8, 1073 a 14-23.

los problemas usiológicos y la exactitud de las soluciones son ya un indicio. Además, habla en imperfecto no sólo de Eudoxio, sino también de Calipo, prueba de que Calipo había ya muerto y de que, por tanto, estamos en los últimos años de la vida de Aristóteles. Pues bien, si esto es así, y teniendo en cuenta que el capítulo 8 no puede desligarse del resto del libro debido a los lazos estructurales que lo unen con lo anterior y con lo siguiente, la tesis de la redacción tardía se extiende a todo el libro. Por otro lado, Teofrasto, en su *Metafísica*, se basa principalmente en este libro. En la primera parte del primer capítulo, Teofrasto toma varias ideas de XII 1, en la segunda mitad hace lo mismo con XII 6-7, y en el segundo capítulo con XII 8; esto es clara señal de que no sólo XII 8, sino todo el libro XII ocupó el centro de las discusiones filosóficas durante los últimos años de enseñanza de Aristóteles[29]. No obstante, conviene dar sólo un peso relativo a la cuestión de la cronología del libro XII, pues lo que verdaderamente cuenta es su contenido y sus vínculos estructurales con todo el tratado de la *Metafísica*.

He aquí el esquema del libro XII: El capítulo 1, que sirve de introducción, distingue los varios tipos de sustancias, asignando las sustancias sensibles a la física y la suprasensible a la metafísica. Los capítulos 2-5 tratan de la sustancia sensible y de sus principios. Los capítulos 6-7 demuestran la existencia y naturaleza de la sustancia suprasensible. El capítulo 8 plantea y resuelve el problema de si hay o no otras sustancias suprasensibles además del Motor inmóvil. El capítulo 9 discute y resuelve unas cuantas aporías sobre la naturaleza del pensamiento divino. Por último, en el capítulo 10 se discuten y resuelven algunas dificultades acerca de los principios.

Examinemos ahora detalladamente el contenido del libro.

> La metafísica tiene por objeto indagar las causas y principios de la sustancia; las sustancias constituyen, en efecto, el *ser fundamental* y por eso *únicamente de ellas* es posible estudiar las causas y principios. Que la sustancia es el *ser principal* se desprende de los hechos siguientes: a) sea cual fuere el modo en que se considere la totalidad de lo real (como un todo o según la serie de las categorías), la sustancia resulta ser siempre lo primero; b) en rigor,

---

[29]. Véanse especialmente los argumentos aducidos en Reale, *Il concetto di filosofia prima*, sexta ed., *op. cit.*, p. 296-317.

de todo lo que no es sustancia se dice que existe solamente de manera mediata y con referencia a la sustancia; c) sólo la sustancia tiene existencia independiente y de por sí; d) incluso los antiguos filósofos reconocieron esta prioridad de la sustancia.— No hay un único tipo de sustancia, sino tres: a) la sustancia *sensible y corruptible* (animales, plantas, etc.); b) la sustancia *sensible e incorruptible* (los cielos); c) la sustancia *suprasensible, inmóvil y eterna* (no admitida por todos, o entendida de distintas maneras por quienes la admiten).— El estudio de estos tres tipos de sustancias pertenece a diversas ciencias: los dos primeros incumben a la *física* (física y astronomía), el tercero a la *metafísica*. (Cap. 1)

El rasgo peculiar de la sustancia sensible es estar sujeta al *cambio*. Éste acontece siempre entre *contrarios* y supone, como condición, la existencia de algo que hace de *sustrato*, pasando de un contrario al otro; ese algo es la *materia*.— Hay *cuatro clases* de cambios: a) según la sustancia (generación y corrupción); b) según la cualidad (alteración); c) según la cantidad (aumento y disminución); d) según el lugar (traslación). Estas cuatro clases de cambios se producen entre los contrarios propios de cada una de las cuatro categorías mencionadas. La materia, que es lo que cambia pasando de un contrario al otro, es *en potencia* ambos contrarios, y precisamente por eso puede cambiar. Por otra parte, lo que cambia lo hace pasando *de la potencia al acto*, conforme a cada categoría (de la sustancia en potencia a la sustancia en acto, de lo blanco en potencia a lo blanco en acto, etc.).— Puede así decirse que todo deriva del ser en potencia, mas también que todo deriva del *no ser*, pues la potencia es el «*no ser*» en acto.— La materia, por tanto, es condición *sine qua non* del devenir. Si se suprimiera la materia, se suprimiría el devenir mismo. Sin embargo, la materia es diversa según el modo en que cambia. Los cuerpos celestes, cuyo movimiento es sólo de traslación, poseen una materia capaz sólo de ese cambio y no de otros. Si es cierto que la generación proviene de la potencia, también lo es que *no proviene de cualquier tipo de potencia*. De materias y potencias distintas salen cosas distintas.— Finalmente, hay tres principios de cambio: los dos contrarios y la materia; en particular, tocante a la generación y corrupción (o sea al cambio según la sustancia), esos tres principios son: la *forma*, la *privación de la forma* y la *materia*. (Cap. 2)

Después de hablar de la materia, Aristóteles se ocupa de la forma y modo de ser de ésta, así como de las causas específicas de la generación, refiriéndose particularmente a las doctrinas del libro VII.— En cuanto *principio* del cambio, la materia *no deviene*, es decir, *no se engendra ni se corrompe*. Y la *forma*, que es *principio fundamental* del devenir, tampoco se engendra ni se corrompe.— Otro principio necesario para que tenga lugar el cambio es lo que lleva a efecto el cambio mismo, a saber, el *principio motor o causa eficiente*. La causa eficiente de toda sustancia es siempre otra sustancia con el mismo nombre y la *misma naturaleza*. Esto se aplica tanto a las sustancias y a la generación naturales (el hombre engendra al hombre, el caballo al caballo, etc.) como a las *resultantes del arte* (la casa material deriva de la forma de la casa y ésta es, en último término, el arte mismo de construir la casa).— Las causas de las otras dos formas de generación (la *espontánea* y la *casual*) sólo son *privación* o *falta* de las primeras. Puesto que las cosas sensibles son a un tiempo *materia, forma y conjunto de materia y forma*, será también «sustancia» cada uno de esos tres elementos (por distintos conceptos, claro está, como ya se ha dicho en el libro VII).— Admitir que la *forma es sustancia* no significa, con todo, que esté *desligada o separada* de las cosas y exista en *sí y por sí misma*. Es claro que la forma no existe fuera de las cosas en todo *lo producido por el arte* (no existe la forma de una casa aparte de la casa concreta). A lo más, podría suponerse una existencia separada de las formas de las *sustancias naturales*, pero tampoco esta tesis es válida. Fuera de las cosas existe *no* la forma o causa formal, sino *sólo* la causa eficiente. Tras la corrupción del cuerpo sigue existiendo el *alma*; mas para esto no hace ninguna falta admitir, como lo hacen los Platónicos, la existencia de Formas separadas de todas las cosas. (Cap. 3)

Los principios de las distintas cosas son 1) en un sentido, *diferentes* y 2) en otro sentido, *los mismos*.— 1) *Los principios de las distintas cosas son diferentes*: a) en efecto, las distintas categorías no pueden derivar de principios superiores comunes, porque, además de las categorías, no existe nada común; ni tampoco una categoría puede ser elemento o principio de otra; b) más aún, puesto que los elementos son distintos de lo que proviene de ellos y dado que las cosas que debemos explicar son o sustancias o cualidades o alguna de las restantes categorías, es evidente que los principios no pueden ser las categorías mismas; c) por último, no es posible afirmar, como los Platónicos, que el Ente y el Uno son los elementos de todas las cosas, pues todas las cosas son entes y unas, mientras que los elementos son distintos de lo que de ellos procede.— 2) Los principios de las *distintas cosas son los mismos*. Si en concreto los principios de cosas *distintas* son *distintos*, hay que decir que son los mismos *por analogía*. Toda cosa, en efecto, tiene una forma, una privación y una materia concretamente distintas, es cierto, en los diversos entes, pero *idénticas si se consideran conceptualmente y por analogía*. Y puesto que las *causas y principios* de las cosas pueden ser *intrínsecos* o *externos* respecto de ellas (los *elementos*, o sea la *materia*, la *forma* y la *privación* son las causas y principios intrínsecos; es externa, en cambio, la *causa eficiente* o *principio motor*), así debe decirse de la causa y principio eficiente, como se dice de los elementos, que son *concretamente* distintos para las distintas cosas, pero *analógicamente* pueden tenerse por idénticos para todas.— Las cuatro causas (forma, privación, materia, principio eficiente) pueden reducirse a tres, dado que la causa eficiente tiene siempre la misma forma que la cosa producida (el hombre engendra al hombre, la forma de la casa engendra la casa real, etc.). Sin embargo, la causa formal no absorbe la causa eficiente. Hay, además, una *causa universal en el sentido más excelso*: el Ser primero que mueve todas las cosas. (Cap. 4)

Prosigue la demostración de la tesis de la *identidad analógica* de los principios. En efecto, los principios son los mismos para todas las cosas también en este sentido: todo lo que no es sustancia existe sólo en la sustancia o con relación a ella, de suerte que *las causas de la sustancia son a la vez causas de todo el resto*.— Por otra parte, el acto y la potencia son, analógicamente, principios de todas las cosas. Acto y potencia son distintos según las distintas cosas en que se encuentran, y son también distintos según los distintos aspectos en que se consideran las mismas cosas.— Es posible reducir a la potencia y al acto las causas arriba citadas: al acto se reducen la *forma* y la *privación*; a la potencia, la *materia*. Las causas eficientes son, en un sentido, *acto* y, en otro, *potencia*: son «potencias» no en el sentido en que lo es la materia, sino como «principio de movimiento en otra cosa», es decir, como fuerzas capaces de obrar.— Causas eficientes de la generación son, además de las próximas (el padre respecto del hijo), la remota del *sol* y la *eclíptica* (que son potencias en el sentido arriba indicado).— A partir de estos datos, es claro que no existen «causas universales» como las mencionadas por los Platónicos; las causas universales sólo pueden serlo de las cosas *in universale* (o sea de todas las cosas), pero lo cierto es que no existen realidades *in universale*.— He aquí, en síntesis, las nociones adquiridas: Las causas *son las mismas para todas las cosas*: a) en sentido *analógico* (a veces también *genéricamente* y — cuando las cosas son de la misma especie — *específicamente*); b) en el sentido de que las causas de las sustancias son causas de todo, ya que, desaparecida la sustancia, desaparece todo; c) finalmente, por cuanto el principio primero y absoluto, que es *causa de todo*, es idéntico para todas las cosas. Las causas son, en cambio, *distintas* para las distintas cosas si cada una se considera *en particular* y *en concreto*; por ejemplo, esa forma tuya, esa materia tuya, esa causa eficiente tuya, etc. (Cap. 5)

Examinadas las sustancias sensibles en sus causas, principios y elementos, queda por demostrar que *existe también la sustancia suprasensible* y determinar *su naturaleza*.— Las sustancias tienen prioridad sobre todos los demás modos de ser; de ahí que, si fueran corruptibles, no existiría nada incorruptible. Ahora bien, el *tiempo* y el *movimiento* son ciertamente incorruptibles. Para explicar la existencia del movimiento incorruptible, y por ende eterno y continuo, tiene forzosamente que existir un *principio motor*. Este principio, para producir un movimiento eterno, debe ser *eterno* y, para producir un movimiento continuo, debe estar *siempre en acto*. La esencia del Primer Motor será, pues, *acto puro, eterno, desprovisto de materia y de potencia*.— A estas conclusiones parece oponerse la observación de que, en las cosas, lo *primero es la potencia y no el acto*, mientras que el razonamiento arriba expuesto *postula el acto como anterior a la potencia*. La aserción de la prioridad de la potencia en las cosas es cierta si se considera cada cosa individualmente, pero es errónea si se constituye en principio y se generaliza. Una cosa es primera en potencia y *luego* pasa al acto; mas, para poder pasar al acto, *presupone causas ya en acto como condición necesaria*. La materia y la potencia no se mueven a sí mismas y presuponen necesariamente el principio motor en acto.— Yerran, por tanto, los Teólogos y los Naturalistas para quienes todo proviene de la Noche y del Caos (que son potencia); ni la Noche ni el Caos se habrían movido *sin una causa ya en acto*. Con razón, en cambio, Leucipo y Platón admitieron un movimiento eterno (que es acto), aun si después no supieron justificarlo. De la anterioridad del acto se dieron también cuenta, en cierto sentido, Anaxágoras y Empédocles (al admitir respectivamente el *Nous* y las fuerzas del *Amor* y *Odio*).— Así pues, Noche y Caos no existieron por un tiempo infinito; pero, si el acto es anterior a la potencia, *existieron siempre las mismas cosas*. En el mundo ha habido siempre generación y corrupción y todo ha sucedido siempre con la misma constancia.— ¿Cómo se explica esto? La causa de la *constancia* de las cosas del mundo es *algo que obra siempre de la misma manera*, lo cual es el primer cielo; al contrario, la causa de las *generaciones y corrupciones* en cuanto tal es *algo que obra de manera siempre distinta*, a saber, el sol, que, en su movimiento a lo largo de la eclíptica, se aproxima y aleja periódicamente respecto de la tierra. En suma, eclíptica y primer cielo explican tanto la *generación y corrupción* como la *regularidad de éstas*. (Cap. 6)

El primer cielo, cuyo movimiento es continuo y eterno, no puede moverse a sí mismo, pues lo que está en movimiento es movido por otra cosa. Tiene que haber, por tanto, un Principio primero que mueva *permaneciendo él mismo inmóvil.* Mas ¿cómo puede este Principio mover *sin moverse él mismo?* Mueve *como objeto de deseo y amor,* es decir, como fin. Ahora bien, siendo absolutamente inmóvil, no puede ser en modo alguno distinto de como es; luego es *necesario.*— Cielo y Naturaleza dependen de este Principio, el cual es vida, excelente y perfecta. Es pensamiento y, como perfecto, piensa sólo lo que es perfecto: pero lo perfecto es él mismo; se piensa, pues, a Sí mismo; y de este modo la inteligencia misma ocupa el puesto de lo inteligible, ya que en él coinciden inteligencia e inteligible. Su vida es, pues, esa actividad del pensamiento y en ello consiste la máxima felicidad. Eso y no otra cosa es Dios. Dios es igualmente la suma belleza y el sumo bien.— Se equivocan los Pitagóricos y Espeusipo al negar que la belleza y el bien están en el principio, porque tales cualidades parecen estar sólo en las cosas que derivan de los principios y no en los principios mismos. Pero esta conclusión proviene de haber comprendido mal las cosas. A decir verdad, los principios de las sustancias son ellos mismos sustancias en acto; contienen, pues, las mismas perfecciones que las sustancias que producen. Dios, por lo demás, no puede tener grandeza o magnitud, por carecer de partes y ser indivisible, impasible e inalterable.— Este capítulo encierra cuanto de más comprometido, profundo y decisivo pensó y escribió Aristóteles sobre Dios y el Principio supremo de todas las cosas. Constituye también uno de los textos que más han influido en todo el pensamiento occidental. (Cap. 7)

¿Hay una única sustancia suprasensible o existen también otras? Los filósofos no han dado a este problema ninguna respuesta o, si lo han hecho, sus declaraciones han sido muy imprecisas. Por eso a Aristóteles le parece necesario examinar la cuestión a fondo. Existe —como veíamos— un primer móvil (el cielo de las estrellas fijas, cuyo movimiento produce la sucesión del día y la noche), que es movido por el Primer Motor. Pero, además del movimiento del cielo de las estrellas fijas, existen los movimientos de los planetas, que son movimientos eternos y, por tanto, postulan sustancias suprasensibles y eternas que los produzcan.— ¿Cuántas son esas sustancias? Tantas cuantos son los movimientos. ¿Y cuántos los movimientos? Una única esfera basta para mover las estrellas fijas; en cambio, para los planetas, no sólo no bastan otras tantas esferas, sino que, si se pretenden explicar algunas «irregularidades» y «cambios de posición» que se obervan en ellos, hay que suponer para cada uno diversas esferas cuyos movimientos, al combinarse, dan lugar a lo que «observamos».— ¿Cuántas son, entonces, para cada planeta, las esferas que pueden explicar su movimiento? Eudoxio estima necesarias tres esferas para la luna, tres para el sol y cuatro para cada uno de los demás planetas; en total, pues, veintiséis esferas. Calipo, por su parte, ha juzgado oportuno añadir otras dos a las esferas de la luna y del sol y una a las de Marte, Venus y Mercurio, llegando así a un total de treinta y tres esferas.— Sin embargo, a las esferas de Calipo habrá todavía que añadirles toda otra serie de esferas con *movimiento hacia atrás*, para neutralizar el influjo de los movimientos de un planeta en los del siguiente; la luna, como último planeta, no necesita ninguna; Saturno y Júpiter requieren tres y los restantes planetas cuatro; las esferas aumentan así en veintidós, llegándose a un total de cincuenta y cinco (las treinta y tres de Calipo y las veintidós de Aristóteles con movimiento hacia atrás).— Si las esferas son cincuenta y cinco, serán también cincuenta y cinco — ni una más ni una menos — las sustancias suprasensibles motrices, ya que (siendo éstas perfección y ejerciendo una atracción en cuanto fines) no pueden existir otras sustancias suprasensibles que no produzcan movimiento.— La multiplicidad de movimientos y motores no priva al cielo de *unidad*. Dios es uno y *único* (las sustancias motrices están jerárquicamente subordinadas al Primer Motor); único, pues, es también el cielo, que de él depende.— La eternidad de los cielos y su dependencia de algo divino es cosa que los hombres han entendido desde los tiempos más remotos y que, casi como una reliquia, han transmitido a sus descendientes en forma de mito. Detrás del mito está, con todo, la validez perenne de su sentido fundamental, a saber, la existencia de lo divino. (Cap. 8)

Se ha dicho que Dios y su vida son inteligencia y pensamiento. Mas a este respecto surgen dificultades y problemas. 1) ¿Qué piensa la inteligencia divina? 2) ¿Cuál es la naturaleza del pensar divino? 3) ¿Cómo puede la inteligencia divina pensarse a sí misma? 4) ¿Es simple o complejo el objeto del pensar divino?— Evidentemente, si Dios es pensamiento, no puede no pensar; de lo contrario sería como alguien que duerme. Es también obvio que el intelecto divino no puede depender de algo superior, ya que entonces no sería la sustancia suprema. El intelecto divino piensa, pues, lo que hay de más divino, y esto es solamente lo que no cambia; todo cambio es hacia peor, movimiento que implicaría también, en cierto modo, un movimiento de Dios, algo imposible, pues Dios es absolutamente inmóvil.— 2) La naturaleza del pensar divino es acto puro, con exclusión de toda forma de potencialidad; si así no fuera, la continuidad del pensar entrañaría fatiga, lo que es absurdo en Dios. En tal caso, además, lo inteligible, que hace pasar la inteligencia al acto, sería más digno que la inteligencia misma y ésta no sería entonces lo más excelente.— 3) Siendo la inteligencia divina lo que hay de más excelente, sólo puede pensarse a sí misma: *es pensamiento de pensamiento*. En Dios es posible la coincidencia entre el pensar y lo pensado, porque todo lo que no tiene materia admite la coincidencia plena, y Dios es absolutamente inmaterial. La inteligencia divina es, pues, una con el objeto de su pensar.— 4) El objeto del pensamiento divino es simple; su inmaterialidad implica necesariamente su simplicidad. Por otro lado, aun la inteligencia humana llega a su punto culminante no en el conocimiento discursivo que consiste en pasar de una parte a otra, sino en el conocimiento global del todo y en la intuición de la unidad de las cosas. Con mayor razón se aplica esto también a Dios. La inteligencia divina, simple y una, se piensa a sí misma por toda la eternidad, y en eso reside su perfección. (Cap. 9)

El libro termina con dos series de ideas: 1) En primer lugar, Aristóteles explica el modo en que existen el bien y el sumo bien y cómo el todo constituye una profunda unidad orgánica. De hecho, el bien y el sumo bien existen, ya como orden inmanente en las cosas, ya como principio trascendente (por ejemplo, el bien de un ejército consiste a la vez en su orden y en el general que lo manda). El orden del universo es comparable al de una casa: en distinta medida y distinto nivel, cada cosa contribuye al orden y al bien del todo.— 2) En segundo lugar, el autor hace varias observaciones crítico-polémicas sobre las dificultades encontradas por los pensadores que le han precedido, en particular los Naturalistas y los Platónicos, estos últimos algo más refinados: a) un primer grupo de dificultades se relaciona con el intento de considerar los contrarios como principios de las cosas; b) un segundo grupo se opone específicamente a los Platónicos.— El capítulo — partiendo de una argumentación dirigida contra Espeusipo, que pretendía que los diversos planos de la realidad eran independientes uno de otro — finaliza recordando una vez más la necesidad de que el principio supremo sea único, como bien lo expresa un conocido verso de Homero: «El gobierno de muchos no es bueno, ¡haya un solo jefe!» (Cap. 10)

13. *Análisis del libro XIII (M)*

El libro XIII, como el siguiente, critica la doctrina de las Ideas, de los números ideales y de los entes matemáticos, o sea de las presuntas sustancias suprasensibles admitidas por los Platónicos, y ello con la clara intención de demostrar que tales sustancias no pueden existir. Aristóteles quiere decir, en suma, que las sustancias suprasensibles son precisamente aquellas y *sólo aquellas* por él demostradas en el libro XII y que otras no existen. Remitiendo al lector, para una visión global de las interpretaciones genéticas de este libro y del siguiente, a otra de nuestras obras[30] y a la de Julia Annas[31], nos limitaremos aquí a presentar algunos datos esenciales.

Los capítulos 4-5 del libro XIII repiten casi al pie de la letra el capítulo 9 del libro I; sólo que, al hablar de los Platónicos, Aristóteles emplea la tercera persona en lugar de la primera. Ya hemos dado nuestra interpretación de este hecho en los comentarios del libro I.

Tres problemas se proponen claramente en XIII 1, a saber:

1) qué son los entes matemáticos y cómo existen;
2) la cuestión de las Ideas;
3) si los números y las Ideas son o no *sustancias y principios de los seres*.

Los dos primeros se resuelven respectivamente en XIII 2-3 y XIII 4-5. El tercer problema se elude. Aristóteles se pierde en una maraña de discusiones sobre el modo de ser de los números y de las unidades y, a partir de XIII 8, 1083 b 23, son también bastante confusas las objeciones contra los números entendidos como realidades separadas. Sólo siguiendo las indicaciones de Bonitz y los comentarios de Annas se puede entrever cierta estructura.

El tercer problema propuesto por XIII 1 parece, en cambio, resuelto, aunque también en este caso con cierto desorden, a partir de XIII 9, 1086 a 21, de donde probablemente arranca el libro XIV, que trata sobre todo de esta temática.

He aquí el contenido del libro XIII.

> Primeramente se presenta el tema que va a desarrollarse en el libro; a continuación se traza un plan exacto de la discusión que seguirá. Tocante al tema, se trata de ver —puesto que el problema básico de la metafísica consiste en averiguar si hay otras sustancias además de las sensibles y cuáles son— qué han dicho los demás filósofos sobre esas sustancias no sensibles. Esto es necesario para no repetir eventuales errores y ver si esos filósofos han dicho algo

---

30. Cf. ibid., p. 289-295.
31. Annas, *Interpretazione dei libri M-N della «Metafisica» di Aristotele, op. cit.*

que pueda aceptarse y compartirse.— En cuanto al plan del tratado, será el siguiente. Además de las cosas sensibles, los filósofos han admitido fundamentalmente: 1) los entes matemáticos; 2) las Ideas. Será entonces necesario examinar: primero, los *entes matemáticos* como tales; luego, las *Ideas* como tales; por último, el problema de si esos entes matemáticos y esas Ideas son o no *principios de los seres*.— El capítulo se cierra dando comienzo al planteo del primero de los problemas. (Cap. 1)

A propósito de los entes matemáticos, Aristóteles declara que sólo pueden darse estas tres posibilidades: existen 1) o como entes distintos de los sensibles, pero inmanentes en éstos; 2) o como entes separados; 3) o de una manera diferente. El Estagirita comienza por descartar las dos primeras posibilidades.— 1) Es imposible que los objetos matemáticos sean entes distintos de los sensibles y que, al mismo tiempo, sean inmanentes en ellos. En efecto, hay ahí una contradicción porque, de ser así, los cuerpos sensibles, al incluir también los entes matemáticos que son indivisibles, tendrían que ser ellos mismos indivisibles, lo que va contra toda evidencia.— 2) También es imposible que los entes matemáticos existan por sí mismos separados de los sensibles. Para probar esto, Aristóteles aduce toda una serie de sólidos argumentos.— 3) Rechazadas las dos primeras posibilidades, queda la tercera, es decir, la posibilidad de que los objetos matemáticos no existan como realidades independientes, sino sólo como entes abstractos. Ésta es propiamente la tesis de Aristóteles, que se examina a continuación. (Cap. 2)

Si los objetos matemáticos no existen del modo como pretenden los Platónicos, por las razones vistas en el capítulo anterior, ¿de qué modo existen? He aquí la solución que Aristóteles da a este problema: Los entes matemáticos no son sino entes que existen en los sensibles, pero considerados por separado. Efectivamente, nosotros podemos considerar las cosas sensibles fijándonos en algunos caracteres o aspectos particulares y dejando otros de lado. Por ejemplo, podemos considerar las cosas sensibles sólo en cuanto móviles, prescindiendo de los demás caracteres; así es como procede el físico. Podemos también considerarlas prescindiendo del movimiento y aun de su carácter de seres sensibles, viéndolas únicamente como cuerpos de tres dimensiones, dos o una sola, e incluso como unidades indivisibles; esto es lo que hace el matemático.— Por tanto, los objetos materiales no tienen existencia de por sí ni separada de los entes sensibles. No por eso, sin embargo, son algo irreal, un «no ser». De hecho, existen en las cosas sensibles en potencia y la reflexión matemática los «separa» en el acto mismo en que considera las cosas sólo como magnitudes o números, o sea como meras cantidades. Así, los objetos matemáticos tienen una existencia «separada» solamente en virtud de la abstracción, y no en sí ni por sí mismos.— Concluyen el capítulo algunas observaciones sobre la relación que guardan el bien y lo bello con las matemáticas. Algunos filósofos se han equivocado al reprochar a las matemáticas el no tener en cuenta el bien y la belleza. Mas esto es cierto sólo en apariencia; en realidad, las matemáticas tratan de las formas y condiciones supremas de lo bello, es decir, del orden, la *simetría* y lo *definido*. Por consiguiente, es innegable que hablan también de la belleza. (Cap. 3)

Resuelta la primera de las grandes cuestiones formuladas al principio del libro, Aristóteles pasa a la segunda, sobre las Ideas consideradas por sí mismas. En primer lugar, reconstruye la génesis de la doctrina de las Ideas (que ya conocemos por el libro I 6). Según el Estagirita, las Ideas fueron introducidas para poder superar las dificultades suscitadas por las enseñanzas de Heráclito y salvar así la posibilidad del conocimiento. Es verdad que las cosas sensibles cambian y «fluyen» de continuo, mas no son ellas el objeto de la ciencia; éste sólo puede ser inmutable, por lo cual es preciso admitir la existencia de entes como las Ideas. Las Ideas se introdujeron también por influjo del método socrático de la definición. Platón transformó en entes separados el concepto lógico de Sócrates, haciendo de las Ideas una especie de «entificación» o «sustanciación» de los conceptos y definiciones. Tras esto, Aristóteles repite una serie de argumentos críticos contra las Ideas, argumentos ya anticipados en el libro I 9. (Cap. 4 y 5)

Antes de abordar el tercero de los problemas planteados en el primer capítulo, Aristóteles traza *a priori* un esquema de las diversas posibilidades que puede haber si se admite la tesis de los números como sustancias ideales; da luego una fisonomía concreta a ese problema, indicando las distintas opiniones de los pensadores (Platónicos y Pitagóricos) que han defendido tal tesis. Este capítulo sirve de introducción general a los términos bastante complejos de un problema, que el autor trata en cierto modo de precisar; los mira aquí, sin embargo, desde un ángulo que no es el que podíamos esperar según el plan trazado en el capítulo 1. (Cap. 6)

En particular, Aristóteles examina a) la hipótesis según la cual todas las unidades pueden combinarse entre sí; b) la hipótesis de que no pueden combinarse entre sí; c) la hipótesis de que las unidades internas de cada número pueden combinarse entre sí, pero no con las unidades pertenecientes a números distintos.— Aristóteles demuestra que ninguna de estas hipótesis es válida, ya que en todas ellas se dan múltiples contradicciones. (Cap. 7)

Concluidos los argumentos relativos a los problemas del capítulo precedente, el Estagirita demuestra que no son mejores las tesis de algunos Platónicos reformadores, como Espeusipo (que eliminó las Ideas para establecer como únicos principios los números) y Xenócrates (que identificaba el número ideal con el número matemático), o como los Pitagóricos, quienes, al suprimir las dificultades derivadas de considerar los números como entes separados, caen en otras que les son propias.— El capítulo aborda luego otras tres cuestiones: a) ¿cómo pueden los números derivar del principio material enunciado por los Platónicos?; b) ¿son infinitos o finitos los números ideales? c) vuelve a traerse a colación el tema de la naturaleza y anterioridad del Uno. (Cap. 8)

Tras una nueva argumentación relacionada con el tema tratado en el capítulo anterior acerca de la naturaleza del Uno, Aristóteles examina algunas dificultades tocantes a los principios de que proceden, según los Platónicos, los objetos geométricos, sobre todo el principio material. Se analizan particularmente las posiciones respectivas de los Platónicos y de Espeusipo.— Siguen otros argumentos tendentes a mostrar las dificultades que surgen de la aserción de los Platónicos según la cual los números se derivan del *uno* y el *múltiple*, y otros más contra la pretensión de Espeusipo de hacer derivar del punto (como elemento formal) las magnitudes y los entes geométricos. (Cap. 9)

El capítulo final del libro XIII, como el del libro anterior, debía formar parte integrante del libro XIV. Se estudia en él una cuestión acerca de las Ideas, los principios de éstas y, en general, los principios de las cosas. Si no se admiten sustancias ideales en sí y de por sí con existencia independiente, se elimina la sustancia; por otra parte, si se admiten tales sustancias, ¿cómo han de ser sus principios?, ¿serán particulares o universales? Aristóteles desarrolla ampliamente este segundo dilema, mostrando lo absurdo de ambos términos. Por último, le da una respuesta positiva, resolviendo la aporía y sus implicaciones mediante la doctrina de la potencia y el acto. La ciencia existe, por un lado, en potencia y, por otro, en acto. La ciencia en potencia es universal e indeterminada y, como tal, se refiere a lo universal y lo indeterminado. En cambio, la ciencia en acto, por ser definida y determinada, se relaciona con lo definido y determinado. Ahora bien, cuando conocemos lo determinado, conocemos implícitamente también lo indeterminado y universal. Por tanto, puede decirse con razón que la ciencia es ciencia de lo universal, si se la considera desde el punto de vista de la potencia; al contrario, si se entiende como ciencia en acto, habrá que decir que es ciencia de lo universal sólo de la manera arriba indicada. (Cap. 10)

14. Análisis del libro XIV (N)

Este último libro de la *Metafísica* es la continuación directa del precedente. Con toda probabilidad comenzaba por el final del penúltimo capítulo del libro anterior, el capítulo 19, a partir de 1086 a 21, como ya lo decíamos al hablar del libro XIII (sabemos por Siriano que algunos códices antiguos iniciaban justo en ese punto el libro XIV[32]). En efecto, a partir de ahí comienza a tratarse la cuestión que el capítulo 1 del libro XIII proponía como tercer problema, o sea el de los principios de las cosas: ¿Pueden las Ideas y los números tenerse por elementos y principios? Tal es precisamente la temática central del libro XIV que, por tanto, guarda una estrecha relación con el libro XIII y le sirve de conclusión.

Veamos ahora cuáles son los principales argumentos polémicos aducidos contra Platón y los Platónicos.

Primeramente, el Estagirita demuestra lo absurdo del considerar los *contrarios* como principios de todas las cosas. Los contrarios no pueden ser realidades primeras, porque presuponen la existencia de un sustrato al que son inherentes; ni pueden tampoco ser sustancias, porque no hay nada contrario a la sustancia; así pues, los contrarios no pueden ser principios.— De los dos contrarios que los Platónicos tienen por principios, el primero, o sea el Uno, es considerado por ellos mismos como forma y el segundo como materia.— Por otra parte, esos filósofos no han establecido y explicado tales principios de modo satisfactorio. Entre ellos hay una notable disparidad de opiniones. Además, supuesto también que los principios sean contrarios, no puede decirse con certeza que los Platónicos hayan identificado correctamente el contrario del Uno.— A continuación, Aristóteles examina y critica ambos principios, primero el *principio formal* y luego el *principio material*. Tocante al principio formal, es decir, el Uno, los Platónicos incurren en el error de fondo de tenerlo por realidad y sustancia, siendo así que el Uno supone siem-

---

32. Cf. Siriano, *Comentario sobre la Metafísica*, p. 160, 6-11 Kroll.

pre una naturaleza o realidad distinta de la que se predica. Aristóteles se remite aquí a la doctrina del libro X 1, según la cual el uno no es más que la *medida de las cosas*, diversa según los tipos de cosas.— Finalmente, contra el principio material de los Platónicos (lo mucho y lo poco, lo grande y lo pequeño, etc.), el Estagirita acumula una serie de críticas para demostrar que tal principio presenta rasgos opuestos a los que en realidad debiera tener. (Cap. 1)

Aristóteles impugna después la tesis según la cual es posible, en general, que los entes eternos, como lo son para los Platónicos los números y las Ideas, estén constituidos de elementos. Lo que consta de elementos tiene materia y, por consiguiente, potencialidad; ahora bien, lo que tiene potencia podría también no existir en acto, luego no es eterno.— A continuación Aristóteles pasa revista a las razones que han llevado a esos pensadores a extraviarse. En definitiva, tales razones guardan estrecha relación con el presupuesto de Parménides según el cual, al no haber «no ser», todo se reduce a unidades. Los Platónicos no han logrado superar correctamente esa posición, por lo que se han visto obligados a suponer un principio (material) que desempeñe la función del «no ser», para salvar o, mejor aún, deducir el múltiple. El Estagirita muestra en seguida, con numerosos argumentos, lo absurdo de esa postura.— El capítulo termina con una discusión que introduce la problemática del capítulo siguiente: ¿por qué motivos habría que admitir números separados, entendidos como sustancias en sí? (Cap. 2)

Aristóteles critica en primer lugar a Platón y su método que postula los números ideales. Luego también a los Pitagóricos, quienes con toda razón han admitido los números como inmanentes, pero erróneamente pretenden explicar con ellos los caracteres físicos de las cosas. Sigue la crítica de Espeusipo, que eliminaba las Ideas y admitía únicamente el número (sin saber, por lo demás, mantenerlo con meros caracteres matemáticos) para poder justificar el objeto de la ciencia. Pero, a decir verdad, si los objetos matemáticos fueran entes separados (como pretendía Espeusipo), no se explicaría cómo sus características pueden estar presentes en las cosas sensibles. Por último, Aristóteles critica a algunos Pitagóricos y Platónicos que elevan al rango de sustancias los *límites de los cuerpos* y muestra las absurdas consecuencias que se derivan de esa tesis.— El Estagirita presenta después un segundo grupo de argumentos acerca de las relaciones entre las distintas clases de realidades suprasensibles, mencionadas por los Platónicos y que él juzga contradictorias.— Para concluir el capítulo, subraya lo absurdo del intento de asignar una «generación» a los entes eternos. (Cap. 3)

Aristóteles critica aquí a quienes admiten una generación del primer número par y no del primer número impar. Pero el grueso del capítulo está dedicado a un problema ya introducido en el libro XII 7: ¿Puede el *bien* identificarse con uno de los principios o nace sólo en un momento posterior del desarrollo de las cosas? — El problema se resuelve, como ya se hacía en el libro XII 7, mostrando que *el bien pertenece al principio* y que el principio es sustancia autosuficiente e independiente, precisamente por cuanto es bien.— Surgen dificultades insuperables sólo si se afirma, como lo hacen los Platónicos, que dicho principio es el Uno. (Cap. 4)

Los absurdos en que caen los Platónicos a propósito de este problema son prueba de su error en la concepción de los principios. Además, no es posible decir, como Espeusipo, que, al igual que en las plantas y en los animales, el bien y lo perfecto no está en los principios (semillas), sino que nace en un momento posterior del desarrollo; en efecto, los principios de las plantas y de los animales no son las semillas, sino los individuos ya formados, de los cuales provienen las semillas.— Aristóteles pasa luego a la crítica de quienes pretenden (probablemente se trata también de Espeusipo) deducir un *lugar* de los objetos matemáticos, lugar del que, entre otras cosas, no se dice en qué consiste.— En especial, Aristóteles pone de relieve que los números no pueden provenir de principios o elementos: a) ni por mezcla; b) ni por composición; c) ni por derivación de elementos inmanentes (como, por ejemplo, la planta deriva de la semilla); d) ni por derivación de elementos como los contrarios.— En suma, los Platónicos no llegan a explicar de qué manera los números proceden de los principios.— Esos filósofos, finalmente, no dicen (o no lo dicen con claridad) cómo los números, a su vez, son causa de las sustancias sensibles. Los números no pueden ser límites ni *relaciones formales* de las cosas. A buen seguro, el número no es causa ni de los accidentes ni de las sustancias sensibles, en ningún sentido en que se habla correctamente de causa. El número mide simplemente la cantidad de la materia de las cosas. (Cap. 5)

Por último, tocante a las relaciones entre números y cosas, Aristóteles dice lo siguiente: 1) No es cierto que el bien en las cosas deriva de los números y de la mezcla según determinadas proporciones numéricas.— 2) Además, la mezcla no se produce por multiplicación, sino por adición o suma.— 3) Si todo está relacionado con los números, es claro que hay correspondencias entre los números y las cosas, mas no por ello los números son causa de las cosas. Por otra parte, si cosas distintas pudieran tener en común un mismo número (como lo pretende el sistema de esos filósofos), dejarían ya de ser distintas.— 4) La correspondencia entre los números y las cosas es a menudo fortuita, por lo que no puede ser el número, sino otra la causa de las cosas. Así, en general, las diversas correspondencias citadas por tales filósofos son ociosas.— 5) Muchas de esas correspondencias se explican sencillamente como analogías: la analogía, en efecto, se da según las distintas categorías del ser.— 6) Los números ideales ni siquiera pueden ser causa formal de las consonancias, porque los sonidos de las consonancias musicales son más bien comparables a los números matemáticos y no a los ideales, cuyas unidades están diferenciadas. Estas y otras dificultades prueban que esos entes matemáticos no existen separados de los sensibles y que no son principios de las cosas sensibles. (Cap. 6)

15. Conclusiones

Si la unidad literaria de la *Metafísica* queda ya definitivamente excluida, punto sobre el cual los estudios modernos y contemporáneos no dejan lugar a dudas — bien lo demuestran, por otra parte, los temas de la obra y el modo en que se presentan, por no hablar de los resúmenes —, no puede decirse lo mismo de la unidad de contenido de la colección que constituyen los catorce libros, que además pueden y deben leerse en el orden en que nos han sido transmitidos. La sucesión de los distintos tratados es la mejor posible y no carece de cierta lógica interior, al menos parcial.

Resumamos aquí las conclusiones a que hemos llegado. Los cuatro primeros libros están dedicados a la formulación del concepto de «filosofía primera», a la determinación de la problemática de esta filosofía y a la discusión y solución de las aporías que se refieren formalmente a la ciencia metafísica como tal. El libro V nos brinda una clarificación preliminar del significado de varios términos que se utilizarán en adelante. El libro VI, luego de volver a precisar la noción de metafísica y situarla en el marco epistemológico que le es propio, presenta el cuadro de los significados del ser, examina los dos más débiles (ser como *accidente* y ser como *verdadero*) y añade que la metafísica debe concentrarse en los significados más fuertes. Con el libro VII da comienzo el examen del significado del ser según las figuras de las categorías y, sobre todo, del ser como «sustancia», que es la primera categoría, fundamento de las demás y por tanto el significado más fuerte del ser. El libro VIII completa el VII. El libro IX trata del cuarto significado del ser, es decir, del ser como potencia y acto. El libro X trata del uno y de las nociones que, por derivarse del par supremo de contrarios, *uno* y *muchos*, son asunto del metafísico, por cuanto el uno es intercambiable con el *ser*, entrando así en el campo de la ciencia del ser.

Los libros VI (2-4), VII, VIII, IX y X tratan del ser y de la sustancia en sentido, por decirlo así, horizontal; los libros XII, XIII y XIV tratan también del ser y de la sustancia, pero en sentido vertical, es decir, del ser y la sustancia suprasensibles. El libro XII expone la positiva concepción aristotélica de lo suprasensible, y los libros XIII y XIV contienen la crítica de las doctrinas sobre lo suprasensible que Aristóteles juzga erróneas. El libro XI, que divide los dos grupos de libros, resume con gran fidelidad I-III-IV-VI y prepara la problemática de la sustancia suprasensible anunciando incluso expresamente un tratado sobre la misma.

Además de esto, hemos ido ya señalando poco a poco otros vínculos más precisos entre los diversos libros. El libro II puede leerse como apéndice del libro I. El libro III comienza por recordar la doctrina del I. El libro IV se relaciona con el III, resolviendo las cuatro primeras aporías de éste. Los libros VII, VIII y IX son la continuación lógica del VI y del plan allí trazado, mientras que el libro X guarda relación con los libros anteriores en virtud del plan formulado en IV 2. El libro XI representa una pausa, destinada a pasar revista a toda esa problemática. El tratado que constituye el libro XII estaba ya previsto por todos los demás libros. Finalmente, los libros XIII y XIV se relacionan con el XII como examen crítico de las doctrinas erróneas sobre la trascendencia.

¿Por qué, entonces, no pudo ser el propio Aristóteles quien diera a sus escritos, si no ese orden definitivo, *al menos las bases que llevaron a esa disposición de los libros*, compuestos sin duda en distintos momentos, pero que, bien conservados, juzgó constantemente válidos para todas sus clases en el Peripato y aun para sus ciclos de lecciones finales sobre los problemas metafísicos?

Capítulo 3

ANÁLISIS DE LA OBRA
CONCEPTOS CLAVE

1. LA METAFÍSICA COMO DOCTRINA DE LAS CAUSAS
Y PRINCIPIOS PRIMEROS

1.1. Concepción aristotélica de «principio» y «causa»

La primera definición de la «metafísica», que encontramos ya al comienzo de la obra y va luego repitiéndose una y otra vez, es la de *conocimiento de las causas y principios primeros*. En esta definición, tanto los sustantivos «causas» y «principios» como el adjetivo «primeros», que parecen fáciles, son más bien complejos.

Para Aristóteles, «causa» y «principio» son palabras sinónimas. En particular, como en seguida veremos, pertenecen a un ámbito conceptual bastante más amplio que el que esos términos recubren en el lenguaje moderno.

Según el Estagirita, podemos conocer las cosas en dos niveles distintos: a) el de la constatación o empírico, sabiendo que tal cosa existe, y b) el justificativo, o sea dándonos cuenta del motivo por el *que* existe. He aquí algunos ejemplos presentados por el propio Aristóteles.

Fijémonos en el eclipse. Cuando este fenómeno se produce, todos podemos comprobar, viéndolo con nuestros propios ojos, que existe efectivamente el eclipse. Al contrario, pocos son los hombres capaces de saber *por qué* existe. En el primer caso, tenemos una mera constatación empírica; en el segundo, hay ciencia y conocimiento. De modo análogo, todos comprobamos *que* el fuego quema, pero pocos saben *por qué* quema. Muchos pueden darse cuenta de que Ticio tiene fiebre, mas sólo

119

unos cuantos (los médicos) saben *por qué* tiene fiebre. Y así podrían multiplicarse a voluntad estos ejemplos.

Por tanto, el primer tipo de saber se limita a la mera verificación empírica, a la comprobación de *que* la cosa existe; en cambio, el conocimiento científico llega hasta el *porqué* de la cosa, se percata de su razón de ser[1].

Aristóteles llama «causa» (αἰτία) y «principio» (ἀρχή) a lo que da cuenta de la cosa, a aquello por lo que ésta es lo que es. Las causas y principios son, pues, las condiciones y fundamentos de las cosas, por cuanto condicionan y fundan su existencia; suprimidas las causas y principios, se suprimen las cosas mismas.

Una vez aclarado el sentido de los dos sustantivos, debemos explicar el del adjetivo «primeros», que es determinante. Cuando se posee el conocimiento particular de las causas y principios de algo, se posee también la «ciencia» de eso mismo, pero todavía no su «metafísica». En efecto, sólo tenemos conocimiento metafísico de una cosa cuando de ella conocemos «ciertas» causas y «ciertos» principios, a saber, las causas y principios «primeros» o «supremos». En otras palabras, la metafísica es el conocimiento que se ocupa no de las causas y principios válidos para algunas zonas o sectores de la realidad, sino de los aplicables a la totalidad de lo real, al conjunto de las cosas que existen. Por consiguiente, la metafísica es la ciencia de las causas y principios que condicionan toda la realidad, es decir, los seres en su totalidad[2]. En cuanto tal, o sea por cuanto conoce las razones supremas de la realidad, la metafísica es una ciencia incomparablemente superior a todas las demás ciencias particulares; es una ciencia «libre» de cualquier interés pragmático, una ciencia en cierto modo «divina».

He aquí el texto que, a este respecto, resulta verdaderamente revelador:

> Es manifiesto que no la estudiamos por ningún interés ajeno a ella misma; y lo es igualmente que, así como llamamos hombre libre a quien es un fin en sí mismo y no está sometido a otros, así también calificamos de libre esta ciencia entre todas las demás, ya que ella sola es un fin en sí. Con razón, entonces, podríamos pensar que el poseerla no es propio del hombre, pues de tantas maneras la naturaleza del hombre es esclava que, según Simónides, «sólo Dios puede gozar de tal privilegio» y no conviene que el hombre se ocupe sino

---

1. Cf. *Metaf.*, I 1, 981 a 28 s. - b 12 s.
2. *Metaf.*, I 1, 981 b 28.

de una ciencia adecuada a él. Si hubiera alguna verdad en lo que dicen los poetas y si la divinidad fuese envidiosa, deberían lógicamente verse los efectos de tal envidia sobre todo en este caso y sería bien miserable la suerte de cuantos se destacaran en ese saber. En realidad, no puede concebirse que la divinidad sea envidiosa, pero, como reza el proverbio, los poetas dicen muchas mentiras; por otro lado, tampoco es posible pensar que haya otra ciencia que supere a ésta en dignidad. Efectivamente, esta ciencia es, entre todas, la más divina y digna de honor. Mas una ciencia puede ser divina sólo en dos sentidos: o porque Dios la posee en grado sumo o porque su objeto son las cosas divinas. Pues bien, únicamente la sabiduría tiene esas dos características: según la opinión común, Dios es, por una parte, causa y principio, y por otra, posee exclusivamente y en grado sumo este tipo de ciencia. Todas las otras ciencias podrán ser más necesarias que ésta, pero ninguna le será superior[3].

1.2. Las causas y principios son cuatro

Aristóteles pasa luego a describir la índole y el número de esas «causas» y «principios». Sobre todo en los libros I y II de la *Metafísica*, explica que las causas deben necesariamente ser *finitas* en cuanto al número y determina que, tocante al mundo del devenir, se reducen a las cuatro siguientes, según él ya entrevistas — aunque confusamente — por sus predecesores:

1) causa *formal*;
2) causa *material*;
3) causa *eficiente*;
4) causa *final*.

Las dos primeras no son sino la *forma* y la *materia* (de las que hablaremos en seguida más por menudo), que estructuran todas las cosas sensibles. Para Aristóteles, como decíamos, «causa» y «principio» significan lo que *funda, condiciona y estructura*.

La «materia» y la «forma» bastan, desde cierto punto de vista, para explicar las cosas; desde otro punto de vista, no bastan. Si consideramos el ser de las cosas estáticamente, bastan; no bastan, en cambio, si considera-

---

3. *Metaf.*, I 2, 982 b 24-983 a 11.

mos las cosas dinámicamente, o sea en su desarrollo, su devenir, su producirse y corromperse. Es obvio, por ejemplo, que la explicación del existir de tal o cual hombre, considerado estáticamente, se reduce sólo a su materia (carne y huesos) y forma (alma); pero si lo consideramos de este otro modo, preguntándonos «¿por qué ha nacido?», «¿quién lo engendró?», «¿por qué se desarrolla y crece?», entonces se necesitan otras dos razones o causas: la causa *eficiente* o *motriz*, es decir, el padre que lo engendró, y la causa *final*, o sea el fin u objetivo al que tiende el devenir del hombre.

Examinemos con brevedad cada una de esas cuatro causas.

1) La *causa formal* es, como hemos dicho, la forma o esencia (εἶδος, τὸ τί ἦν εἶναι) de las cosas: el alma en los seres animados, determinadas «relaciones» estructurales en las figuras geométricas (así, en el círculo, el constituir un lugar equidistante de un punto llamado centro), cierta «estructura» formal en los objetos producidos por el arte, etc.

2) La *causa material* es «aquello de lo que» (*id ex quo*) está hecha una cosa; por ejemplo, la materia de los animales son la carne y los huesos, la de la esfera de bronce es el bronce, la de la taza de oro es el oro, la de la estatua de madera es la madera, la de la casa son los ladrillos y la cal, y así sucesivamente.

3) La *causa eficiente* o motriz es aquello de lo que proviene el cambio y movimiento de las cosas: el padre es causa eficiente del hijo, la voluntad es causa eficiente de muchos actos del hombre, el golpe que doy a la pelota es causa eficiente de su movimiento, etc.

4) La *causa final* constituye el «fin» o la «meta» de las acciones, aquello en vista o en función de lo cual (*id cuius gratia*) toda cosa existe o deviene; y tal es — dice Aristóteles — el bien (τὸ ἀγαθόν) de cada cosa.

El ser de las cosas en la dimensión del devenir requiere, pues, esas cuatro causas, sin excluir ninguna de ellas[4].

1.3. Estructura y articulación complejas de la doctrina de las cuatro causas

Aristóteles añade algunos detalles interesantes a los que los especialistas suelen prestar poca atención, pero que en realidad son esenciales.

---

4. Cf. *Metaf.*, I 3-10.

Las cuatro causas, tal como las hemos descrito, no bastan para explicar el devenir de las cosas *en su totalidad*. El mundo presenta un armonioso y constante sucederse y alternarse de generación y corrupción y, en general, de cambios. ¿Cuál es entonces la causa de esa armonía, de esa constancia, de esa continuidad?

Aristóteles trata de responder a esta pregunta como sigue. La *causa* de la generación y corrupción es en lo universal el sol que, al girar según la «eclíptica», acercándose y alejándose rítmicamente y a intervalos constantes, origina el ciclo de las generaciones y corrupciones (en plantas y animales). De la *constancia* y *armonía* con la que se producen los cambios es *causa* el primer cielo o primer móvil, cuyo movimiento es perfectamente uniforme. El movimiento del sol según la eclíptica y el movimiento uniforme del primer cielo actúan en armonía y pueden *designarse como causas eficientes o motrices*[5].

Por último, además de todas esas causas existe el «primero de todos los seres que todo lo mueve», es decir, el Motor inmóvil o Dios, que actúa como *causa final* o, si se prefiere, como causa *motriz-final* (mueve en cuanto fin)[6]. Pero de esto hablaremos con amplitud más adelante[7].

Así pues, las causas de las cosas son: a) las cuatro causas próximas; b) los movimientos del sol y de los cielos; c) Dios o Motor inmóvil.

1.4. Precisiones sobre las relaciones entre las causas y lo causado

Acerca de las «causas» y «principios», Aristóteles hace luego algunas observaciones interesantes que vale la pena mencionar.

¿Son las cuatro causas algo «intrínseco» en las cosas causadas o sólo son algo «externo»? De las cuatro causas, tres, o sea la formal, la material y la final, son intrínsecas en las cosas de las que son causas, mientras una, la causa eficiente, es externa y por tanto distinta de la cosa. Esto se aprecia de manera intuitiva: la carne y los huesos, como el alma y el fin, son intrínsecos en el hombre; el padre, o sea el que engendra, es en cambio un individuo siempre distinto del engendrado. Externas son también, obvia-

---

5. Cf. *Metaf.*, XIII 4-5; 6-8.
6. Cf. *Metaf.*, XII 6-7.
7. Cf. Cf. *infra*, párr. 7.

mente, las causas eficientes universales, a saber, el sol y los movimientos celestes, así como la causa eficiente-final, Dios.

Por otra parte, surge este problema: Las causas y principios de las distintas cosas ¿son *distintos* o los *mismos*? Aristóteles da aquí una respuesta clarísima: *Consideradas concreta e individualmente*, las cuatro causas son distintas según las distintas cosas (las cuatro causas del hombre no son las cuatro causas de una estatua, de un móvil, etc.); al contrario, *desde el punto de vista analógico*, las cuatro causas son las mismas para todas las cosas (aun si en concreto son distintas). En efecto, tanto el hombre como la estatua o el móvil tienen igualmente las causas *formal, material, final y eficiente*, que en cada caso dan cuenta de funciones análogas: *formal, material, final y eficiente*.

En cambio, el principio primero, o sea Dios o el Motor inmóvil, no es sólo analógicamente, sino absolutamente idéntico para todas las cosas (y lo mismo se dice, al menos de manera limitada a las cosas sublunares, de los movimientos de los cielos en cuanto causas del devenir armonioso, como veremos más adelante)[8].

Leamos el pasaje donde se resume esa idea:

> Cuando se trata de averiguar cuáles son los principios o elementos de las sustancias, las relaciones y las cantidades, y de saber si son idénticos o distintos, es claro que, considerados en sus múltiples acepciones, no son idénticos, sino diferentes. A menos de entender que son idénticos para todas las cosas en los siguientes sentidos: En sentido analógico, como materia, forma, privación y causa motriz; también en el sentido de que las causas de las sustancias son causa de todo, por cuanto, si se elimina la sustancia, se elimina todo lo restante; y, por último, en el sentido de que lo que es primero y está plenamente en acto es la Causa de todo[9].

1.5. En qué sentido Aristóteles conecta la teoría de las cuatro causas con la problemática de la física o de la metafísica

Justo al comienzo de la exposición de la doctrina de las cuatro causas, en el libro I de la *Metafísica*, Aristóteles se remite a la *Física*, donde dice

---

8. *Ibid.*
9. *Metaf.*, XII 5, 1071 a 29-36.

haber ya tratado ese tema adecuadamente. Lo cierto es, sin embargo, que repite en la *Metafísica* lo dicho en la *Física*, donde profundizaba en algunas cuestiones que vuelven a aparecer aquí.

El libro I de la *Metafísica* constituye, pues, el principal texto de referencia en lo que toca a la doctrina de las cuatro causas, sobre todo por su amplio examen histórico-teórico de las tesis que a este respecto defendieron los antiguos filósofos. Aristóteles dice expresamente:

> Hemos ya estudiado suficientemente esas causas en la *Física*; no obstante, debemos aquí recordar las opiniones de quienes, antes que nosotros, se aplicaron al estudio de los seres y filosofaron sobre la realidad. Es evidente, en efecto, que también ellos hablan de ciertos principios y de ciertas causas. Pasarles revista será ciertamente provechoso para este tratado: o encontraremos alguna otra especie de causa o nos confirmaremos en nuestra presente enumeración de las causas[10].

Con todo, surge de inmediato una duda: ¿Corresponde al físico o al metafísico ocuparse *específicamente* de las cuatro causas? ¿Por qué Aristóteles trata de ellas en la *Física* y en la *Metafísica*? En la *Física*, nos dice:

> Resulta así evidente que las causas son ésas y sólo esas cuatro. Y siendo cuatro las causas, *es propio del físico conocerlas todas* y explicarlas de modo físico, diciendo el porqué de todas ellas, o sea de la materia, la forma, el motor y el fin[11].

¿Existe entonces una línea divisoria entre la investigación física y metafísica de la problemática de las cuatro causas?

Es obvio que las cuatro causas, como tales, explican adecuadamente las distintas cosas sensibles en devenir y, de ordinario, en movimiento. La física tiene justamente por objeto explicar las cosas sensibles que por naturaleza están en movimiento. Pero, como ya decíamos antes, para explicar el devenir y el movimiento *desde el punto de vista del todo*, hay que remontarse de las cuatro *causas próximas* de cada cosa a *las causas más generales y motrices primeras de los cielos y, en particular, a la primera causa eficiente-*

---

10. *Metaf.*, I 3, 983 a 33 - b 6.
11. *Física*, II 7, 198 a 21-24.

final, es decir, al Motor inmóvil, primer principio absoluto. Ahora bien, sólo a la metafísica le es posible ocuparse específica y propiamente de la existencia, características y función causativa de ese principio primero y supremo.

El propio Aristóteles, precisamente en la *Física*, aclara de manera ejemplar ese concepto, resolviendo por completo y de modo inequívoco nuestro problema:

> Tres de las cuatro causas se refieren a una; en efecto, la esencia y el fin son una sola cosa, y la primera causa motriz es igual a esas dos causas por la forma: el hombre engendra al hombre. Esto es válido en general para todas las cosas que mueven siendo movidas. *En cuanto a las que no mueven, siendo movidas, no pertenecen al ámbito de la física*; mueven no porque tengan en sí movimiento o principio del movimiento, sino porque son inmóviles. Hay, pues, tres tipos de investigación: uno relativo a las cosas inmóviles, otro relativo a las cosas móviles, pero incorruptibles, y un tercero relativo a las cosas corruptibles. El físico puede, pues, explicar el porqué de las cosas refiriéndose a la materia, a la esencia y a la causa motriz próxima. Tocante a la generación, se buscan las causas sobre todo de esta manera: qué cosa es engendrada, por qué otra cosa, cuál es el agente próximo, cuál el paciente próximo y así sucesivamente[12].

A continuación, para acabar con toda duda, Aristóteles reitera lo dicho precisándolo todavía más:

> Los principios que mueven de modo natural son dos: *uno de ellos no es de carácter físico*, por no tener en sí otro principio que lo mueva. Un principio de este tipo es algo que mueve sin ser movido, como lo absolutamente inmóvil y primero de todo, esencia y forma; tal principio es, de hecho, fin y causa final. Así, puesto que la naturaleza tiene un fin, hay que conocer también ese principio[13].

En conclusión, el pensamiento de nuestro filósofo sobre este punto es bien claro: el momento propiamente metafísico del estudio de las causas y

---

12. *Física*, II 7, 198 a 24-35.
13. *Física*, II 7, 198 a 35-b5.

principios consiste ante todo en su *apertura teológica*, es decir, en su llegar a la causa última de todo movimiento: el Motor inmóvil. Ahora bien, la física no puede prescindir de esa apertura, ya que, si no llegara hasta el Motor inmóvil, dejaría inexplicado el movimiento justamente en su propio fundamento, por cuanto la explicación última del movimiento, según Aristóteles, *sólo puede residir en lo inmóvil*, como veremos. (Precisamente por esto, los dos últimos libros de la *Física* concluyen también el tratado del movimiento hablando de su dimensión teológico-metafísica)[14].

1.6. Justificación aristotélica de la lista de las cuatro causas

Con frecuencia se achaca a Aristóteles el haber introducido las cuatro causas *ex abrupto*, en vez de deducirlas de manera sistemática. En suma, esa lista puede parecer arbitraria y «empírica», como a muchos les ha parecido también la lista de las categorías, de la que hablaremos más adelante.

En realidad, el método seguido aquí por Aristóteles es típicamente suyo. Para justificar la lista de las cuatro causas se basa en la «opinión común», especialmente en un detallado examen de las opiniones de los filósofos anteriores a él, que son, por así decirlo, los especialistas o expertos en esa problemática.

Podríamos entonces decir lo que Hegel decía a menudo en general, refiriéndose a otros aspectos del pensamiento de Aristóteles, a saber, que en él, en cierto sentido, se entremezclan lo empírico y lo especulativo. A nosotros justamente nos parece que esa doble faceta, empírica y especulativa, se manifiesta de modo ejemplar en la cuestión de las cuatro causas.

Efectivamente, en el plano de la «opinión común», la explicación de las cosas, de su «¿qué es?», se ha movido siempre (y sigue moviéndose también hoy) en la dimensión «aitiológica» de las cuatro causas mencionadas por Aristóteles.

He aquí algunos ejemplos ilustrativos. Cuando, frente a algo que no conocemos, preguntamos «¿qué es esto?», la primera y más completa respuesta que esperamos es una explicación de la naturaleza o esencia de esa cosa, aunque nos la den de modo aproximado y analógico. Pero si nos encontramos frente a algo que ya conocemos en general, como una tela,

---

14. Cf. *Física*, VII-VIII y, en particular, VII 1.

una bolsa o algún otro producto manufacturado, al preguntar «¿qué es esto?» queremos en realidad saber *de qué están hechas esas cosas*, es decir, la *materia* que las constituye. En tales casos, la respuesta satisfactoria para nosotros es que se trata de auténtica seda, auténtica piel, tejido sintético, etc. El porqué de nuestra pregunta se refiere a la *causa material*.

Si estamos en una oficina o un lugar parecido y vemos algunos objetos que nunca habíamos visto antes, tomando uno de ellos en la mano preguntamos: «¿por qué este objeto?, ¿qué es?». La respuesta que más nos satisface inmediatamente es la que nos explica *para qué sirve* tal objeto, es decir, *el fin que con él se logra*. Así, el porqué de nuestra pregunta guarda relación con la causa final.

Mas también la causa eficiente resulta determinante en no pocos casos. A menudo, por ejemplo, al ver pasar por la calle a un joven o a una joven, preguntamos: «¿quién es?». Esperamos entonces que nos respondan: «es el hijo o la hija de Fulano», o sea la causa eficiente. O cuando oímos una obra musical que no reconocemos y preguntamos «¿qué es?», queremos que nos den el nombre del compositor, en otras palabras, que nos digan la causa eficiente: «es un fragmento de Bach», «un concierto de Vivaldi», «una música de Beethoven», etc.

Todas las preguntas de esa clase o análogas se satisfacen, pues, con una de las cuatro causas enumeradas.

Pero, aunque la «opinión común» puede probar que esas causas son las que se buscan, *no basta para demostrar que son exactamente cuatro y que no hay otras*. Aristóteles, por tanto, examina todas las opiniones de los filósofos a este respecto. Su criterio principal es el siguiente: si los especialistas o investigadores de la cuestión han encontrado esas cuatro causas y ninguna más, ello significa que no puede haber otras y que el número cuatro las abarca por completo. En este modo de razonar, lo empírico y lo especulativo van verdaderamente a la par, constituyendo una buena síntesis.

1.7. Fundamento histórico de la doctrina de las cuatro causas

Aristóteles trata, pues, de demostrar que ningún filósofo anterior a él ha descubierto otras causas y que todos hablan de alguna o algunas de ellas. Nadie, empero, ha hablado sistemáticamente de las cuatro con suficiente claridad o rigor. En el libro I de la *Metafísica*, Aristóteles nos ofrece la primera historia de la filosofía, planteada y estructurada teóricamente, de importancia y alcance extraordinarios. Mas ¿cómo se mueve en este terreno?

Conviene señalar de inmediato que, al recordar la historia del pensamiento precedente, Aristóteles dista mucho de ser *objetivo* e *imparcial*. Todo lo ve únicamente desde su propio punto de vista, es decir, en función de sus propias categorías mentales. Ya Schwegler escribía: «El concepto moderno de la historia de la filosofía es completamente ajeno a Aristóteles»[15].

Schwegler, tengámoslo en cuenta, concebía la historia de la filosofía en términos idealistas y por ello notaba en Aristóteles una falta total de la noción de progreso y desarrollo, según las precisas leyes de Hegel sobre el pensamiento filosófico. Obviamente, eso no se da ni podía darse en Aristóteles. Tampoco existe (ni podía existir) en él esa concepción propiamente histórica que trata de situar a un autor en su época y dimensiones objetivas y entender su palabra sólo en los significados que era capaz de darle. Falta por completo, sí, el sentido de la objetividad histórica. Podemos incluso decir que esta segunda concepción de la historia de la filosofía es aún más ajena a Aristóteles que la primera. En efecto, por cuanto está *teóricamente condicionada*, la reconstrucción aristotélica del pensamiento de sus predecesores presenta múltiples analogías con la primera (es, en cierto modo, su equivalente sistemático).

Para Aristóteles, la verdad es única. Cíclicamente los hombres la descubren y luego la pierden, pero siempre conservan de ella algún resto, hasta que vuelven a descubrirla de todo (para perderla de nuevo)[16]. Prevalece, pues, en Aristóteles una concepción cíclica de la historia, de génesis platónica[17]. En el primer libro, Aristóteles, como suele hacerlo las más de las veces, presenta la historia del problema que le interesa en ese momento y de las soluciones sugeridas, poniendo de relieve el aspecto funcional de tal historia en el contexto de su discurso y sacando el máximo partido de las *enseñanzas* que pueden deducirse para una sistemática, convencido como

---

15. A. Schwegler, *Die Metaphysik des Aristoteles*, 4 vols., Tubinga 1847-48, reimpr. Minerva, Francfort del Main 1960, vol. III, p. 27.

16. Cf. *Metaf.*, XII 8, 1074 b 10 s.

17. Sobre este problema, véase K. Gaiser, *La metafisica della storia in Platone*, introducción y traducción de G. Reale, Vita e Pensiero, Milán 1991² (obra escrita por Gaiser a petición nuestra, ampliando y actualizando la segunda parte de su obra *Platons ungeschriebene Lehre*, Ernst Klett Verlag, Stuttgart 1968²).

está de poder encontrar convergencias con sus propias soluciones o un punto polémico de referencia para confirmar nuevamente sus propias tesis con un juego dialéctico-refutatorio.

Recordemos, por último, las afirmaciones del libro II de la *Metafísica* (con harta frecuencia olvidadas por los especialistas), que subrayan el estrecho vínculo existente entre los hombres en la búsqueda de la verdad: *todos los que buscan aportan algo*, aun aquellos que se equivocan (porque, al corregir su error, hallamos la solución exacta) o que no profundizan lo bastante (porque contribuyen, con todo, a formar y refinar nuestro hábito especulativo).

Pero leamos el correspondiente pasaje, importantísimo, aunque se le haya hecho poco caso:

> Es justo, pues, que mostremos agradecimiento no sólo hacia aquellos cuyas opiniones compartimos, sino también hacia quienes emitieron opiniones más superficiales; aun éstos han aportado algo a la verdad, por haber contribuido a desarrollar nuestra facultad especulativa. Si no hubiera existido Timoteo, no tendríamos ahora tantas melodías; pero sin Frinis, tampoco habríamos tenido a Timoteo. Lo mismo puede decirse de quienes hablaron de la verdad; algunos de ellos nos han dejado tales o cuales doctrinas, mas otros fueron la causa de que se formaran éstos[18].

En ese estrecho vínculo, expresamente reconocido por el Estagirita, y en el método mismo de una permanente discusión con los demás filósofos (ya en la búsqueda de las verdades fundamentales, ya en la de verdades más particulares), debe verse un fruto o, mejor dicho, una consecuencia del método de discusión y del diálogo socrático-platónico. Sócrates abría este diálogo a todos y Platón lo restringía, al menos en parte, a personas seleccionadas de antemano, mientras que en las obras de la escuela de Aristóteles (no en las publicadas), el diálogo, además de perder su forma extrínseca, se reducía a confrontaciones de ideas y conceptos sistemáticamente buscados y desarrollados.

---

18. *Metaf.*, II 1, 993 b 12-19.

2. LA METAFÍSICA COMO ONTOLOGÍA Y LOS MÚLTIPLES SIGNIFICADOS DEL SER

2.1. Primer principio de la ontología aristotélica

El término «ontología» se remonta a los comienzos del siglo XVIII, pero el texto de la *Metafísica* abunda en fórmulas equivalentes, empezando por la más paradigmática de todas ellas: «Ciencia del ser en cuanto ser[19].» Trátase, pues, de un término enteramente correcto, porque los contenidos conceptuales que expresa son los de Aristóteles, sin las adquisiciones relacionadas con el pensamiento posterior acerca de la problemática del ser.

La proposición primera y suprema de la ontología aristotélica puede enunciarse así: «Todo lo que es, es ser»; «nada se sustrae a la predicación del ser»; «el ser se predica de todo»[20]. Hasta se predica de lo que no es, al menos en la medida en que se habla de ello y se hace objeto de discurso. Aristóteles escribe: «El ser expresa también lo que no es»[21], obviamente en sentido dialéctico. Por ejemplo, llamamos igualmente seres a lo «no blanco» y lo «no recto», dando así a entender que algunas *cosas* de las que hablamos son «no blancas» o «no rectas»[22].

2.2. El platónico «parricidio de Parménides» llevado a sus últimas consecuencias: el ser entendido como originariamente múltiple

Como es bien sabido, Platón, bajo la máscara del «Extranjero de Elea», comsumó el «parricidio de Parménides» al sostener, en contra de la tesis del Eleático sobre la imposibilidad de que el «no ser» sea, que debía admitirse la existencia del «no ser» como «distinto»[23]. No obstante, Pla-

---

19. *Metaf.*, IV 1, 1003 a 20 (τὸ ὂν ᾗ ὄν).
20. Cf. *Metaf.*, III 4, 1001 a 21 s.; III 3, 998 b 20 s.; X 1053 b 20 s.; XI 2, 1060 b 4 s.; cf. también *Tópicos*, IV 1, 121 a 17 s.; 6, 127 a 28 s.
21. *Analíticos segundos*, II 7, 92 b 29 s.
22. *Metaf.*, XII 1, 1069 a 21-24.
23. Sobre este problema, cf. G. Reale, *Per una nuova interpretazione di Platone*, Vita e Pensiero, Milán 1997[20], p. 388-409.

tón tenía por verdadero ser sólo lo inteligible y presentaba todo el ámbito del ser sensible como una especie de «término medio» entre el ser y el no ser, un ser invalidado por el no ser en cuanto sometido al devenir, a la generación y corrupción, y en este sentido a medio camino entre lo que es y lo que no es, no pudiéndose considerar propia y auténticamente como ser[24]. La novedad de Aristóteles consiste en recuperar con pleno derecho, dentro de la esfera del ser, toda la realidad, incluida la sensible en todas sus formas, y no sólo las sustancias, como en seguida veremos, sino también cuanto de alguna manera se refiere a la sustancia, aunque por distinto concepto.

Es cierto, sí, que el ser se predica de todo. Mas justamente por eso no puede concebirse el ser en general de modo unívoco, ya que el ser privado de determinaciones no tiene sentido.

¿Qué sentido puede haber entonces en la afirmación de que el ser se predica de todo?

La tesis repetida por Aristóteles desde el principio hasta el fin de la *Metafísica* es que el ser se predica de todo, pero no en el mismo sentido, o sea con el mismo significado. El pensamiento de Aristóteles a este respecto se resume en la fórmula: «se habla del ser en muchos sentidos», reiterada a menudo y de varias maneras[25].

La proposición principal de la ontología aristotélica se enuncia, pues, así: El ser es una multiplicidad originaria, en varios sentidos y niveles.

2.3. Justificación «enunciativa» de la tesis de la multiplicidad estructural del ser

De este principio básico de la ontología no se encuentra en las obras de Aristóteles ninguna demostración sistemática. En efecto, la afirmación de la multiplicidad originaria de los significados del ser expresa una de esas verdades (en cierto modo la primera y más originaria de todas) de las que

---

24. Cf. Platón, *La república*, V 476 E - 477 B.
25. Cf. *Metaf.*, I 3, 992 b 18 s.; IV 2, 1003 a 33; 1003 b 5; V 7; V 10, 1018 a 35; V 11, 1019 a 4 s.; VI 2, 1026 a 33 s, b 2; VI 4, 1028 a 5 s.; VII 1, 1028 a 10 s.; XI 3, 1060 b 32 s.; 1061 b 11; 8, 1064 b 15; XIII 2, 1077 b 17; XIV 2, 1089 a 7; 1089 a 16.

no es posible, por razones estructurales de orden lógico y metodológico, ofrecer una demostración propiamente tal, es decir, cuya validez derive de otros principios.

La afirmación de la multiplicidad originaria de los significados del ser se verifica de modo inmediato y la garantía de su validez no es otra cosa que la mera evidencia, o sea un ver directamente que las cosas son así y no de otra manera.

Decíamos más arriba que la tesis de la multiplicidad estructural de los significados del ser equivalía al «parricidio de Parménides» llevado a efecto. En la *Física*, Aristóteles nos brinda el único tipo de prueba de ese principio que resulta posible por vía dialéctico-refutatoria y precisamente consiste en rebatir la tesis opuesta de los Eleáticos, que afirman la univocidad y unicidad del ser[26]. Después, en la *Metafísica*, procede de la misma manera dirigiendo sus tiros contra la insuficiente corrección aportada por Platón a la tesis de Parménides[27].

Aristóteles, pues, no «demuestra» su principio, por los motivos que acabamos de exponer, sino que «muestra» los muchos absurdos en que incurren necesariamente quienes, como los Eleáticos, no saben o no quieren reconocer la multiplicidad originaria de los significados de ser o de quienes, como los Platónicos, no llegan a reconocerla de manera adecuada.

El procedimiento seguido aquí por Aristóteles corresponde perfectamente al que adopta en el libro IV de la *Metafísica* para defender el principio de contradicción. En este libro explica, en efecto, que pretender demostrarlo todo es fruto de la ignorancia, pues ello significa no saber de qué cosas se puede y debe exigir una demostración y de cuáles, en cambio, no se puede ni debe exigir. Sin embargo, si de algunos principios no es posible una demostración, sí que pueden «mostrarse», refutando las doctrinas que pretenden negar el principio mismo. El *élenkhos* dialéctico, es decir, la demostración o «muestra» enunciativa constituye justamente esa prueba por vía de refutación.

Leamos el texto mismo de Aristóteles:

> Mostrar algo por vía de refutación es un proceder enteramente distinto de la demostración propiamente dicha; si uno quisiera demostrarlo, caería en

---
26. *Física*, I 2-3.
27. *Metaf.*, XIV 2, 1089 a 2-6.

una flagrante petición de principio. En cambio, si la causa de eso fuese otra cosa, se trataría de una refutación y no de una demostración[28].

Aristóteles refuta de ese modo las tesis de quienes niegan el principio de contradicción, mostrando cómo precisamente esas tesis se invierten a favor del principio mismo y lo corroboran (nadie puede sensatamente negar el principio de contradicción sin utilizarlo para exponer sus propias tesis)[29]. Y así, con este proceder, Aristóteles refuta también las tesis de quienes niegan la multiplicidad de los significados del ser, mostrando cómo esas negaciones producen el efecto contrario al pretendido y confirman dicha multiplicidad en vez de excluirla.

2.4. Contexto de la discusión sobre la multiplicidad de los seres en la Física

Podrá sorprender, de buenas a primeras, que la demostración enunciativa de la multiplicidad del ser no se encuentre en la *Metafísica*, sino en la *Física*. En realidad, el propio Aristóteles dice explícita y claramente, en el momento mismo en que aborda el tema en la *Física*, que esa discusión *queda por entero al margen de la filosofía de la naturaleza y entra en el ámbito de la filosofía primera*. Añade, no obstante, que la refutación de las doctrinas eleáticas y la recuperación del principio de la multiplicidad de los significados del ser se imponen necesariamente al comienzo de la *Física*, para fundamentar y justificar de antemano una investigación de carácter físico.

He aquí el texto correspondiente:

> Indagar si el ser es uno e inmóvil no pertenece al estudio de la naturaleza. De igual manera, tampoco es propio de quien se ocupa de geometría hacer valer sus razones contra el que niega los principios; esto compete a una ciencia distinta, o bien a una ciencia común a todas. Lo mismo sucede con quien estudia los principios [de la ciencia de la naturaleza], pues no hay principio si éste es sólo «uno» y por añadidura un «uno» de ese tipo. El principio, en efecto, es siempre «principio de» una o más cosas[30].

---

28. *Metaf.*, IV 4, 1006 a 15-18.
29. Cf. *Metaf.*, IV 3-8.
30. *Física*, I 1, 184 b 25-185 a 5.

En resumen, la doctrina eleática de la *unidad* e *inmovilidad* del ser hace imposible una investigación física al eliminar la distinción entre «principio» y «principiado», eliminando así también *in toto* los principios estudiados por el físico. Tal es, pues, la razón por la que la discusión sobre la multiplicidad de los significados del ser se encuentra en la *Física* y no se repite luego en la *Metafísica*, a excepción de algunos argumentos destinados a rebatir las tesis de los Platónicos.

2.5. Evidencia de la multiplicidad originaria de los seres

La argumentación «enunciativa» en pro de la multiplicidad originaria del ser se resume brevemente así: El movimiento y la multiplicidad de los seres constituyen un dato originario evidente de por sí y accesible por simple intuición e inducción.

Aristóteles dice:

> Admitimos como premisa fundamental de nuestra investigación que las cosas que existen por naturaleza, todas ellas o algunas, están en movimiento; esto lo atestigua la experiencia[31].

Aquí Aristóteles se centra en el movimiento y no explicita la multiplicidad, que está estrechamente ligada al movimiento (no hay movimiento sin multiplicidad). Nótese, con todo, el empleo del plural («las cosas», «todas ellas o algunas»). En este otro pasaje, pone ya de relieve el tema de la multiplicidad:

> Sería ridículo tratar de demostrar que la naturaleza existe. Es evidente, en efecto, que existen muchas realidades de este tipo. E intentar demostrar cosas evidentes sirviéndose de otras que no lo son es propio de quien no está en grado de distinguir entre lo cognoscible en sí y lo no cognoscible[32].

Así pues, el movimiento y la multiplicidad de los seres son datos originarios evidentes y cognoscibles por sí mismos en cuanto tales, y para

---

31. *Física*, I 2, 185 a 12-14.
32. *Física*, II 1, 193 a 3-6.

defenderlos contra quienes los ponen en tela de juicio, como los Eleáticos, sólo queda el arma del *élenkhos*.

2.6. Platón y los Platónicos no han logrado superar adecuadamente la posición de Parménides

Los Platónicos han tratado, sí, de criticar y superar a Parménides introduciendo el «no ser» para salvar la tesis de la multiplicidad, mas con eso no resuelven los problemas y caen en errores análogos a los de Parménides. En particular, los Platónicos no han tenido en cuenta los múltiples significados del ser, habiéndose limitado a la categoría de la sustancia. Tales son las causas de todos sus errores.

Citemos aquí un pasaje de la *Metafísica*, poco conocido por hallarse en el libro XIV que los especialistas suelen dejar a un lado, dadas las notables dificultades de su lectura. En este pasaje, Aristóteles demuestra ser enteramente consciente de la revolución que está provocando con su ontología.

> Muchas razones explican el extravío de esos filósofos al admitir tales causas, pero la razón principal reside en haber planteado los problemas en términos arcaicos. Creyeron, en efecto, que todas las cosas se reducirían a una sola, a saber, el ser en sí, si no pudiera resolverse y refutarse el argumento de Parménides: «Nunca se logrará que el no ser sea.» Pensaron, pues, que debían demostrar que el «no ser» es; en este caso, si se pretende que los seres son múltiples, pueden derivar del ser y de alguna otra cosa distinta del ser. Ahora bien, en primer lugar, si el ser se entiende en múltiples significados — en un sentido significa la sustancia, en otro la cualidad, en otro la cantidad y así sucesivamente según las demás categorías —, ¿en cuál de esas acepciones todos los seres se reducirían a uno, si el «no ser» no existiera? ¿Tal vez las sustancias sean un solo ser, o acaso las cualidades o igualmente las otras categorías? ¿O bien todas ellas, sustancia, cualidad, cantidad y cuanto expresa un significado del ser constituyen una sola realidad? Pero resulta absurdo o, por mejor decir, imposible que un único tipo de realidad sea la causa de la diversidad de las categorías y que en un sentido el ser sea sustancia, en otro cualidad, en otro cantidad y en otro, finalmente, lugar. Además, ¿de qué «no ser» y de qué ser derivan las múltiples cosas que existen? (...) A decir verdad, hay muchos tipos de «no ser»: primeramente, hay tantos significados del no ser cuantas son las ca-

tegorías; por otra parte, está el «no ser» en la acepción de falso y el «no ser» en la acepción de potencia. Sólo del «no ser» en este último sentido procede la generación, o sea del «no hombre», pero que es hombre en potencia; así también el blanco proviene del «no blanco», pero que es blanco en potencia, y esto se aplica tanto a la generación de una sola cosa como a la de muchas. *Es manifiesto que, para explicar la pluralidad del ser, esos filósofos se han ceñido al ámbito de la sustancia,* puesto que las realidades engendradas a partir de sus principios son de hecho números, líneas y cuerpos. *Pero es absurdo buscar la razón de la multiplicidad del ser considerado como sustancia sin preguntarse también por la razón de la multiplicidad de las cualidades o cantidades*[33].

Veamos ahora detalladamente cuáles son esos significados originarios del ser a los que Aristóteles alude con insistencia en el bello pasaje que acabamos de citar.

2.7. Lista de los significados del ser según Aristóteles

Sobre todo en el libro V de la *Metafísica*, Aristóteles presenta una minuciosa y exacta descripción de los significados del ser, que luego repite varias veces a lo largo de la obra.

1) El ser se toma, por un lado, en el *sentido de accidente*. Así, cuando decimos que «el hombre es músico», presentamos una forma accidental del ser. En efecto, «músico» no expresa la esencia del hombre, sino sólo algo del ser que le *acontece* (lat. *accidit*), o sea un accidente. De igual manera, cuando decimos que «el justo es músico», el «músico» se predica del «justo» no porque uno pertenezca por esencia al otro, sino porque a ambos les *acontece* ser atributos de un mismo ente: a un hombre le acontece, por ejemplo, ser a la vez justo y músico, y en este sentido puede decirse que al justo le acontece ser músico. Por tanto, el ser accidental expresa todo lo que a algo le *acontece ser*, tratándose en este caso de una forma de ser que subsiste *únicamente en otro ser y de manera fortuita*[34].

---

33. Para un análisis detallado de los pasajes aristotélicos, véase G. Reale, *Il concetto di filosofia prima e l'unità della Metafisica di Aristotele*, Vita e Pensiero, Milán 1994[6], p. 409-46.

34. *Metaf.*, V 7, 1017 a 7-22.

2) En otro sentido, opuesto en gran medida al primero, está el de *ser en sí*. Esto quiere decir que el ser no subsiste «por otro», sino por sí mismo. Aristóteles menciona en general las sustancias como seres en sí, pero aquí, en el libro V, incluye todas las categorías en esta noción del ser. Por consiguiente, el ser en sí tiene tantos significados cuantas son las categorías. De esto se hablará más por menudo en otro párrafo[35].

3) En tercer lugar, se menciona el significado del *ser como verdadero*, al que se contrapone el *«no ser» como falso*. Se trata de ese tipo de ser que podríamos llamar «lógico», por cuanto denota el ser del juicio verdadero, mientras que el «no ser» como falso indica el juicio falso. Tenemos un ser como verdadero al afirmar, por ejemplo, que «Sócrates es músico», queriendo decir que *eso es verdad*; o que «Sócrates no es blanco», queriendo también decir que eso es verdad. En cambio, tendríamos un ser como falso al decir, por ejemplo, que «la diagonal no es conmensurable con el lado», queriendo indicar que esto es falso[36].

4) Por último, se menciona el significado del ser como potencia y acto. Así, decimos que es vidente tanto quien posee la potencia o capacidad de ver, aunque de momento tenga los ojos cerrados, como quien ve en acto. De modo semejante, decimos que es Hermes en potencia la piedra en que un escultor está labrando la imagen de ese dios y que la estatua ya terminada es la efigie de Hermes en acto. O también que es trigo tanto el cereal en germen, puesto que lo es potencialmente, como la espiga ya madura, que lo es en acto[37].

La lista a que nos referimos consta, pues, de cuatro significados, pero sería más exacto hablar de *cuatro grupos de significados*, como en seguida veremos[38].

Recordemos que fue Franz Brentano quien dio por vez primera su justo relieve a esta lista de los significados del ser, antes totalmente olvidada y tenida por insignificante. En realidad, esa distinción entre las varias acepciones del ser constituye el hilo lógico en torno al cual se articula, a lo largo de la *Metafísica*, todo el discurso de Aristóteles sobre el ente[39].

---

35. *Metaf.*, 1017 a 22-30.
36. *Metaf.*, 1017 a 30-35.
37. *Metaf.*, 1017 a 35-1017 b 9.
38. Cf. *infra*, párr. 3.
39. Brentano estudió a fondo esa clasificación aristotélica en su obra, que pron-

2.8. Multiplicidad de los significados del ser también dentro de los cuatro grupos descritos

Para mayor precisión, como ya hemos dicho, debiera hablarse, más que de cuatro principales significados del ser, de cuatro *grupos de significados*. Cada uno de éstos, en efecto, agrupa significados semejantes, pero no idénticos.

1) Comencemos por el grupo de las categorías, que es el más importante. Las distintas categorías no reflejan un significado idéntico y por ende unívoco del ser. Así, la expresión «el ser según las figuras de las categorías» designa otras tantas acepciones distintas del ser. «Es», dice Aristóteles, se predica de todas las categorías, mas no de igual manera; *de la sustancia se predica primariamente y de las demás categorías por derivación*. Justo al principio del libro VII, Aristóteles, para ejemplificar los múltiples significados del ser, cita precisamente varias categorías:

> El ser se toma en muchos sentidos (...). Significa, por una parte, la esencia y algo determinado; por otra, la cualidad, la cantidad o alguna de las restantes categorías[40].

Aún volveremos a tocar este tema[41].

2) Tampoco el ser como potencia y como acto, que reviste gran importancia en el sistema aristotélico, tiene un significado unívoco. Ante todo, con la expresión «el ser según la potencia y según el acto» denotamos *dos* modos de ser muy distintos. Es más, Aristóteles designa a veces la potencia como «no ser», pues respecto del acto la potencia es un *no ser en acto*.

La expresión «no ser» (en acto) aplicada a la potencia no debe inducirnos en engaño, ya que Aristóteles piensa (con toda razón) haber halla-

---

to llegaría a tenerse por fundamental, *Von der mannigfachen Bedeutung des Seienden nach Aristoteles* (1862), cuya edición italiana hemos contribuido a promover: *Sui molteplici significati dell'essere secondo Aristotele*, traducción de S. Tognoli, Vita e Pensiero, Milán 1995. Sobre lo que acabamos de decir, véase *Il significato e l'importanza teoretica e storico-ermeneutica del libro di Franz Brentano «Sui molteplici significati dell'essere secondo Aristotele» e alcune osservazioni critiche di complemento*, artículo que hemos publicado como introducción a la obra de Brentano, p. XIII-LXVI.

40. *Metaf.*, VII 1, 1028 a 10-13.
41. Cf *infra*, párr. 7.

do en el *ser en potencia* un concepto esencial para explicar la realidad, como se desprende de su polémica con los Megarenses, de la que hablaremos más adelante. En efecto, la experiencia misma atestigua como hecho incontrovertible que, además del ser en acto, existe un ser en cuanto *capacidad* de pasar al estado de acto. Negar el ser en potencia equivaldría a negar el devenir en todas sus formas y a bloquear la realidad en un inmovilismo «actualista».

Pero enseguida se nos dice que esos dos modos de ser, potencia y acto, implican una nueva distinción entre numerosos significados. Así, puede hablarse de potencia y acto según la sustancia, según cada una de las demás categorías y según cada uno de los demás significados del ser. Volveremos también a esto más adelante[42].

3) Asimismo el ser como verdadero se toma en distintas acepciones. Por un lado, tenemos el ser en cuanto verdadero que consiste en reunir nociones de cosas realmente reunidas y en dividir nociones de cosas realmente divididas. Esto es aplicable a todas las cosas compuestas. Por otro lado, tratándose de cosas simples y no compuestas, el ser como verdadero consiste en la inmediata captación y enunciación de lo captado, mientras que la falta de captación de una cosa equivale a ignorarla.

He aquí, sobre este punto, un pasaje revelador:

> Tocante al ser en el sentido de verdadero y al no ser en el sentido de falso, hay que decir que, en un caso, tenemos lo verdadero si hay realmente unión y lo falso si no la hay. En el otro caso, si el objeto es, existe de un modo determinado y, si no existe de ese modo, no existe en modo alguno. Lo verdadero consistirá entonces sencillamente en conocer esos seres acerca de los cuales no hay ni verdad ni falsedad, sino ignorancia[43].

4) En cuanto al ser como accidente, nos limitamos aquí a indicar los tres distintos tipos mencionados en el libro V, aunque la distinción pudiera muy bien ser mucho más detallada y compleja. Una cosa significa decir «el músico es blanco», otra «el hombre es blanco» y otra «el blanco es hombre». Aristóteles explica de la manera siguiente las diferencias entre esos tres significados:

---

42. Cf. *infra*, párr. 8.
43. *Metaf.*, IX 10, 1051 b 17-25; sobre el primer significado, véase también VI 4.

Cuando se dice que las cosas existen por accidente es o porque dos atributos pertenecen a una misma cosa existente, o porque un atributo es accidente de un sujeto existente, o porque el sujeto al que pertenece como accidente aquello de que él mismo es predicado es lo que propiamente existe[44].

Decíamos antes que la presente lista de los significados del ser constituye como el hilo lógico en torno al cual se articula en la *Metafísica* el discurso aristotélico sobre el ente. En el libro VI, Aristóteles declara expresamente que las dos últimas acepciones del ser se dejan de lado, ya que *no revelan el auténtico sentido del ser*: las causas del accidente (considerado como «algo cercano al no ser», *prope nihil*[45]) son fortuitas e indeterminables; en cuanto al ser como verdadero o falso, sólo es una afección de la mente (podríamos llamarlo un ser puramente lógico); ambos presuponen otro tipo de ser en el que se apoyan y que es el que debe estudiarse.

Leamos el texto clave a este respecto:

> Puesto que la unión y la separación están en la mente y no en las cosas, el ser tomado en este sentido es distinto del ser en sus significados nobles, como son la esencia, la cualidad, la cantidad o las demás categorías que el pensamiento separa o reúne; debemos por tanto dejar a un lado el ser por accidente y el ser como verdadero, ya que la causa del primero es indeterminada y el segundo sólo es una afección de la mente; ambos se apoyan en el tercer tipo de ser y no manifiestan una realidad objetiva existente fuera del pensamiento. Pasaremos por alto, pues, estos dos modos de ser[46].

Según esto, hay que concentrarse sobre todo en los dos primeros significados del ser[47].

Pero antes es necesario plantearse y tratar de resolver el siguiente problema: ¿Cómo es posible dar el nombre de «ser» a cosas tan diferentes entre sí?

---

44. *Metaf.*, V 7, 1017 a 19-22.
45. *Metaf.*, VI 2, 1026 b 20; la fórmula griega, altamente significativa, es τὸ συμβεβηκὸς ἐγγύς τι τοῦ μὴ ὄντος.
46. *Metaf.*, VII 4, 1027 b 29-1028 a 3.
47. Desde luego, nadie ha puesto atención en el significado del ser como accidente. Es curioso, en cambio, que Heidegger haya dado enorme importancia teórica al *ser como verdadero*. Véase a este respecto E. Berti, *Aristotele nel Novecento*, Laterza, Roma-Bari 1992, p. 79-91, con las indicaciones de obras y pasajes en que Heidegger desarrolla su tesis.

3. SIGNIFICADOS DEL SER COMO «ANÁLOGOS» Y SENTIDO PLURÍVOCO DE LA FÓRMULA «SER EN CUANTO SER»

3.1. Relación existente entre los múltiples significados del ser y su analogía con referencia a un único principio

La multiplicidad de los significados del ser implica, obviamente, que el ser no se predica *en sentido unívoco*. Aristóteles declara que ni siquiera se predica *en sentido equívoco*, es decir, por mera homonimia.

Entre la predicación por sinonimia y la predicación por homonimia hay una tercera posibilidad que, como explicaremos más adelante, podríamos llamar «por analogía», aunque es cierto que Aristóteles no utiliza el término en este sentido específico. Bastará con determinar exactamente el campo semántico que la palabra «analogía» abarca en nuestro caso y no confundir este significado con las acepciones posteriores del término en la metafísica escolástica.

Leamos el texto:

> El ser se toma en múltiples acepciones, pero siempre con referencia a una unidad y una realidad determinada. De él no se habla, pues, por mera homonimia, sino del modo en que llamamos «sano» a todo lo que se refiere a la salud, por cuanto la conserva, la produce, es síntoma de la misma o está en condiciones de recibirla; o también de la manera en que calificamos de «médico» todo lo que se relaciona con la medicina, porque la posee como arte, le es naturalmente propia o es obra de ella; podríamos aducir otros muchos ejemplos semejantes. El ser se toma, pues, en múltiples sentidos, mas todos ellos guardan relación con un principio único: a algunas cosas se les da el nombre de seres porque son sustancias, a otras porque son determinaciones de la sustancia, a otras porque conducen a la sustancia, a otras, al contrario, porque son corrupciones, privaciones o cualidades de la sustancia, o porque son causas eficientes o generadoras, ya de la sustancia, ya de lo que a ella se refiere, o finalmente porque son negaciones de algo de todo eso o de la sustancia misma. (Por ello, aun del no ser decimos que «es» no ser).[48]

---
48. *Metaf.*, IV 2, 1003 a 33-b 10.

Así, entre los varios significados del ser hay cierto «vínculo», *algo que los reúne* y que Aristóteles explica no sólo con ejemplos, sino también conceptualmente; los distintos significados del ser se refieren a una *unidad*, a una determinada realidad que es «una». Esta realidad unitaria es la *sustancia*. Todo lo que llamamos «ser» recibe este nombre *por referencia a la sustancia*. La analogía del ser en sentido aristotélico será, por tanto, analogía de los distintos significados del ser *con referencia a un único principio: la sustancia*.

Recordemos que los griegos entendían fundamentalmente por *analogía* la proporción numérica *a: b = c: d*. Aristóteles escribe: «Son unidades por analogía las cosas que están entre sí como una tercera con relación a una cuarta[49]». Pero conviene señalar de inmediato que, para Aristóteles, existe no sólo una analogía según la *cantidad*, sino también según la *cualidad*, como se desprende claramente de un pasaje de la *Ética a Nicómaco* donde dice que el bien no es un universal común, porque se expresa de modo distinto según las distintas categorías: en la categoría de la sustancia, el bien es Dios y el intelecto; en la cualidad, la virtud; en la cantidad, la justa medida; en la relación, lo útil; en el tiempo, la oportunidad; en el lugar, un determinado comportamiento. De estos diversos significados del bien Aristóteles dice que son tales «por analogía» y añade: «Como la vista está en el cuerpo, así también el intelecto está en el alma y otra cosa en otra cosa[50]».

Ya Trendelenburg puso bien de relieve este tipo de analogía[51]; pero Brentano fue el primero en demostrar que las relaciones entre los diversos significados del ser son aún más estrechas precisamente en función de esa *común referencia estructural a un único principio*, es decir, a la sustancia, como acabamos de explicar[52].

---

49. *Metaf.*, V 6, 1016 b 34-35. Para las distintas referencias, véase el *Index Aristotelicus de Bonitz*, 47 b, 48 a-b.

50. *Ética a Nicómaco*, I 4, 1096 a 19 - b 29.

51. Cf. F.A. Trendelenburg, *Geschichte der Kategorienlehre*, 2 vols., Berlín 1846, en particular el vol. I, *Aristoteles Kategorienlehre*, del que hemos promovido una traducción italiana, *La dottrina delle categorie in Aristotele*, trad. de V. Cicero, Vita e Pensiero, Milán 1994, con un apéndice que reproduce el discurso pronunciado por el autor para inaugurar el año académico 1833 y nuestra introducción que lleva el título de *Filo conduttore grammaticale, filo conduttore logico e filo conduttore ontologico nella deduzione delle categorie aristoteliche e significato polivalente di esse su fondamenti ontologici*, p. 15-70. Véase en particular lo que escribe Trendelenburg en las páginas 241-48.

52. Cf. Brentano, *Sui molteplici significati...*, op. cit., p. 108 s., en especial p. 137 s. y lo que decimos en nuestro artículo introductorio, Il significato..., *op. cit.*, p. XXVI s.

Es claro, pues, que la sustancia, centro de los significados del ser, se impone también, en cuanto ser de por sí y en sentido pleno, como centro de la problemática metafísica; a la pregunta «¿qué es el ser?» sólo podemos dar respuesta resolviendo a fondo el problema de «¿qué es la sustancia?», según veremos.

3.2. *Segundo tipo de analogía de los significados del ser: unidad por consecución*

Ahora bien, la figura de la sustancia, que ocupa el centro de la ontología aristotélica, plantea una serie de nuevos problemas bastante complejos.

El primero consiste en que la sustancia misma no es *unívoca*, algo que en el pasado se les escapó a muchos intérpretes. El propio Brentano se engañó al afirmar que «el concepto de sustancia se revela como sinónimo»[53]. Sin embargo, Aristóteles habla, como veremos, de tres tipos de sustancias: divina (suprasensible eterna), celeste (sensible eterna) y terrestre (sensible corruptible).

Brentano cree poder resolver ese problema alegando que se trata ahí de tres *especies* de un único *género*; pero Aristóteles afirma expresamente que «tanto las realidades corruptibles como las incorruptibles son distintas en cuanto al género»[54]. La estructura jerárquica de la realidad que, como veremos, es central en Aristóteles, implica una diversidad de significados del ser como sustancia en sentido «vertical» (por utilizar una metáfora), mientras que las demás acepciones del ser son unificables en sentido «horizontal» con referencia a la sustancia.

¿En qué sentido preciso se unifican las diversas acepciones verticales de la sustancia? Evidentemente, el criterio analógico de unificación, en este caso, debe ser del todo distinto. Aristóteles mismo da una solución adecuada al problema en el siguiente texto:

> Algunas cosas son llamadas «ser» o «uno» por referencia a un término único (πρὸς ἓν λεγόμενα), otras porque son consecutivas entre sí (τὰ τῷ ἐφεξῆς)[55].

---

53. Cf. Brentano, *Sui molteplici significati...*, *op. cit.*, p. 157, y lo que decimos en nuestra introducción, *Il significato...*, *op. cit.*, p. XIV s.
54. *Metaf.*, X 10, 1059 b 10.
55. *Metaf.*, IV 2, 1005 a 10-11.

Así pues, además de la «unidad por referencia a un término único» está también la «unidad por consecución». Esta unidad se da cuando hay una «serie» de términos donde uno es jerárquicamente anterior a otro, de suerte que *el posterior depende del anterior y todos dependen del primero*. Es obvio que, debido a esa dependencia de un término respecto de otro y de todos respecto del primero, la serie de tales términos, pese a la diferencia entre cada uno de ellos (que en el caso de las sustancias implica una diferenciación ontológica de orden estructural y jerárquico), constituye una unidad.

Según Aristóteles, pues, las distintas acepciones del ser están unificadas por dos tipos de «analogía»: la *horizontal*, relacionada con la unidad de la sustancia, y la *vertical*, como unidad por consecución. La primera unifica todos los significados no sustanciales del ser; la segunda, las sustancias mismas jerárquicamente diferenciadas.

3.3. Significado de la fórmula aristotélica «ser en cuanto ser»

En el pasado se cayó muchas veces en el error de creer que la fórmula «ser en cuanto ser» significaba un modo de *ser universal* aplicable a todo lo designado por el nombre de «ser». Pero, dadas las anteriores explicaciones, una cosa ha de quedar bien clara: puesto que el ser denota una multiplicidad estructural imposible de agrupar en un género único y menos todavía en una especie única, la fórmula «ser en cuanto ser» está muy lejos de expresar un *ens commune*[56]. Por consiguiente, sólo puede evocar, entendida en su sentido más amplio, la multiplicidad misma de los significados y la relación que los une.

Teniendo esto en cuenta, se comprenderá con facilidad algo que no por resultar anómalo deja de ser normal, a saber, que Aristóteles no interprete dicha fórmula de una manera fija y oscile entre varios sentidos. En efecto, unas veces la fórmula parece designar toda manera de ser, otras únicamente la sustancia y, al menos en un caso, se utiliza de modo inequívoco para designar la sustancia divina trascendental[57].

---

56. O sea un concepto abstracto, en el sentido consagrado por la lógica medieval y en el de la ontología moderna.
57. *Metaf.*, XI 7 y, en particular, 7, 1064 a 28-29. Para no caer en el error, hay que mantener la dinámica del significado de la expresión ὄv ᾗ ὄv. Pese a sus acertadas

En realidad, esta aparente oscilación sólo depende de la perspectiva particular desde la que Aristóteles contempla el problema: a veces tiene presentes los diversos significados y sus relaciones convergentes con la sustancia; en otras ocasiones se fija mayormente en el «centro» de los significados del ser, o sea en la sustancia misma; en otras, finalmente, dentro de la categoría de la sustancia se concentra en la que sobre todo es tal y, por tanto, es «ser» más que cualquier otra.

Pero lo más importante para el lector de la *Metafísica* de Aristóteles es esto: la fórmula «ser en cuanto ser» pierde todo significado fuera del contexto del discurso sobre la «multiplicidad de las acepciones del ser» y su compleja doble estructura analógica, de la que hemos hablado.

4. LAS CATEGORÍAS COMO EJES PORTANTES DE LOS MÚLTIPLES SIGNIFICADOS DEL SER

4.1. El ser según las figuras de las categorías

Entre los conceptos aristotélicos que se han impuesto en la historia de la filosofía ocupa ciertamente uno de los primeros puestos el de «categorías».

Señalemos, ya de entrada, el carácter polivalente de este término. El significado lógico que se desprende sobre todo del *Organon* y en particular del tratado que lleva precisamente el título de *Categorías*, es muy parcial. Sin embargo, la traducción latina de Severino Boecio, en la que se formó el pensamiento medieval, impuso la interpretación de «categorías» como «predicamentos» e indujo en el error hermenéutico de creer que tal es su

---

observaciones sobre este punto, peca por exceso Ph. Merlan, *From Platonism to Neoplatonism*, Martinus Nijhoff, La Haya 1953, 1960², 1968³, reimpr. 1975 [trad. it. de E. Peroli, *Dal Platonismo al Neoplatonismo*, Vita e Pensiero, Milán 1990,1994², p. 232-302]. Véase lo que decimos en nuestra introducción a esa obra, con el título de *L'importanza e il significato del libro di Merlan «Dal Platonismo al Neoplatonismo»*, p. 9-40, o también en nuestra introducción a Aristóteles, *Metafísica*, introducción, texto griego con traducción paralela y comentario, 3 vols., *Vita e pensiero*, Milán 1993 (reimpr. 1995), p. 288-93.

significado principal. Las interpretaciones de esa noción aristotélica dadas ya desde los tiempos antiguos (por ejemplo, en el *Comentario* de Porfirio sobre la citada obra) se reducen sustancialmente a tres.

Como primera podríamos mencionar la que da preferencia a la *dimensión gramatical*. A este respecto, Trendelenburg presentó una interpretación que hizo época[58] (más que otra cosa por haber servido de estímulo y punto de referencia polémico[59]); pero ya entre los antiguos había circulado una interpretación en cierto modo emparentada con ésta, sobre todo entre quienes entendían las categorías como *voces*.

La segunda interpretación es la propiamente *lógica*, que, como decíamos, se remonta a Porfirio y Boecio, con una compleja ramificación y una rica gama de matices. Las categorías se entienden aquí como los «predicados» más universales (y por tanto como los «conceptos» más universales), entre los que figuran los predicados de las proposiciones simples[60]. La variante más refinada de esta interpretación es la de Zeller, que entiende las categorías no como conceptos supremos, sino como *estructuras portadoras de los conceptos* o esquemas en los que se sitúan los diversos conceptos. En cuanto tales, las categorías estarían por encima de los predicados: «Las categorías no son por sí mismas, inmediatamente, predicados; sólo indican el lugar para ciertos predicados[61]». Según esto, pues, más que predicaciones las categorías serían formas de predicación.

La tercera interpretación es la ontológica. Por supuesto, sus raíces son ya muy antiguas, pero el que demostró científicamente su exactitud desde el punto de vista histórico-filológico fue el gran lexicógrafo aristotélico Hermann Bonitz[62]. Las categorías aristotélicas son los distintos signi-

---

58. Cf. *supra*, nota 51.
59. Véase la mención de las numerosas obras suscitadas por el libro de Trendelenburg en nuestra introducción a su versión italiana, *La dottrina delle categorie...*, *op. cit.* 19s., notas 5-7.
60. Véase en particular O. Apelt, *Die Kategorienlehre des Aristoteles*, en el volumen *Beiträge zur Geschichte der griechischen Philosophie*, Leipzig 1891, p. 101-216.
61. E. Zeller, *Die Philosophie der Griechen in ihrer geschichtlichen Entwicklung*, Tubinga-Leipzig 1855-68, II 2, p. 189, nota 1.
62. H. Bonitz, *Über die Kategorien des Aristoteles*, en «Sitzungsberichte der Kais. Akademie der Wissenschaften in Wien. Philos.-hist. Klasse», 10 (1853), p. 591-645 [trad. it. de V. Cicero, *Sulle categorie di Aristotele*, Vita e Pensiero, Milán 1995]. Véase también nuestro escrito *Significato e importanza del saggio di Hermann Bonitz «Sulle categorie di Aristotele»*, publicado como introducción, *ibid.*, p. 11-34.

ficados en los que expresamos el concepto de «ser» o, por mejor decir, los géneros supremos del ser. Bonitz escribe:

> Según Aristóteles, las categorías denotan los diversos significados en que expresamos el concepto del ser; las categorías designan los géneros supremos a los que deben poderse subordinar todos los entes. Sirven así de orientación en la historia de los datos de la experiencia[63].

Huelga recordar que los distintos intérpretes, por más que se inclinen hacia uno u otro de esos significados, entremezclan su interpretación más o menos con las restantes. Pero la que imponen los textos aristotélicos, y en particular la *Metafísica*, es a todas luces la ontológica: las categorías son en primer lugar las *figuras supremas del ser*; en segundo lugar y como consecuencia son *predicaciones supremas* y por ende *figuras lógicas*; en tercer lugar, y necesariamente, tienen una determinada *pertinencia gramatical*.

Las categorías se imponen como figuras principales del ser que sostienen todos los demás significados, como hemos visto. Tanto es así que Aristóteles, en el libro V, llega a tenerlas por formas del «ser en sí»[64].

4.2. Las categorías no son sinónimos, ni homónimos en sentido casual, sino homónimos por analogía

Lo que decíamos en el capítulo anterior de manera general sobre los distintos significados del ser es válido en particular para las categorías: éstas no reflejan significados idénticos o unívocos del ser, sino que cada una de ellas expresa un significado distinto.

Ya es de por sí muy revelador que Aristóteles ejemplifique precisamente en las categorías la afirmación de que el ser se toma en muchas acepciones. En el libro VII, volviendo al tema ontológico inmediatamente después de dejar a un lado los significados del ser como accidente y como verda-

---

63. *Sulle categorie...*, op. cit., p. 93.
64. *Metaf.*, V 7, 1017 a 22-23: καθ'αὑτὰ δὲ εἶναι λέγεται ὅσαπερ σημαίνει τὰ σχήματα τῆς κατηγορίας («ser en sí se dice de todas las acepciones del ser según las figuras de las categorías»).

dero y falso, por los motivos que antes explicábamos, Aristóteles presenta las cosas de modo ejemplar, con indicaciones que ayudan a orientarse debidamente en el dédalo de esa compleja problemática:

> El ser tiene múltiples sentidos, como ya antes hemos puesto en claro en el libro dedicado a las distintas acepciones de los términos. Por una parte, significa la *esencia y algo determinado*; por otra, una *cualidad*, una *cantidad* o *cada una de las demás categorías*. Pero, entre todas esas acepciones del ser, resulta evidente que la primera de ellas es la esencia, que equivale a la sustancia (...). Todas las demás cosas son llamadas seres por cuanto son o *cantidades* del ser propiamente dicho o *cualidades* del mismo o *afecciones* o cualquier otra determinación de este tipo. Por ello podría uno incluso preguntarse si caminar, estar sano o estar sentado son seres o no lo son, y la misma duda podría surgir acerca de cosas como éstas (...). Evidentemente, pues, cada uno de esos predicados es ser en virtud de la categoría de la sustancia. Así, el ser primero — no tal o cual modo de ser, sino el ser por excelencia — es la sustancia[65].

Veamos ahora cómo Aristóteles aplica de modo bastante convincente a las categorías los conceptos e imágenes que en el libro IV le han servido para explicar los distintos significados del ser:

> En efecto, las categorías deben llamarse seres no en sentido equívoco ni unívoco, sino de la misma manera que el término «médico», cuyas diversas acepciones se refieren a una sola y única cosa sin por ello significarla ni ser homónimas; el adjetivo «médico» no califica un cuerpo, una operación o un instrumento ni por homonimia ni por sinonimia, sino por mera referencia a una sola cosa[66].

Así, las varias figuras de las categorías y las acepciones del ser se refieren todas ellas a la categoría primera que expresa el ser en sentido propio y auténtico.

He aquí la «tabla» de las categorías:

---

65. *Metaf.*, VII 1, 1028 a 10-32.
66. *Metaf.*, VII 4, 1030 a 32 - b 3.

1) Sustancia o esencia
2) Cualidad
3) Cantidad
4) Relación
5) Acción o hacer
6) Pasión o padecer
7) Dónde o lugar
8) cuándo o tiempo
9) Tener
10) Yacer

Las dos últimas categorías aparecen en obras lógicas[67], mientras que en la *Física* y la *Metafísica*[68] la tabla contiene solamente ocho. Como se cree desde hace tiempo, Aristóteles, al enumerar esas diez categorías, se dejó influir por el sentido paradigmático de la década de Pitágoras y el valor axiológico que se le daba. En realidad, las dos últimas categorías no son lo bastante pertinentes desde el punto de vista ontológico como para motivar una distinción estructural: el «tener» (por ejemplo, estar armado) puede reducirse a la categoría de la «relación»; el «yacer» (por ejemplo, estar tumbado en un lecho o sobre un prado) viene a equivaler a la categoría del «dónde».

Por otra parte, Aristóteles, para elaborar el cuadro de los cambios y movimientos y probar que es completo, se refiere también a la tabla de ocho categorías, confirmando así su mayor coherencia y consistencia[69].

Recordemos que sólo cuatro de las ocho categorías se revelan como «ejes portantes» del cambio y del movimiento: a la categoría de la sustancia corresponden *la generación y la corrupción*; a la de la cualidad, la alteración; a la de la cantidad, *el aumento y la disminución*; a la del «dónde», *la traslación*.

4.3. La cuestión del hilo conductor para deducir las categorías aristotélicas

Kant, como es sabido, dio una extraordinaria importancia a las categorías, reconociendo el mérito de Aristóteles por haberlas descubierto. Al propio tiempo, sin embargo, criticó al Estagirita por su elaboración apre-

---

67. Cf. *Categorías*, 4, 1 b 26 s.; *Tópicos*, I 9, 103 b 22 s.
68. Cf. *Metaf.*, V 7, 1017 a 24-27; *Física*, V 1, 225 b 5-7; cf. también *Analíticos segundos*, I 22, 83 a 21-23.
69. Cf. *Metaf.*, XI 11-12.

surada y aleatoria de la «tabla» sin atenerse a un principio que le sirviera de hilo conductor[70].

Trendelenburg creyó poder responder a esas críticas intentando demostrar que en Aristóteles existía tal hilo conductor y era de carácter gramatical. Las categorías se deducen, según él, descomponiendo la proposición simple y corresponden bastante bien a sus partes constitutivas. Así, la categoría de la sustancia corresponde al *sustantivo*; las categorías del «cuánto» y del «cuál», al *adjetivo*; las del «dónde» y el «cuándo», a los adverbios de lugar y tiempo; las del «hacer» y «padecer», a los *verbos activos y pasivos*[71].

Brentano, por su lado, opinaba que para hallar el hilo conductor del descubrimiento aristotélico de las categorías había que concentrarse en su valor de «predicados». Desde este punto de vista, las categorías pueden dividirse en tres grupos: sustancias, predicados absolutos y predicados relativos. A su vez los predicados absolutos se dividen en tres clases: los atribuidos a la sustancia por estar en la sustancia misma, los atribuidos a la sustancia que no están en ella sino fuera de ella y los que están en parte contenidos en la sustancia y en parte fuera de ella. Los primeros, por cuanto son inherentes y están en la sustancia (cualidad y cantidad), pueden llamarse *inherencias*; a los segundos, por ser determinaciones externas, puede dárseles el nombre de *circunstancias*; y los terceros, que son determinaciones en parte internas y en parte externas de la sustancia, pueden denominarse *operaciones* o *movimientos*. Las categorías se deducen, pues, mediante la división sistemática del carácter de los predicados, llegándose así a obtener las ocho mencionadas[72].

A buen seguro, estas dos interpretaciones, en especial la segunda, tienen sus fundamentos. Pero, sobre todo en la *Metafísica*, Aristóteles habla de las categorías como «figuras» y «divisiones» del ser[73]. En nuestra opinión, el Estagirita ha seguido un criterio basado en el *análisis de la estructura ontológica de lo real* y, particularmente, de la estructura de la realidad sensible

---

70. Precisamente de esta crítica surgió el interés de los intérpretes de Aristóteles por la cuestión del «hilo conductor» para deducir la tabla de las categorías.
71. Cf. Trendelenburg, *La dottrina delle categorie...*, *op. cit.*, y nuestra introducción, *op. cit.*, p. XXXV s.
72. Cf. Brentano, *Sui molteplici significati dell'essere*, *op. cit.*, p. 140 s., y nuestra introducción, *op. cit.*, p. XXXV s.
73. Sobre los pasajes correspondientes y su interpretación, cf. Bonitz, *Sulle categorie...*, *op. cit.*, p. 79 s.

como «compuesto» de materia y forma. La materia y la forma en cuanto tales carecen de categorías; éstas sólo se explican en el encuentro de materia y forma, o sea en el *sýnolon*. El *sýnolon* o «compuesto» puede únicamente existir explicándose según las formas categoriales. Así, fuera de las categorías no puede darse, ni por ende pensarse ni expresarse, nada sensible.

El hilo conductor de que hablábamos consiste (aunque no de modo rígido y sistemático, sino en sentido normativo y dinámico) en considerar la estructura ontológica de la sustancia como sensible (compuesto de materia y forma) y las condiciones de su realización y expansión. El *sýnolon* de materia y forma sólo puede realizarse según las figuras categoriales de cualidad, cantidad, dónde, cuándo, acción y pasión, y según sus relaciones con otros compuestos.

El orden de sucesión de las categorías que siguen a la sustancia podría muy bien reconstruirse según su carga ontológica, es decir, según su «anterioridad» y «posterioridad» *por naturaleza*.

Por lo demás, el propio Aristóteles es explícito a este respecto: «Si se considera toda la realidad según la serie de las categorías, también así la sustancia es la primera, viniendo después la cualidad y luego la cantidad»[74]. Precisamente en este pasaje se introduce para las categorías esa «relación serial» de que hemos ya hablado a propósito de la sucesión jerárquica del ser como sustancia. Evidentemente, por sucesión serial de las categorías sólo puede entenderse la serie de éstas consideradas en su grado de ser, como se deduce con claridad de este otro pasaje: «La relación es, entre todas las categorías, la que tiene menos ser y menos realidad y es posterior a la cualidad y a la cantidad»[75].

4.4. *Las categorías son accidentes en cuanto inherentes a la sustancia, mas no son de por sí seres accidentales*

Aristóteles afirma que todo lo que no es sustancia es accidente de la sustancia. Así, las restantes categorías, por cuanto dependen estructuralmente de la sustancia, son «accidentes» de ésta, lo que equivale a decir que lo son sólo en su calidad de inherentes a la sustancia. Mas esto puede hacer-

---

74. *Metaf.*, XII 1, 1069 a 19-21.
75. *Metaf.*, XIV 1, 1088 a 22-24.

nos caer en el grave error de confundir el accidente de las categorías con el *ser accidental*. En realidad, según Aristóteles, las categorías son accidentes en un sentido enteramente distinto de ese «ser por accidente» que constituye uno de los cuatro significados del ser de que hablábamos más arriba y equivale a «algo próximo al no ser»[76].

El ser accidental representa esa forma de ser que, aparte de poder existir exclusivamente en un sustrato, no existe en él ni siempre ni las más de las veces, sino sólo «a veces». Ahora bien, las categorías no sustanciales existen únicamente en un sustrato (la sustancia), pero en él existen siempre o la mayoría de las veces, a diferencia del ser por accidente.

Se comprende entonces la razón por la que Aristóteles (pese a la confusión que provoca en muchos pasajes al presentar el ser de las categorías como mucho más débil que el ser de la sustancia), en el libro V, no vacila en agrupar las categorías dentro del «ser en sí»[77]. Tratemos de aclarar este punto, bastante difícil, que ha inducido y sigue induciendo a muchos en error.

Sin duda es casual que un hombre tenga un peso y altura particulares; no obstante, es necesario (en el sentido de que no puede dejar de suceder) que tenga cierto peso y cierta altura. Ningún hombre puede existir sin una determinación de su ser según la categoría de la cantidad.

Es accidental que un hombre tenga tales virtudes y no otras, por ejemplo que sea caritativo, músico, etc. Aun cuando estas características fueran diferentes, ese hombre no dejaría de ser hombre. Con todo, es necesario que el hombre posea determinadas cualidades. Sin ninguna determinación que entre en la categoría de la cualidad, el hombre no podría existir.

Es accidental que un hombre se encuentre, por ejemplo, «ahora» «en el Liceo». Y sin embargo le sería imposible existir fuera de las dimensiones del «cuándo» (tiempo) y el «dónde» (espacio).

Es accidental que un hombre esté haciendo determinadas cosas o padeciendo otras. Mas ningún hombre podría existir fuera de las categorías del hacer y padecer.

Otro tanto se aplica a las relaciones, de las que muchas son casuales; pero fuera de las relaciones con otras personas y cosas nadie puede existir ni imaginarse.

He aquí un texto de gran importancia:

---

76. *Metaf.*, VI 2, 1026 b 21.
77. *Metaf.*, V 7, 1017 a 22 s.

No sólo a propósito de la sustancia el razonamiento demuestra que la forma no se engendra, sino también *a propósito de las cosas primeras*, es decir, la *cantidad*, la *cualidad* y *todas las demás categorías*. En efecto, así como lo que se produce es la esfera de bronce y no la esfera ni el bronce (...), así también ocurre lo mismo con la *esencia*, la *cualidad*, la *cantidad* y *todas las restantes categorías*. No se produce, pues, la cualidad, sino la madera que posee tal cualidad, ni se produce la cantidad, sino la madera o el animal con cierta cantidad[78].

Por consiguiente, para las cosas sensibles las categorías tienen — aunque en un plano netamente inferior — una importancia comparable a la de la materia y la forma, ya que expresan significados primarios del ser, es decir, son estructuras ontológicas primarias (τὰ πρῶτα) sin las que no podría existir nada sensible.

4.5. Antecedentes platónicos de la doctrina aristotélica de las categorías

Ya Bonitz observó que las ocho categorías aristotélicas figuraban, incluso explícitamente, en los diálogos de Platón[79].

La sustancia constituye una de las piedras angulares del pensamiento platónico. La cualidad se distingue, como atributo, de la cosa misma, y en *Teeteto* hasta se usa el término de modo autónomo. También la cantidad aparece como noción autónoma en *Filebo*. En cuanto a la relación, aún no alcanza el nivel abstracto que tiene en Aristóteles, pero toda una serie de pasajes en los diversos diálogos demuestra que Platón había dado ya importantes pasos en ese sentido. Las categorías del hacer y padecer pueden encontrarse en *Gorgias* y el *Sofista*. Así pues, en Platón hay elementos de la subdivisión en categorías, mas no una teoría como tal de estas últimas.

La conclusión de Bonitz es válida si nos atenemos únicamente a los diálogos, pero las cosas cambian si consideramos también las «doctrinas no escritas» de Platón. Efectivamente, de esta tradición indirecta se desprende que Platón, en sus lecciones dentro de la Academia, trazaba un esquema de interpretación de la estructura del ser que entrañaba una verdadera

---

78. *Metaf.*, VII 9, 1034 b 7-16.
79. Bonitz, *Sulle categorie...*, *op. cit.*, p. 124 s.

división categorial en géneros supremos, como lo prueban especialmente los estudios de P. Wilpert[80] y Ph. Merlan[81]. Platón dividía los seres en «seres en sí» y «seres en relación con otra cosa», y estos últimos a su vez en «opuestos contrarios» y «correlativos»[82].

No podemos entrar aquí en los detalles de esta problemática, que mostrarían extraordinarias similitudes con un buen número de términos aristotélicos[83]. Bastarán las indicaciones ya dadas, añadiendo lo siguiente: entre los dos sistemas de categorías, el platónico y el aristotélico, hay una diferencia radical: el de Platón se refiere a la *división de los seres en general*; el de Aristóteles, a la *división de los seres compuestos de materia y forma*, es decir, de los seres sensibles. No obstante, las semejanzas entre ambos filósofos siguen siendo notables[84].

5. LA METAFÍSICA COMO TEORÍA DEL SER EN EL SIGNIFICADO PRINCIPAL DE SUSTANCIA (USIOLOGÍA) Y LAS MÚLTIPLES ACEPCIONES DE SUSTANCIA

5.1. La sustancia en Aristóteles

El problema de la sustancia en la *Metafísica* de Aristóteles es básico, ya que su solución coincide con la del problema del ser en cuanto tal. Así lo dice el Estagirita en varias ocasiones y aún lo proclama de manera ejemplar:

---

80. P. Wilpert, *Zwei aristotelische Frühschriften über die Ideenlehre*, Josef Habbel Verlag, Ratisbona 1949.
81. Ph. Merlan, *Beiträge zur Geschichte des antiken Platonismus*, I, *Zur Erklärung der dem Aristoteles zugeschriebenen Kategorienschrift*, en «Philosophie», 89 (1934), p. 35-53, ahora en Id., *Kleine philosophische Schriften*, Georg Olms Verlag, Hildesheim 1976, p. 51-69.
82. Cf. Sexto Empírico, *Contra los matemáticos*, X 264-68.
83. Cf. Reale, *Per una nuova interpretazione di Platone*, 20ª ed., *op. cit.*, p. 252 s., y lo que decimos en la introducción a la traducción italiana de Brentano, *Sui molteplici significati dell'essere, op. cit.*, p. V-VIII.
84. Las monografías más significativas que tratan de las categorías en relación con los problemas metafísicos y desde otros puntos de vista se citan en la Bibliografía final de Roberto Radice.

En verdad, lo que en todo tiempo, pasado y presente, constituye el eterno objeto de estudio y el eterno problema, «¿Qué es el ser?», equivale a esto: «¿Qué es la sustancia?». Hay quienes dicen que la sustancia es única; otros, en cambio, presuponen muchas y, entre éstos, unos sostienen que su número es finito y otros infinito. Por eso también nosotros, principal, fundamental y únicamente, por decirlo así, debemos averiguar qué es el ser en esta acepción[85].

El problema del ser, además de revestir la máxima importancia, es ciertamente el más complejo de cuantos se le plantean al exegeta de Aristóteles. Complejo, ante todo, por razones objetivas, pues Aristóteles define la sustancia de varias maneras que, al menos a primera vista, parecen inciertas y confusas, si no contradictorias. Pero el problema ha venido complicándose todavía más a lo largo de la historia con los numerosísimos añadidos y comentarios de los sucesivos intérpretes de Aristóteles.

Por tanto, quien pretenda entender lo que Aristóteles dijo de hecho acerca de la sustancia deberá efectuar su trabajo en distintas direcciones. En particular, habrá de aprender a orientarse entre los varios y desconcertantes modos en que Aristóteles presenta el problema de la sustancia, asegurándose primero de si existen ciertas constantes y de cuáles y cuántas son; luego tratará de ver si esas constantes están relacionadas entre sí y determinar la índole de tales relaciones.

Además, al llevar adelante ese trabajo, tendrá que hacer una rigurosa distinción entre el juicio de *interpretación histórica* y el de *valor teórico*; dicho de otra manera, intentará primero comprender desapasionadamente lo que Aristóteles afirma a propósito de la sustancia y sólo después abordará con claridad el problema de si esa doctrina es válida y en qué medida.

El no haber tratado esta cuestión con exactitud, de modo coherente y con todos los datos a la vista, ha sido causa de innumerables errores de interpretación, el último de los cuales ha dado pie a los debates histórico-genéticos entre partidarios y adversarios de Jaeger, con las consecuencias que conocemos[86].

---

85. *Metaf.*, VII 1, 1028 b 2-7.
86. Cf. Reale, *Il concetto di filosofia prima...*, 6ª ed., *op. cit.*

5.2. Presupuestos teóricos que han condicionado la interpretación del concepto aristotélico de la sustancia

Las añadiduras que poco a poco han venido incrustándose en la primitiva doctrina de Aristóteles sobre la sustancia son múltiples y diversas, pero pueden muy bien reducirse, de modo esquemático, a las tres de que hablamos a continuación.

En primer lugar, la reelaboración medieval de la doctrina aristotélica contribuyó en gran manera a hacer perder a la cuestión de la sustancia su original perfil histórico. Es bien sabido que, en su mayoría, los pensadores medievales identificaron la sustancia o, mejor dicho, la sustancia primera, con el individuo y el «compuesto» de materia y forma.

Esto sucedió por una razón casual y del todo explicable. En Occidente, como sabemos, se conocieron, antes de la *Metafísica*, las obras lógicas de Aristóteles. Ahora bien, en las *Categorías*, Aristóteles da a la «sustancia primera» el sentido de individuo y sitúa la forma y la especie (εἶδος) en el plano de la «sustancia segunda» (es decir, en un nivel netamente inferior al del individuo en cuanto al ser y la sustancialidad)[87].

En la *Metafísica*, sin embargo, Aristóteles dice exactamente lo contrario, afirmando con toda claridad que la «sustancia primera» es el εἶδος, o sea la forma o especie: «Llamo forma a la esencia y sustancia primera de cada cosa»[88]. Y en los libros VII y VIII no se cansa de insistir en la *superioridad ontológica de la forma y el acto respecto del «compuesto», que incluye la materia y la potencialidad*[89].

A pesar de esto, el que aborda la *Metafísica* con el esquema mental del capítulo quinto de las *Categorías* y de las posteriores interpretaciones fundadas en ellas no puede menos de dejarse influir por ese esquema al leer también otras obras, olvidándose con facilidad de las demás afirmaciones de Aristóteles, a veces paradójicas, no dándoles el debido peso o incluso juzgándolas contradictorias y por tanto entendiéndolas indebidamente.

Lo cierto es que, para comprender la doctrina aristotélica de la sustancia, hay que caer bien en la cuenta de que la presentada en las *Catego-*

---

87. Cf. *Categorías*, 5, 2 a 11-19.
88. *Metaf.*, VII 7, 1032 b 1; cf. también 1032 b 14 y 10, 1035 b 32.
89. Véase nuestro comentario de estos dos libros de Aristóteles, en *Metafísica, op. cit.*, vol. III, p. 313-99 y 401-67.

rías (y en general por los pensadores medievales) refleja sólo una de las perspectivas de Aristóteles y que este planteamiento ni siquiera es el más importante desde el punto de vista metafísico y ontológico.

En efecto, lógicamente hablando, se entiende bien que la «sustancia primera» no pueda ser sino el sustrato de inherencia de los predicados, o sea el *sujeto* al que se refieren los varios atributos, y que este sujeto sea invariablemente el sustantivo, por indicar siempre lo más concreto y mejor identificado (al menos en comparación con los atributos que de él se predican). No obstante, en el plano de la metafísica la explicación es más compleja y profunda, pues entran en juego otras consideraciones que elevan *la forma al rango de sustancia primera* como elemento que, al «informar» la materia, da origen al *sýnolon* y, al determinarla y actuar su potencialidad, la convierte en distintas cosas, fundando así el verdadero ser y la verdadera cognoscibilidad de éstas, como veremos.

De ahí no debe deducirse que lo que Aristóteles afirma en las *Categorías* está en contradicción con lo expuesto en la *Metafísica*. En la primera de estas dos obras Aristóteles nos brinda sólo una de las perspectivas del problema de la sustancia, mas no por ello es la única válida ni hemos de considerarla como definitiva; más aún, ni siquiera podemos entenderla bien si no la ponemos en relación con los demás puntos de vista presentados en la *Metafísica*.

5.3. Presupuestos historiográficos que han condicionado la interpretación del concepto aristotélico de la sustancia

Un segundo tipo de añadidos es el que proviene de las remodelaciones del tema sobre todo en los manuales, donde se percibe directamente el influjo de la interpretación de Zeller (que predominó durante casi un siglo). Se atribuyó aquí una importancia excesiva a la polémica antiplatónica de Aristóteles, hasta el punto de dejarse cegar por ella y llegarse a creer que la sustancia, según Aristóteles, tenía que ser de alguna manera *la antítesis de la forma platónica*[90]. Por si esto fuera poco, Zeller y sus seguidores olvidaron que la doctrina de Platón, a la que los manuales en boga contraponían la de Aristóteles, era a su vez fruto de indebidas o inadecuadas esque-

---

90. Cf. Zeller, *Die Philosophie der Griechen...*, *op. cit.*, II 2, p. 344 s.

matizaciones que simplificaban en exceso una doctrina ya de por sí muy compleja, como intentaremos demostrar más adelante.

Así pues, el método de contraposición Platón-Aristóteles, lejos de contribuir a clarificar el problema, resulta engañoso. Esto se debe no sólo a los motivos que acabamos de mencionar, sino también a que la insistente polémica de Aristóteles contra Platón, sobre todo en lo tocante a la cuestión de la sustancia, refleja más el interés de Aristóteles en no acercarse demasiado a Platón (o en no dar esa impresión a sus propios discípulos) que en oponerse verdaderamente a él.

Por eso hay que evitar a toda costa el error de dar crédito a las simplificaciones de los manuales y fiarse excesivamente de las antítesis que allí aparecen con relación al problema de la sustancia. No es así como van a aclararse las cosas.

5.4. Aplicación de los cánones de la interpretación histórico-genética a la usiología aristotélica

Por último, un tercer error que hemos de evitar consiste en creer, como se ha venido haciendo durante más de medio siglo a partir de Jaeger, que el método histórico-genético de interpretación de los textos del Estagirita puede llegar a resolver, cuando menos de modo históricamente adecuado, todas las dificultades que tales textos plantean. Aristóteles aborda el problema de la sustancia desde varias perspectivas y define la sustancia misma de distintas maneras, sin ofrecernos una mediación o unificación explícita de esas diversas cuestiones y definiciones. Los partidarios del método histórico-genético, como ya antes lo hemos señalado, veían en esto sucesivos cambios de parecer por parte de Aristóteles, atribuyéndolos a una evolución radical de su pensamiento que le hacía desdecirse de lo anteriormente expuesto.

En realidad, Jaeger no profundizó mucho en el problema específico de la sustancia. Fueron más bien sus seguidores y sus adversarios (nos referimos, naturalmente, a los adversarios de Jaeger que admitían su método histórico-genético) quienes se mostraron más radicales y lo llevaron a sus últimas consecuencias. Notemos, por lo demás, que, gracias a los análisis de aquellos eruditos, la cuestión de la sustancia se iría aclarando no poco y pasarían a un primer plano ciertos aspectos hasta entonces descuidados[91]. Hoy en día el problema de la sustancia se ha impuesto como primordial de manera verdaderamente asombrosa.

5. 5. El término «sustancia» traduce correctamente el original griego οὐσία

Una voz moderna traduce correctamente un término de la lengua griega sólo si reproduce todos sus matices conceptuales, es decir, si recubre todo su campo semántico. Esto, desde luego, no ocurre con frecuencia, en especial si se trata de vocablos griegos referidos a términos filosóficos de idiomas modernos; en efecto, dada la índole marcadamente sintética del lenguaje filosófico griego, en contraste con el carácter analítico de las lenguas modernas, los términos de éstas suelen recubrir sólo en parte el campo semántico de los originales. En particular, la palabra οὐσία es una de las más difíciles de traducir a nuestros idiomas, pues sus connotaciones y matices en griego son tan diversos que las lenguas modernas no aciertan a sintetizarlos en un solo vocablo. Se comprende así que los traductores no hayan llegado a un acuerdo sobre la versión de la voz griega οὐσία y oscilen entre varias soluciones sin quedar del todo satisfechos con ninguna.

Afortunadamente nuestro idioma constituye una excepción en este caso, ya que el término «sustancia» se utiliza muchísimo inclusive en el lenguaje común y coincide casi por completo con la cobertura semántica de la palabra οὐσία en el contexto del pensamiento aristotélico.

¿Qué entendemos exactamente por el término «sustancia»? Cuando lo empleamos en frases como «ese medicamento contiene tales o cuales sustancias», «este objeto se fabrica con la sustancia X», etc., nos referimos a los elementos de que constan las cosas, es decir, a su materia. En cambio, en otras frases como «este libro habla en sustancia de...», «la sustancia del discurso es la siguiente» y, en general, al utilizar la expresión «en sustancia», aludimos al núcleo principal y determinante de algo, al *«quid» último que caracteriza una cosa*, o sea a su esencia. Finalmente, por influjo del lenguaje filosófico, hablamos también de «sustancias individuales» o «sustancias concretas y determinadas» para referirnos a los individuos.

---

91. En particular, pusieron en evidencia las distintas posiciones y declaraciones de Aristóteles y plantearon el problema de cómo explicar tales diferencias.

Con el término «sustancia», por tanto, abarcamos toda una gama de significados que van desde la materia hasta la esencia y el individuo concreto. Eso es precisamente (salvadas las diferencias) lo que la palabra οὐσία designa en el contexto del pensamiento de Aristóteles.

5.6. Líneas de fuerza de la problemática aristotélica de la sustancia

Las principales «líneas de fuerza» del pensamiento aristotélico sobre la sustancia convergen en dos grandes problemas.

El primero, al que nos hemos ya referido en varias ocasiones, es de orden teológico: «¿Existen sólo sustancias sensibles o también otras?»[92] Tal es el problema supremo o la cuestión por excelencia de la metafísica aristotélica que, como ya hemos dicho y no dejaremos de repetir, se plantea a todo lo largo de los catorce libros de la *Metafísica* de Aristóteles. La solución sólo se nos ofrece hacia el final, en el libro XII, del que hablaremos en el próximo capítulo.

El segundo gran problema de la usiología aristotélica se resume en estas preguntas: ¿Qué es la sustancia en general? ¿Es materia?, ¿forma?, ¿compuesto de materia y forma? ¿Es lo universal? Nótese que este problema, *quoad se*, vendría en segundo lugar; mas debe tratarse y desarrollarse antes, porque, *quoad nos*, su solución condiciona la del primero.

Así, por razones concretas de metodología, Aristóteles, en los libros VII y VIII, resuelve este segundo problema antes que el otro. Será entonces mucho más fácil responder a la pregunta de si existe solamente lo sensible o también lo suprasensible, teniendo ya a la vista lo que es la οὐσία en general. Si, por ejemplo, resultara que la sustancia es sólo la materia o el compuesto material, la cuestión de la sustancia suprasensible quedaría *eo ipso* excluida o, más bien, resuelta en sentido negativo; si al contrario llegáramos a la conclusión de que la sustancia es también otra cosa, o incluso principalmente otra cosa que la materia, la cuestión de la sustancia suprasensible se nos presentaría bajo un prisma enteramente distinto.

Una vez aclarado este punto, se entiende muy bien el proceder de Aristóteles. Teniendo que tratar, por las citadas razones metodológicas, *primero* la cuestión de la sustancia en general y sólo *después* la de la si existe

---

92. Cf. *Metaf.*, VII 2.

o no una sustancia trascendental (sin prejuicio de la ulterior solución de este último problema), el Estagirita puede únicamente basarse en las sustancias admitidas por todos, o sea las sustancias sensibles.

En el libro VII, dice expresamente:

> Todos están de acuerdo en que algunas de las cosas sensibles son sustancias; por ellas, pues, debemos comenzar nuestra investigación. De hecho, es muy útil proceder gradualmente de lo menos a lo más cognoscible. Todos adquieren su saber de esta manera, es decir, partiendo de lo menos cognoscible por naturaleza [las cosas sensibles] para llegar a lo más cognoscible [las cosas no sensibles][93].

Claras son, como vemos, las razones por las que los libros centrales de la *Metafísica*, dedicados a la sustancia en general, giran predominantemente en torno a la sustancia sensible; no son en modo alguno razones histórico-genéticas, sino estructurales y metodológicas, como el propio Aristóteles lo dice más de una vez con toda la claridad deseable[94].

En conclusión, los dos principales problemas que materializan las «líneas de fuerza» de la usiología aristotélica son éstos: «¿Qué sustancias existen?» (cuestión teológica) y «¿qué es la sustancia en general?». La solución del segundo problema se da antes que la del primero *por razones metodológicas* y está basada en la sustancia sensible, que es la única conocida inmediatamente por el hombre[95].

5.7. *Nueva distinción dentro del problema de la sustancia en general*

Aristóteles distingue de modo neto y preciso entre los dos problemas arriba mencionados y nos da también una solución clara e inequívoca del primer problema (que hemos calificado de teológico). El Estagirita admite la existencia de dos clases de sustancias sensibles (las corruptibles y las celestes que, aunque sensibles, son incorruptibles por estar constituidas de

---

93. *Metaf.*, VII 3, 1029 a 33-b 5.
94. Cf. Reale, *Il concetto di filosofia prima...*, 6ª ed., *op. cit.*, p. 182-88.
95. Por eso en los libros VII y VIII se estudia la sustancia en la dimensión de lo sensible, con la demostración exacta dada presentada en VII 3, 1029 a 33 - b 12.

éter) y una de sustancias suprasensibles (el Motor inmóvil y, jerárquicamente inferior a él, las inteligencias motrices de las esferas celestes, como veremos en el capítulo siguiente)[96]. En cuanto a la solución del segundo problema — ¿qué es la sustancia en general? —, Aristóteles la presenta, en cambio, de manera bastante complicada (sobre todo en los libros VII y VIII) y desde distintas perspectivas que, por desgracia, el autor entremezcla sin reparos. De ahí nacen las principales dificultades.

Al recorrer los diversos pasajes de la *Metafísica* relativos al problema de la sustancia en general, el lector descubre con sorpresa, unas veces, que la sustancia *es lo que no se predica de otra cosa, pero de lo cual se predica todo lo restante*, y otras veces, que la sustancia consiste en ser *algo determinado*, un τόδε τι, por utilizar la expresión técnica del propio Aristóteles. Más adelante éste nos dice que la sustancia es *lo que está separado*, o sea lo que existe o puede existir independientemente del resto (χωριστόν) y que, en consecuencia, existe de por sí (κατ' αὐτό) y no en virtud de otra cosa. También nos dice que la sustancia es *la unidad* y, por último, que su característica fundamental es *el acto y la actualidad*[97].

Mas no acaba ahí todo. El Estagirita, especialmente en los libros VII y VIII y en la primera mitad del XII, afirma a veces que la materia es sustancia y otras lo niega, centrando más a menudo su atención en la *forma* y viendo en ésta la verdadera sustancialidad. Finalmente y de manera inequívoca, da también al *sýnolon* el nombre de «sustancia»[98].

Ante tal ovillo de afirmaciones, no cuesta trabajo entender la perplejidad y las dudas de los especialistas. Unos se preguntan si Aristóteles no se contradice; otros ven en ese enredo una transformación gradual de su pensamiento. ¿O acaso la solución del problema consiste simplemente en distinguir las sucesivas fases de esa evolución?

Con todo, tras una atenta lectura de los textos de la *Metafísica*, la usiología de Aristóteles se revela bastante más coherente y lógica de lo que a primera vista parece. Naturalmente, sólo es posible acabar con las dificultades eliminando los presupuestos de que hablábamos al principio y teniendo bien presentes las advertencias hasta aquí hechas.

En particular, debemos tener muy en cuenta que la especulación me-

---

96. *Metaf.*, XII 1.
97. Cf. nuestro comentario del libro VII, en Aristóteles, *Metafísica, op. cit.*
98. Cf. nuestro comentario del libro VIII, *ibid.*

tafísica de Aristóteles, a diferencia de su pensamiento más tardío que tiende a la *reductio ad unum*, se orienta esencialmente a la distinción entre las varias facetas de la realidad y queda la mayoría de las veces satisfecha cuando llega a determinar esa diversidad de aspectos, no sólo sin preocuparse de su ulterior reducción y unificación, sino incluso declarando a menudo que tal multiplicidad no puede reducirse ni unificarse. De hecho, los principales conceptos de Aristóteles son polivalentes y todas sus presentaciones de los problemas tienen carácter multiforme; así, el modo en que plantea el problema de la sustancia, lejos de constituir una excepción, es un ejemplo típico del pensamiento estructuralmente polimorfo del Estagirita[99].

Lo que Aristóteles dice de la *sustancia en general* se clarifica notablemente distinguiendo, dentro de ese problema, dos direcciones de pensamiento: Una cosa, en efecto, es decidir cuáles son los rasgos distintivos de la sustancia y otra identificar *las cosas que poseen esas características*.

Como ya lo hemos señalado, las mayores dificultades de interpretación de los textos provienen de que Estagirita no distingue expresamente entre esos dos aspectos y aun los entremezcla. Incumbe al intérprete (es decir, al erudito que desea comprender a Aristóteles en su dimensión histórica) explicitar esa diferencia, así como su función y alcance hermenéuticos.

He aquí, pues, los dos problemas básicos, y muy distintos desde el punto de vista metodológico por más que estén estrechamente ligados, que ahora debemos abordar: 1) ¿cuáles son las *características y notas que definen la sustancia*? 2) ¿*A qué cosas convienen esas características*?[100]

5.8. Notas que definen el concepto de sustancia y realidades a las que se aplica esa noción

Aristóteles encontraba en sus predecesores (al menos en los que él tenía por tales) respuestas del todo dispares a la cuestión de la sustancia o realidad suprema. Para los Naturalistas, el fondo del ser lo constituía el sustrato material, es decir, la materia; los Platónicos, en cambio, pensaban que

---

99. Cf. nuestro libro *Il concetto di filosofia prima...*, 6ª ed., *op. cit.*, p. 327-40.
100. Son los problemas estudiados en los libros VII-IX y XII.

era la forma, el «universal». Por otra parte, el sentido común parece decirnos que la sustancia, o sea lo más real, es el individuo o la cosa determinada y concreta. ¿Quién tiene razón?

Para resolver este problema, Aristóteles establece algunos *parámetros* que permiten distinguir entre lo que es y lo que no es sustancia. Determina así las *características que definen la sustancia* y, aunque de modo algo arbitrario y desordenado, las reduce a cinco[101].

1) En primer lugar, podrá llamarse sustancia *lo que no es inherente a otra cosa y por tanto no se predica de otra cosa*, constituyendo sólo un sustrato de inherencia y predicación de los demás modos de ser[102].

2) En segundo lugar, tiene derecho a recibir el nombre de sustancia sólo un ente capaz de existir *separado del resto*, o sea de manera autónoma, en sí y por sí mismo.

3) En tercer lugar, podrá denominarse sustancia solamente lo que *es algo determinado* (τόδε τι); no se trata, pues, de un atributo universal ni de un abstracto racional.

4) Es también característica de la sustancialidad la *unidad intrínseca*; no puede tenerse por sustancia un mero agregado de partes, una multiplicidad no organizada unitariamente.

5) Por último, son caracteres propios de la sustancia *el acto y la actualidad* (ἐνέργεια): será sustancia sólo lo que es acto o lo implica esencialmente y no la pura potencia o potencialidad no actuada.

En función de esos parámetros es fácil dar respuesta al problema planteado: ¿Qué es la sustancia? ¿Es la materia?, ¿la forma?, ¿el compuesto de materia y forma?

Comencemos por examinar la materia. Ésta posee sin duda alguna el primero de los caracteres enunciados, ya que *no es inherente a otra cosa ni se predica de otra cosa* (inherente a ella es, en cierto sentido, la forma). Desde este punto de vista, la materia posee al menos un título para ser llamada sustancia, lo que explica por qué Aristóteles, en el libro VIII, escribe:

---

101. En general Aristóteles no recoge sistemáticamente todas estas características, sino que va citando unas y otras según su interés en el contexto del problema que trata en un momento dado.

102. Véase una recapitulación de los pasajes en que aparecen éstas y las demás características de la sustancia en nuestro ya citado comentario de los libros VII y VIII.

Evidentemente, la materia es también una sustancia, pues en todos los cambios que se producen entre opuestos hay algo que hace de sustrato de tales cambios[103].

Sin embargo, la materia no posee ninguno de los demás rasgos distintivos de la sustancia: de por sí no puede existir separada de la forma; no es algo determinado, sino indeterminado (ya que la determinación proviene de la forma); no es algo intrínsecamente unitario (pues también la unidad proviene de la forma); ni es acto, sino potencia y potencialidad.

Por consiguiente, sólo en sentido debilísimo e impropio la materia es sustancia. Se comprende así que Aristóteles diga esto algunas veces y otras lo niegue expresamente; en efecto, la materia es sustancia si se considera según el primer parámetro y no lo es si se tienen en cuenta los demás. En VII 3, leemos:

> Examinando el problema desde ese ángulo [desde el punto de vista del primer rasgo distintivo], resulta que la materia es sustancia. Pero esto es imposible, ya que la sustancia tiene sobre todo por características el ser separable [segundo rasgo] y el ser algo determinado [tercer rasgo]; por eso la forma y el compuesto de materia y forma parecen ser sustancia con mayor razón que la materia[104].

En cuanto a la forma y el compuesto, ¿qué características poseen de las arriba citadas? Fundamentalmente todas, aunque no de idéntica manera.

1) La forma no debe su existencia o, mejor dicho, su *ser*, a ninguna otra cosa, y en este sentido *no puede predicarse de otra cosa*; cierto que la forma es inherente a la materia (y de algún modo se refiere a ella), pero en sentido totalmente excepcional (es inherente a la materia como algo que la *informa* o determina; desde el punto de vista jerárquico y axiológico es la materia la que depende de la forma y no al contrario). 2) La forma existe *por separado*, es decir, puede separarse de la materia, y esto en tres sentidos: a) la forma es separable con el pensamiento; b) al ser condición de la materia, como decíamos, y no al revés, la forma en cuanto tal tiene *más ser* y por ende más autonomía que la materia; c) hay sustancias que se agotan ente-

---

103. *Metaf.*, VIII 1, 1042 a 32-34.
104. *Metaf.*, VII 3, 1029 a 26-30.

ramente en la forma, no teniendo materia alguna, en cuyo caso puede decirse en sentido absoluto que la forma existe por separado. 3) La forma es *algo determinado* (τόδε τι), como Aristóteles lo afirma repetidamente; más aún, no sólo es algo determinado, sino también *determinante*, pues es lo que hace que las cosas sean lo que son y no algo distinto. 4) La forma es unidad (ἕν) por excelencia y, además, da unidad a la materia que informa. 5) Finalmente, la forma es acto por excelencia e incluso es principio que da paso al acto, por lo que Aristóteles, sobre todo en el libro VIII, llega a utilizar la palabra acto para denotar la *forma*[105].

¿Y el compuesto de materia y forma? También posee dichas características y ello por vía de consecuencia, es decir, por constar de materia y forma. El *sýnolon* o cosa individual concreta a) es el *sustrato de inherencia* y predicación de todas las determinaciones accidentales; b) *existe de por sí*, con plena independencia de las «afecciones» o atributos; c) es *algo determinado* (τόδε τι) en sentido concreto; d) es *una unidad*, dado que todas sus partes materiales están organizadas y unificadas por la forma; e) existe *en acto*, pues sus partes materiales (y por ende potenciales) están actualizadas por la forma[106].

La materia, como ya hemos dicho, es mucho menos sustancia que la forma y el *sýnolon*. Ahora surge este otro problema: Tocante al *grado de sustancialidad*, ¿se sitúan la forma y el *sýnolon* en el mismo plano o una de ambas cosas es más sustancia que la otra?

También aquí la solución es compleja y no unívoca. En algunos pasajes, Aristóteles parece considerar el *sýnolon* o individuo concreto como «sustancia» en grado sumo; en otros, habla así de la forma. Ahora bien, recorriendo la *Metafísica* sin estar influido por la lectura del capítulo quinto de las *Categorías*, se comprueba, sobre todo al leer el libro VII, que no hay contradicción alguna en ese doble enfoque, como puede parecer de buenas a primeras, y que para explicarlo no hace ninguna falta recurrir a la hipótesis genética.

En efecto, según el punto de vista que uno adopte, responderá necesariamente de la primera o de la segunda manera. Desde el punto de vista empírico y de pura constatación, resulta evidente que la sustancia por excelencia es el «compuesto» o individuo; mas no lo es si se miran la cosas des-

---

105. Cf. *Metaf.*, VIII 2-3.
106. *Metaf.*, VII-VIII, *passim*.

de una perspectiva estrictamente ontológica y metafísica, ya que la forma es principio, causa y razón de ser o fundamento y, respecto de ella, el *sýnolon* es un «principiado», un «causado» y un «fundamentado». Obviamente, pues, en este enfoque aparece no el compuesto, sino *la forma como sustancia en grado sumo, en cuanto fundamento, causa y principio*. Ahí está el libro VII para probarlo[107].

En resumen, *quoad nos*, la sustancia por excelencia es el compuesto concreto; *en sí y por naturaleza*, la sustancia suprema es la forma.

Esto queda plenamente confirmado, por lo demás, si se tiene en cuenta que el compuesto no puede agotar la noción de sustancia como tal; si la agotase, nada fuera de él sería sustancia y por tanto Dios, lo inmaterial y lo suprasensible no serían sustancias (!). La forma, en cambio, sí que puede llamarse sustancia en grado sumo o por excelencia: Dios y las inteligencias motrices de las esferas celestes son puras formas inmateriales, mientras las cosas sensibles son formas determinantes de una materia. La forma y sólo ella es lo que aúna lo sensible y lo suprasensible.

En conclusión, la usiología aristotélica desemboca en algo bien determinado: la materia es sustancia en sentido impropio; el compuesto de materia y forma lo es en un segundo sentido, más propio; y la forma es sustancia por excelencia, en un tercer sentido.

Materia, «compuesto» y forma pueden, pues, denominarse seres; pero el compuesto es *más* ser que la materia y la forma es más ser que el compuesto, y ello en cuanto causa y razón de ser del compuesto. Se entiende así bien por qué Aristóteles ha podido definir sin más la forma como «causa primera del ser»[108].

5.9. La forma aristotélica no es el universal

Detengámonos, finalmente, en un problema de la usiología aristotélica que a menudo se ha pasado por alto: el de la relación entre la forma y el universal. En el libro VII, Aristóteles demuestra que, mientras la materia, la forma y el compuesto pueden con todo derecho llamarse sustancias,

---

107. Léanse sobre todo los capítulos 4-6 y 10-12.
108. Véase el cap. 17 y, en particular, 1041 b 7-9 y 28, donde precisamente se dice que la forma es αἴτιον πρῶτον τοῦ εἶναι.

como acabamos de ver, el universal, que los Platónicos elevaban al rango de sustancia por excelencia, no posee título alguno para ello. De numerosos argumentos, sobre todo de los que no tienen un carácter puramente *ad hominem*, se desprende lo que sigue[109].

La Idea o Forma de los Platónicos es la que Aristóteles llama «universal» en sentido estricto (es decir, un κοινόν abstracto; trátase aquí, naturalmente, de un κοινόν hipostatizado). Pues bien, el universal no es sustancia, porque: a) no es algo que no se predique de otra cosa y constituya un sujeto de predicación, sino, al contrario, es siempre y solamente algo que se predica de otra cosa (el universal es por definición lo apto para ser predicado de *pluribus*); b) no es algo determinado (τόδε τι), sino un *quale quid*; c) tampoco es algo separado, por las mismas razones; d) su unidad, desde el principio, es sólo una unidad abstracta; e) no es acto, sino potencia (en sentido lógico).

¿Qué ocurre entonces con el εἶδος aristotélico? — objetarán algunos. ¿No es acaso un universal? La respuesta es rotundamente negativa. Repetidas veces Aristóteles habla de su εἶδος como de algo determinado (τόδε τι); por lo demás, ya hemos visto que pueden atribuírsele plenamente todas los rasgos de la sustancialidad. El εἶδος de Aristóteles es un principio metafísico, una condición ontológica, una «causa»; en lenguaje moderno lo llamaríamos correctamente una *estructura ontológica*.

Citemos un solo pasaje, el más significativo, con el que se cierra el libro VII. Luego de afirmar que la sustancia es principio y causa, Aristóteles muestra cómo ha de investigarse ese principio y esa causa. Previamente hay que conocer la cosa o el hecho cuyo principio se busca y luego se procede preguntando: ¿Por qué esta cosa o hecho es así o de-esta otra manera? ¿Qué significa preguntarse «por qué la materia constituye algo determinado»? He aquí algunos ejemplos aducidos por el propio Aristóteles:

> Esos materiales son una casa. ¿Por qué? Porque en ellos está presente la esencia de la casa. Y así se sigue preguntando: ¿Por qué eso determinado es un hombre?, o ¿por qué este cuerpo tiene estas características? Así pues, al buscar el porqué se busca la causa de la materia, es decir, la forma por la que la materia es algo determinado; y eso es precisamente la sustancia[110].

---

109. *Metaf.*, VII 14-16.
110. *Metaf.*, VII 17, 1041 b 5-9.

Esto nos ayuda, claro está, a entender la conclusión que se encuentra al final del libro VII: *La sustancia es la «causa primera del ser»*[111]. Es evidente, pues, que la sustancia-forma de Aristóteles, como inmanente estructura ontológica de la cosa, no puede en modo alguno confundirse con el universal abstracto.

Mas ¿qué decir del εἶδος entendido en su sentido lógico de especie? Claramente la especie no es más que el εἶδος en cuanto pensado por la mente humana. Así, puede muy bien decirse que, como estructura ontológica y principio metafísico, el εἶδος no es un universal, pero *se vuelve universal* en cuanto pensado y abstracto[112].

Esta tesis de la sustancia considerada predominantemente como forma ontológica, distinta del concepto de especie en sentido lógico, se está hoy imponiendo de varias maneras aun en los estudios sobre la metafísica de Aristóteles llevados a cabo por los partidarios de la filosofía analítica; lo cual confirma, desde otro punto de vista, una tesis que nosotros venimos sosteniendo ya de antiguo.

6. SIGNIFICADOS DEL SER COMO POTENCIA Y ACTO

6.1. *Conceptos del ser como potencia y acto en relación con el movimiento*

Como ya lo hemos indicado, Aristóteles presenta dos distintas nociones de «potencia» (δύναμις) y por tanto también de «acto», una relacionada con la problemática del movimiento y la otra con la estructura ontológica de las cosas (materia y forma). El primer significado es el más común, pero el que sobre todo interesa a la filosofía primera es el segundo. El primero, no obstante, tiene también su importancia y pertinencia desde el punto de vista ontológico.

---

111. Cf. *supra*, nota 109.
112. De manera del todo imprevisible, la problemática de la sustancia, poco apreciada en el pasado, ha comenzado a suscitar gran interés, como se verá en la Bibliografía final de R. Radice. Los comentarios más recientes de la *Metafísica* se refieren precisamente a los libros que tratan de la sustancia.

Para empezar, recibe el nombre de potencia (δύναμις) «el principio de movimiento o cambio que está en otra cosa o en la cosa misma en cuanto otra». La *potencia* es, pues, la capacidad de un ente para producir un cambio en otro ente; por ejemplo, la capacidad de un médico para curar a un enfermo, o la de un constructor para edificar una casa. «Potencia» es también la capacidad de una cosa para obrar sobre sí misma *en cuanto otra*. Así el médico, cuando cae enfermo, puede curarse a sí mismo; en este caso la acción curativa del médico se dirige no a él mismo en cuanto médico (*curante*), sino en cuanto enfermo (*paciente*). Podrían multiplicarse estos ejemplos: todas las acciones reflejas (denotadas por los verbos reflexivos) constituyen otros tantos casos de capacidad de cambio en la cosa *en cuanto otra*.

Un segundo significado de «potencia» es la capacidad de una cosa para padecer algo por parte de otra, lo que puede expresarse con esta fórmula análoga a la primera: «Potencia es el principio en virtud del cual una cosa es movida o modificada por otra o por sí misma en cuanto otra.» Obviamente, se trata aquí del primer significado «en pasiva» y se ilustra con los mismos ejemplos tomados, por decirlo así, al revés: el enfermo tiene la potencia de ser curado por el médico; un material tiene la potencia de trasformarse en construcción por obra del constructor. Potencia es igualmente la capacidad de una cosa para ser movida *por sí misma en cuanto otra*, como en el caso del médico que, al caer enfermo, puede ser curado por sí mismo en cuanto médico. Esto se aplica también a todas las acciones reflejas, que son otros tantos casos de la capacidad de experimentar un cambio por obra de sí mismo en cuanto otro[113].

6.2. *Polémica con los Megarenses sobre el concepto de potencia*

Notable interés ofrece la polémica de Aristóteles contra los Megarenses en defensa del ser como potencia, para comprender y explicar adecuadamente la realidad. El Estagirita recurre aquí a una hábil argumentación

---

113. Cf. *Metaf.*, V 12 y IX 1. Para un examen detallado de este problema remitimos a nuestro artículo, *La dottrina aristotelica della potenza, dell'atto e della entelechia nella «Metafisica»*, publicado de nuevo en *Il concetto di filosofia prima...*, 6ª ed., *op. cit.*, p. 341-405.

«enunciativa» tendente a «mostrar» la validez del concepto refutando las tesis de quienes lo niegan. En este tipo de razonamiento Aristóteles se revela como un auténtico maestro.

Los Megarenses sostienen que lo posible debe necesariamente verificarse, ya que, si fuera posible lo que de hecho no se verifica, de lo posible podría derivarse lo imposible, lo cual es absurdo. Afirman, pues, que no hay potencia sino *cuando se da también el acto* (ἐνέργεια) y que, al revés, *cuando no hay acto no hay tampoco potencia*. Por ejemplo, el que no se encuentra en el acto de construir no tiene potencia para construir; esta potencia la tiene únicamente el que contruye y mientras construye.

Tales asertos, que en realidad anulan la diferencia entre «potencia» y «acto», entrañan toda una serie de contradicciones y absurdos. En primer lugar, los Megarenses llegan así a negarle la posibilidad de poseer cualquier arte a quien no lo esté ejercitando en acto: nadie, por ejemplo, es constructor sino en el momento en que está construyendo; así, al dejar de construir, dejaría también de tener potencia para construir de nuevo. Lo mismo ocurre con cualquier otro arte o con las ciencias «poéticas».

Ese argumento vale también para las potencias irracionales, que están en los entes inanimados. Ningún ente *sensible* (el calor, el frío, lo amargo, lo dulce, etc.) podrá existir si no se siente «en acto», puesto que, según los Megarenses, no es admisible una potencia o capacidad para producir sensaciones sino en el momento en que éstas se producen.

Por otra parte, siguiendo esa misma argumentación, sólo tendría sensibilidad — que es una potencia — quien estuviera sintiendo algo en acto. Entonces, únicamente sería capaz de ver y oír quien se encontrara «en el acto» de ver y oír; al dejar de ejercitar esos sentidos, se volvería ciego y sordo. Es más, dado que las acciones de ver y oír se dan de manera intermitente, habría que decir, conforme a la tesis de los Megarenses, que varias veces al día todos somos ciegos y sordos y que también varias veces al día adquirimos la vista y el oído.

Por último, Aristóteles señala que, si es imposible lo que carece de potencia y si existe en potencia solamente lo que acontece en acto, debemos concluir que todo lo que hasta ahora no ha sucedido en acto no podrá nunca suceder. Quedan así eliminados por completo el movimiento y el devenir: el que está en pie seguirá siempre en pie y el que está sentado permanecerá siempre sentado.

Precisamente al refutar la tesis de los Megarenses, con sus absurdas conclusiones, vemos la necesidad de admitir la distinción estructural, que ellos niegan, entre el ser en potencia y el ser en acto. Poniendo punto final a su crítica, Aristóteles sugiere la siguiente definición: «Una cosa existe en potencia si el paso al acto de aquello de que es potencia no entraña ninguna imposibilidad.»

En realidad, esta definición no tendría sentido sin la referencia al concepto de acto, del que hablaremos en seguida; por otro lado, utiliza el negativo del definido (imposibilidad, que implica el significado de impotencia) para caracterizar el definido mismo (potencia). A continuación veremos que esto es inevitable: potencia y acto son conceptos que no pueden reducirse a otros más elementales y originarios y que, por consiguiente, sólo son definibles mediante un *idem per idem*[114].

6.3. *El concepto de acto*

Tampoco del concepto de acto (ἐνέργεια), como sucede con el de potencia, puede darse una definición propiamente dicha, por ser un concepto originario y no reducible a otros. Para describirlo se impone, pues, una referencia dialéctica a la potencia y hay que recurrir a ejemplificaciones, o sea a la presentación de casos particulares que lo hagan evidente de manera intuitiva.

He aquí las afirmaciones del propio Aristóteles:

> El acto es el existir de algo, mas no en el sentido en que decimos que existe en potencia, por ejemplo cuando decimos que Hermes está en la madera aún no tallada o que la semirrecta está en la recta entera, porque podría sacarse de ella; o cuando llamamos pensador en potencia a quien no está pensando, aunque tenga la capacidad de hacerlo. Pues bien, la otra manera de existir es la que se da en acto. La noción de acto que proponemos se explica por inducción, a partir de casos particulares, sin necesidad de llegar a definirlo todo; basta con percibir intuitivamente ciertas cosas mediante la analogía. El acto será entonces a la potencia como el que construye a quien puede construir, el que está despierto al que duerme, el que ve al que tiene los ojos cerra-

---

114. Cf. *Metaf.*, IX 3.

dos poseyendo la vista, lo separado de la materia a la materia y lo elaborado a lo no elaborado. Demos por tanto el nombre de acto al primer miembro de esas distintas relaciones y el de potencia al segundo[115].

Así pues, acto y potencia son conceptos que conocemos de modo intuitivo. La justificación de su validez está en su propia evidencia: hay que aprender a «darse cuenta», es decir, a ver que las cosas son así y no de otra manera.

6.4. Cuándo una cosa existe en potencia y cuándo en acto e identificación del primer significado lógico de la potencia con la materia

Conviene precisar aún más los conceptos de acto y potencia para facilitar la comprensión no sólo de los conceptos mismos, sino también de la «clave espiritual» del pensamiento aristotélico, es decir, de ese «realismo metafísico» del que aún tendremos ocasión de hablar en estas páginas[116].

Las artes y técnicas que dependen del pensamiento pasan del ser en potencia al ser en acto *siempre que se desean* y no existe impedimento alguno que venga del exterior o del interior del objeto mismo al que se aplican. Por ejemplo, el arte médico pasa de la potencia al acto, o sea lleva al enfermo de la potencia al acto de la salud, cuando el médico decide poner por obra su habilidad sin que haya impedimentos externos (de tiempo, lugar, etc.) o, por parte del enfermo, impedimentos internos, es decir, cuando todos los miembros del cuerpo del enfermo están en condiciones de obtener la salud. Lo mismo ocurre con el arte de construir y con los materiales de construcción. Los materiales de construcción —dice Aristóteles— son una «casa» en potencia sólo cuando en ellos no hay nada que añadir, quitar o cambiar, estando ya prontos para el uso.

---

115. *Metaf.*, IX 6, 1048 a 30 - b 6. Recuérdese que Aristóteles emplea como sinónimo de ἐνέργεια el término ἐντελέχεια. Pese a los esfuerzos de algunos especialistas por diferenciar, al menos conceptualmente, un término de otro, no ha sido posible llegar a un resultado definitivo, dado el carácter vacilante de la terminología aristotélica. Véanse más detalles a este respecto en las páginas 373-76 de nuestro artículo citado más arriba, nota 113.

116. Cf. *infra*, párr. 9.2.

En cambio, las cosas que incluyen en sí mismas el principio de generación «existen en potencia por su propia virtud cuando no hay impedimentos procedentes del exterior». Por ejemplo, la tierra no es en potencia el animal, ni tampoco lo es el esperma; sólo cuando el esperma haya fecundado el óvulo y se encuentre en las debidas condiciones podrá decirse que es el animal en potencia. Análogamente, la tierra no es la estatua en potencia, sino que, para llegar a serlo, debe primero transformarse en bronce.

Aristóteles hace aquí un segundo tipo de distinciones, aún más significativas desde el punto de vista metafísico. Lo que en un sujeto es *potencia* constituye no «lo que», sino «aquello de que» decimos que está hecho el objeto. Así, un armario no es madera, sino de *madera*; la madera, a su vez, no es tierra, sino de *tierra*. Y en conclusión de su razonamiento Aristóteles presenta el concepto de «materia prima», que llegaría a ser célebre, pero que claramente el Estagirita expone en una argumentación dinámica y casi hipotética:

> Si hay algo originario que no pueda ya afirmarse de otra cosa como hecho de ésta, ese algo será la materia prima. Por ejemplo, si la tierra está hecha de aire y si el aire no es fuego, sino que está hecho de fuego, el fuego será la materia prima, la cual no es un «algo determinado»[117].

6.5. Prioridad del acto respecto de la potencia

Gran importancia reviste también el teorema de la prioridad del acto respecto de la potencia, según el *concepto*, el *tiempo* y la *sustancia*[118].

El acto es anterior a la potencia en cuanto al concepto, porque la potencia sólo puede definirse previo conocimiento del acto de que es potencia. El concepto de acto es, pues, anterior al de potencia y lo condiciona.

El acto es anterior a la potencia *en cuanto al tiempo*, porque lo que se engendra y llega a ser requiere una causa eficiente *ya en acto*. Aristóteles pone bien de relieve que la prioridad del acto en cuanto al tiempo existe

---

117. *Metaf.*, IX 7, 1049 a 24-27.
118. *Metaf.*, IX 8.

sólo en lo que toca a la especie y no a cada individuo. En efecto, el individuo numéricamente considerado existe *primero* en potencia y *después* en acto. Fijándose, en cambio, no en cada individuo sino en la serie de individuos, existe primero el individuo en acto, el cual engendra otro individuo haciéndolo pasar de la potencia al acto: «El ser en acto proviene del ser en potencia siempre y por obra de otro ser ya en acto.»

Por último, el acto es anterior a la potencia *en cuanto a la sustancia*, porque el acto corresponde a la materia y la potencia a la forma y, como sabemos, ésta es estructuralmente anterior a la materia y «más ser» que la materia.

Sin salirse del contexto de su argumentación sobre la anterioridad del acto respecto de la potencia, Aristóteles dice también que el acto es el modo de ser de los entes incorruptibles, mientras que sólo tienen potencia los entes sensibles corruptibles, siendo los primeros condición del ser de estos últimos[119].

7. COMPONENTE TEOLÓGICO: EXISTENCIA Y NATURALEZA DE LA SUSTANCIA SUPRASENSIBLE

7.1. *Las tres clases de sustancias*

Ya hemos visto qué es la sustancia en general y cuáles son los rasgos que la definen, resolviendo así el primero de los grandes problemas de la usiología. Queda ahora el segundo, más radical, en función del cual hemos planteado y resuelto el primero. Se trata, recordémoslo, de lo siguiente: ¿Qué sustancias existen? ¿Hay sólo sustancias sensibles? ¿Existe únicamente la naturaleza o hay también otros seres? Y si hay sustancias suprasensibles, ¿cómo son?

---

119. En varias de sus obras, Heidegger ha dado un gran relieve teórico a la problemática del ser como acto y potencia. Véanse los análisis de F. Volpi, *La rielaborazione della «dynamis» et dell'«energheia» in Heidegger*, en «Aquinas», 33 (1990), p. 3-28, y de Berti, *Aristotele nel Novecento, op. cit.*, p. 98-111. Sobre el tema de la potencia y el acto se han publicado importantes obras monográficas citadas en la bibliografía.

Aristóteles intentó responder con precisión a esas preguntas y, como se ve al recorrer la historia de las ideas, sentó las bases de la teología racional mucho más que Platón, que dio al problema un giro completamente distinto[120].

Digamos de entrada que, para el Estagirita, según lo indicábamos, existen tres clases de sustancias jerárquicamente ordenadas, de las cuales dos son de índole sensible. La primera clase la constituyen las sustancias *sensibles que nacen y perecen*; la segunda, las sustancias *sensibles, pero incorruptibles*. Estas últimas son los cielos, los planetas, las estrellas y las esferas celestes; según Aristóteles, tales sustancias son incorruptibles por estar compuestas de materia no corruptible (el éter o «quintaesencia»), capaz sólo de cambio o movimiento local y no de alteración, aumento, disminución o, menos todavía, de generación y corrupción[121].

Por encima de esos dos tipos de sustancias están la *sustancia inmóvil* y eterna que trasciende de lo sensible —en otros términos, Dios o el Motor inmóvil— y las sustancias motrices de las varias esferas de que consta el cielo[122].

Las dos primeras clases de sustancias están constituidas no sólo de forma, sino también de materia: las corruptibles, de los cuatro elementos (tierra, agua, aire y fuego); las incorruptibles, de éter. La sustancia suprasensible, en cambio, es pura forma, absolutamente desprovista de materia. De los dos primeros grupos de sustancias se ocupan la física y la astronomía; el tercero es el objeto propio de la metafísica.

Veamos ahora con brevedad el camino seguido por Aristóteles para demostrar la existencia de la sustancia suprasensible, su naturaleza, si es una o múltiple y la relación entre esa o esas sustancias y el mundo sensible.

7.2. Demostración de la existencia de la sustancia suprasensible

En el libro XII, la existencia de lo suprasensible se demuestra de la manera siguiente.

---

120. Recordemos que Platón fue el primero en utilizar el término «teología» en *La república*, II 379 A 5 s., y en presentar, sobre todo en *Timeo*, el concepto de Dios como Inteligencia cósmica. Cf. Reale, *Per una nuova interpretazione di Platone*, 20ª ed., *op. cit.*, p. 582-712.
121. Cf. *Metaf.*, IX 8, 1050 b 20-28.
122. Cf. *Metaf.*, XII 7-8.

Las sustancias son las realidades primeras, en el sentido de que todos los demás modos de ser, como ya hemos visto con amplitud, dependen de ellas. Por tanto, si todas las sustancias fueran corruptibles, no existiría nada incorruptible. Pero el *movimiento* y el *tiempo* — dice Aristóteles — son con toda evidencia incorruptibles. El tiempo no ha sido engendrado ni se corromperá: de hecho, previamente a su generación habría tenido que existir un «antes» y a raíz de su destrucción un «después»; mas ¿qué son un «antes» y un «después» sino *tiempo*? En otras palabras, por los motivos indicados hay siempre un tiempo anterior o posterior, sea cual fuere el supuesto comienzo o fin del tiempo; luego éste es eterno. La misma argumentación vale también para el movimiento, pues el tiempo, según Aristóteles, está estructuralmente ligado al movimiento: no hay tiempo sin movimiento, por lo que la eternidad del primero implica la eternidad del segundo.

A continuación pregunta el Estagirita: ¿Qué condición es necesaria para que exista un movimiento (y por ende un tiempo) *eterno*? He aquí su respuesta basada en los principios por él establecidos al estudiar las condiciones del movimiento en el libro VII de la *Física*: El movimiento es posible *sólo si existe un principio primero que sea su causa*. Y ¿cómo ha de ser ese principio para poder causar el movimiento?

En primer lugar — prosigue Aristóteles — tal principio debe *ser eterno*; si el movimiento es eterno, su causa ha de ser también eterna. O, dicho de otra manera, para poder producir un movimiento eterno, la causa tiene que ser eterna.

En segundo lugar, ese principio debe ser *inmóvil*, pues sólo lo inmóvil es causa absoluta de lo móvil. En el libro VIII de la *Física*, Aristóteles demuestra este punto con rigor. Todo lo que se mueve es movido por otra cosa; esta otra cosa, si a su vez se mueve, es movida por otra. Así, una piedra es movida por un bastón, éste a su vez es movido por la mano y la mano por el hombre. En suma, para explicar cualquier movimiento hay que remontarse hasta un principio *de por sí no movido por ninguna otra cosa*, al menos respecto de lo que él mueve. Sería absurdo poder remontarse de motor a motor hasta el infinito, ya que un proceso *ad infinitum* es inimaginable en tales casos. Ahora bien, si eso es cierto, no sólo debe haber principios o motores relativamente móviles que determinan cada movimiento concreto, sino también — y *a fortiori* — debe existir un principio absolutamente primero e inmóvil del que depende el movimiento del universo como tal.

En tercer lugar, ese principio debe estar enteramente desprovisto de potencialidad, es decir, ser *acto puro*. En efecto, si tuviese potencialidad, podría también mover *no en acto* (lo que implica potencia sin pasar necesariamente al acto); mas esto es absurdo, ya que entonces no podría darse un movimiento eterno (como el de los cielos), o sea siempre *en acto*.

En conclusión, puesto que hay un movimiento eterno, tiene que haber un principio eterno que lo produzca y ese principio tiene por fuerza que ser: a) eterno, si lo que causa es eterno; b) inmóvil, si la causa absolutamente primera de lo móvil es lo inmóvil; c) acto puro, si el movimiento que causa está siempre en acto. Tal es, en definitiva, el Motor inmóvil o, en otros términos, la sustancia suprasensible que estábamos buscando.

7.3. Causalidad del Primer Motor

Mas ¿cómo puede el Primer Motor mover siendo él mismo absolutamente inmóvil? ¿Hay entre las cosas que conocemos algo capaz de mover sin moverse?

Aristóteles responde citando como ejemplo de tales cosas el objeto del deseo y de la *inteligencia*. El objeto del deseo es lo *bello y bueno*; ahora bien, lo bello y lo bueno atraen la voluntad del hombre sin moverse en modo alguno. De esta índole es también la causalidad suscitada por el Primer Motor, o sea por la sustancia primera: el Primer Motor mueve sin moverse como el objeto de amor atrae al amante, mientras que todas las demás cosas mueven siendo movidas.

La causalidad del Primer Motor, desde luego, no es una causalidad de tipo *eficiente* como la de la mano que mueve un cuerpo, la del escultor que trabaja el mármol o la del padre que engendra al hijo. Dios *atrae*; y atrae como objeto de amor, es decir, como *fin*; la causalidad del Motor inmóvil es, pues, propiamente hablando, una causalidad de tipo *final*.

Los intérpretes han discutido largamente esta cuestión, con diversos resultados. Por ejemplo, hay quienes, hurgando en los textos aristotélicos y explicitando los presupuestos de algunas aserciones, han pretendido encontrar en Aristóteles — y no sólo implícitamente — el concepto de creación, o sea una verdadera y propia causalidad eficiente del Motor inmóvil[123].

---

123. En 1882, en uno de sus escritos, Brentano defendió precisamente esta tesis,

Pero lo cierto es que ni los textos ni los contextos aristotélicos autorizan tal exégesis; por lo demás, a la tesis de la creación sólo se llegó en el pensamiento griego con el «semicreacionismo» de Platón, que representa una concepción más bien aislada, es decir, no aceptada ni desarrollada por el pensamiento grecopagano[124]. Más justo parece afirmar, como lo puntualizó ya Ross, que Dios «es causa eficiente por el hecho mismo de ser causa final y no por otro motivo»[125].

El mundo, aunque del todo influenciado por Dios y por la atracción que él ejerce como fin supremo — en función, por tanto, del anhelo de lo perfecto —, no tuvo un comienzo. No hubo un momento en que existiera el caos (o el «no cosmos»), ya que entonces quedaría desmentido el postulado de la prioridad del acto respecto de la potencia: primero habría existido el caos, que es potencia, y luego el mundo, que es acto. Esto es tanto más absurdo cuanto que Dios es eterno; por serlo, Dios, desde toda la eternidad, atrae como amado, o sea como objeto de amor, al universo, que por tanto ha tenido que ser siempre como es[126].

7.4. *Naturaleza del Motor inmóvil*

Ese principio, del que «dependen el cielo y la naturaleza», es *vida.* ¿Qué clase de vida? La más excelente y perfecta, la que a nosotros sólo nos es posible por muy poco tiempo, la vida del pensamiento puro, de la actividad contemplativa.

He aquí el magnífico pasaje de XII 7 donde Aristóteles se emociona — cosa rarísima en él — y donde su lenguaje se vuelve casi poesía, canto, himno triunfal:

> De tal principio, pues, dependen el cielo y la naturaleza. Y ese principio es la vida más excelente y perfecta que a nosotros, sólo por breve tiempo,

---

que suscitó fuertes críticas por parte de Zeller. Brentano le respondió en 1883. Los textos de uno y otro se recogen en F. Brentano, *Aristoteles' Lehre vom Ursprung des menschlichen Geistes*, Felix Meiner Verlag, Hamburgo 1980².

124. Sobre este punto, cf. nuestra obra *Per una nuova interpretazione di Platone*, 20ª ed., *op. cit.*, p. 698-707.

125. W.D. Ross, *Aristotle*, Londres 1923 [trad. it., Laterza, Bari 1946, p. 269].

126. *Metaf.*, XII 6-7.

nos haya sido dado vivir. Él vive siempre en ese estado. Esto nos es imposible a nosotros, mas no a él, ya que el acto de su vivir es deleite. Justamente por ser actos, la vigilia, la sensación y el conocimiento son nuestros máximos placeres y, gracias a ellos, también las esperanzas y recuerdos (...) Si pues en esa venturosa condición de la que nosotros a veces disfrutamos se halla Dios permanentemente, es algo aún más admirable. Y tal es en verdad su estado. Él es también Vida, porque la actividad de la inteligencia es vida y Dios es esa actividad misma. Y el acto de Dios subsistente en sí es vida perfecta y eterna. Por eso decimos que Dios vive, eterno y perfecto; a él pertenecen la vida y duración continuas y eternas, pues no otra cosa es ser Dios[127].

¿En qué consiste el pensar de Dios?, ¿cuál es su objeto? Dios piensa en lo más excelente, es decir, en Sí mismo. Dios es actividad autocontemplativa: «Si la Inteligencia divina es lo más excelente de cuanto existe, se piensa necesariamente a sí misma y su pensar es *pensamiento de pensamiento*[128]. En tal caso, claro está, «no puede tener magnitud alguna», sino que debe ser «sin partes e indivisible». Debe también ser «impasible e inalterable»[129]. Como puede verse, la sustancia divina se sale por completo del marco de las categorías; éste se refiere a las sustancias sensibles en cuanto *compuestos de materia y forma*, mientras que el Motor inmóvil es *pura forma*[130].

7.5. El problema de la unicidad de Dios, Motor primero y supremo, y de la multiplicidad de los motores celestes

Aristóteles creía, con todo, que Dios no bastaba por sí solo para explicar el movimiento de todas las esferas celestes. Dios mueve *directamente* el primer móvil, es decir, el cielo de las estrellas fijas; pero entre esa gran esfera y la Tierra hay otras muchas esferas concéntricas, cada vez más pequeñas y encerradas una en otra.

---

127. *Metaf.*, XII 7, 1072 b 14-18, 24-30.
128. *Metaf.*, XII 9, 1074 b 33-35.
129. Cf. *Metaf.*, XII 7, 1073 a 3-12 y lo que decimos en nuestra introducción a la traducción italiana de Brentano, *Sui molteplici significati dell'essere...*, op. cit., p. XLVIII s.
130. *Metaf.*, XII 6, 1071 b 20 s.

¿Quién mueve todas esas esferas? Las respuestas podrían ser dos: o las mueve el motor que deriva del primer cielo y se transmite de modo mecánico de una esfera a la siguiente, o son movidas por otras sustancias suprasensibles, inmóviles y eternas, que mueven de manera análoga a la del Primer Motor.

La segunda solución es la adoptada por Aristóteles. En efecto, la primera no podía cuadrar con la concepción de la *diversidad* de movimientos de las distintas esferas. Tales movimientos, como puede fácilmente apreciarse, son diferentes y no uniformes (unos proceden en un sentido, por ejemplo hacia atrás, y otros en sentido inverso), para poder producir, combinándose de diversas maneras, el movimiento de los planetas (que no es perfectamente circular). Por lo tanto, no se ve cómo del movimiento del primer cielo podrían derivarse distintos movimientos ni cómo la atracción uniforme de un motor único podría dar lugar a movimientos circulares en sentido contrario unos respecto de otros. Por eso Aristóteles introduce el concepto de los múltiples motores, que concibe como sustancias suprasensibles capaces de mover de modo análogo al de Dios, o sea como causas finales (con relación a cada esfera).

Basándose luego en los cálculos de la astronomía de su tiempo y haciendo las correcciones que personalmente juzga necesarias, Aristóteles fija en cincuenta y cinco el número de esferas (a las treinta y tres mencionadas por el astrónomo Calipo añade veintidós con movimiento hacia atrás, destinado a neutralizar el influjo de las esferas de cada planeta en las de los siguientes planetas), admitiendo, no obstante, una posible disminución hasta cuarenta y siete. Y si tal es el número de esferas —concluye—, tal ha de ser también el de las sustancias inmóviles y eternas que producen los movimientos de aquéllas. Dios, el Primer Motor, mueve directamente la primera esfera y sólo indirectamente las demás; cincuenta y cinco sustancias suprasensibles —concebidas como una serie jerárquica en la que cada sustancia es inferior a la precedente según el orden de más a menos que corresponde al de las esferas celestes— mueven, pues, otras tantas esferas[131].

---

131. *Metaf.*, XII 8.

7.6. Dios y el mundo

Dios, como hemos visto, se piensa y contempla a Sí mismo. ¿Piensa y contempla también el mundo y los seres humanos? Aristóteles no resuelve claramente este problema y parece, al menos hasta cierto punto, inclinarse por una respuesta negativa. El Dios aristotélico posee, no cabe duda, el conocimiento de lo que son el mundo y sus principios universales. En el libro I se dice expresamente que, si alguien tiene un perfecto conocimiento de las causas y principios supremos, ese alguien es Dios. Así pues, Dios conoce el mundo *al menos en sus principios supremos*. Por otra parte, si Dios es el Principio Supremo por excelencia, tiene que conocerse como tal, es decir, conocerse a Sí mismo también como objeto de amor y de atracción para el universo. Es claro, sin embargo, que los individuos en cuanto tales, con sus limitaciones, deficiencias y pobreza, no son conocidos por Dios: este conocimiento de lo imperfecto representaba, a los ojos de Aristóteles, una *disminución* incompatible con la naturaleza de Dios.

He aquí sus propias palabras, suficientemente reveladoras:

> Ya sea su sustancia [la de la inteligencia de Dios] la capacidad de entender, ya el acto mismo de entender, ¿qué piensa esa Inteligencia? O se piensa a sí misma o piensa otra cosa; y, en este último caso, o piensa siempre lo mismo o siempre algo distinto. Pero entonces, *¿hay o no diferencia entre pensar lo bello y pensar cualquier otra cosa?, ¿o acaso no es absurdo que ciertas cosas sean objeto de su pensamiento?* Resulta evidente, pues, que esa Inteligencia piensa lo más divino y digno y que el objeto de su pensar no cambia, porque el cambio es siempre hacia algo peor y constituye ya de por sí una forma de movimiento[132].

Y casi a continuación, demostrando que la Inteligencia divina es por naturaleza acto, el Estagirita añade:

> En primer lugar, si la Inteligencia divina no fuera pensamiento en acto, sino sólo en potencia, la continuidad de su pensar le causaría fatiga. Además, obviamente lo más noble sería algo distinto de la Inteligencia misma, a saber, lo inteligible. En efecto, la facultad de pensar y el acto de pensar pertenecerían también a quien pensara lo más indigno, de suerte que, si hubiera que

---

132. *Metaf.*, XII 9, 1074 b 21-27.

evitarlo — *pues de hecho es mejor no ver ciertas cosas que verlas* —, el pensamiento no sería lo mejor que existe. Por tanto, si la Inteligencia divina es lo más excelente que pueda darse, se piensa a sí misma y su pensar es pensamiento de pensamiento[133].

De estos pasajes no puede menos de deducirse que, según Aristóteles, los individuos empíricos, justamente por su carácter empírico y particular, son «indignos» del pensamiento divino.

Otra limitación del Dios aristotélico es que él es objeto de amor, pero *no ama*. Él es el Amado, no el Amor. Los individuos como tales, además de no ser objeto del pensamiento divino, no lo son tampoco de su amor: Dios no se inclina hacia ellos y menos aún hacia cada hombre en particular. Cada ser humano, como cada cosa, tiende de varias maneras hacia Dios, pero, así como Dios no puede conocerlos, tampoco puede amar a ninguno de ellos[134].

8. RELACIONES DE LA METAFÍSICA CON LAS MATEMÁTICAS Y LAS DEMÁS CIENCIAS PARTICULARES, Y SU SUPERIORIDAD AXIOLÓGICA

8.1. Puesto de la metafísica en el cuadro general de los conocimientos

A raíz de cuanto se ha dicho, tendría que parecer especialmente clara la posición asignada por Aristóteles a la metafísica en el cuadro general de los conocimientos y deberían también surgir con claridad los problemas que ese cuadro (cuyo influjo ha sido notable en la historia de la cultura occidental) plantea desde el punto de vista hermenéutico.

En el libro VI de la *Metafísica*, Aristóteles reparte las ciencias en tres grandes grupos: ciencias *poéticas, prácticas y teoréticas*[135]. Las ciencias poé-

---
133. *Metaf.*, XII 9, 1074 b 28-35.
134. Sobre el tema teológico se ha escrito mucho, como se verá en la Bibliografía.
135. Cf. *Metaf.*, VI 1.

ticas (de ποιεῖν: hacer, realizar, fabricar) son conocimientos que se explicitan en acciones concretas y producciones. El principio de tales acciones y producciones lo constituyen la inteligencia y el arte del sujeto. La finalidad de las ciencias poéticas es producir algo exterior al sujeto: la del constructor, por ejemplo, tiende a construir, la del médico a curar al enfermo y así todas las demás artes, que son precisamente ciencias «poéticas».

Las ciencias prácticas, en cambio, se refieren a conocimientos explicitados en acciones que comienzan y terminan en el sujeto mismo. El principio de las acciones prácticas —dice Aristóteles— «está en el agente y es la volición, por cuanto el objeto de la acción práctica y el de la volición coinciden»[136]. Aristóteles habla aquí, obviamente, de acciones morales, que parten del sujeto y tienen por finalidad el propio sujeto, mirando a su perfeccionamiento.

De las ciencias poéticas y prácticas se distinguen netamente las ciencias *teoréticas*, cuyo fin no es ni la producción ni la acción, sino el conocer en cuanto tal. Aristóteles, como es bien sabido, divide estas ciencias en tres grupos: física, matemáticas y teología (metafísica).

La física se ocupa de las sustancias sensibles separadas (subsistentes por sí mismas) y estructuralmente en movimiento. En cuanto a las matemáticas, ¿cuál es su objeto? Los Platónicos afirmaban que las matemáticas tenían por objeto entes inteligibles en sentido estricto, o sea realidades sustanciales subsistentes en sí y por sí mismas, «separadas» e «inmóviles»[137]. La proposición asumida definitivamente por Aristóteles es ésta: los entes matemáticos no son realidades ontológicamente «separadas» (es decir, subsistentes en sí y por sí mismas), sino modos de ser estructurales de las cosas sensibles.

No obstante, al trazar el cuadro epistemológico general de las formas del conocer, el Estagirita adopta una postura un tanto ambigua y escribe:

> También las matemáticas constituyen una ciencia teorética, pero aún queda por aclarar la cuestión de si esta ciencia se ocupa o no de seres inmó-

---

136. *Metaf.*, VI 1, 1025 b 22-23.
137. Para una aclaración de esta compleja doctrina, véase nuestro libro *Per una nuova interpretazione di Platone*, 20ª ed., *op. cit.*, p. 237 s. Véase también E. Cattanei, *Enti matematici e metafisica*, prefacio de I. Toth y Th.A. Szlezák, Vita e Pensiero, Milán 1996.

viles y separados. Por otra parte, es claro que algunas ramas de las matemáticas consideran sus objetos como inmóviles y separados[138].

Y al describir el objeto de la metafísica, Aristóteles determina las relaciones entre los objetos propios de las tres ciencias teoréticas, aunque con esta salvedad tocante a las matemáticas:

> Ahora bien, si existe algo eterno, inmóvil y separado, es evidente que su conocimiento corresponderá a una ciencia teorética, mas no a la física, que se ocupa de seres en movimiento, ni tampoco a las matemáticas, sino a una ciencia superior a esas dos. La física, en efecto, estudia las realidades separadas, pero no inmóviles; algunas de las ciencias matemáticas se ocupan de realidades inmóviles, pero no separadas, aunque inmanentes a la materia; en cambio, la filosofía primera tiene por objeto los entes separados e inmóviles[139].

8.2. Falta de correspondencia exacta entre las tres ciencias teoréticas y las tres clases de seres

La división de las ciencias teoréticas en «física», «matemáticas» y «metafísica» cuadra bastante mal con el paradigma de la ontología aristotélica, en particular las matemáticas, que claramente parecen estar fuera de lugar.

Según Aristóteles, tendría que haber una perfecta correspondencia entre las formas del conocimiento y las del ser. En el libro IV leemos:

> La filosofía tiene tantas partes cuantas son las sustancias; por consiguiente, ha de haber entre esas partes de la filosofía una que sea primera y otra segunda. El ser, en efecto, se divide originalmente en ciertos géneros, lo que implica por necesidad una correspondiente división de las ciencias[140].

Esto significa que a cada una de las tres ciencias *debería corresponderle un género del ser* y que el cuadro de los conocimientos debe corresponder al de los géneros en que el ser se divide originalmente.

---

138. *Metaf.*, VI 1, 1026 a 7-10.
139. *Metaf.*, VI 1, 1026 a 10-16.
140. *Metaf.*, IV 2, 1004 a 2-6.

Así, la división de las ciencias teoréticas en teología, matemáticas y física tendría forzosamente que implicar la existencia de tres distintos tipos de sustancias: las inmóviles separadas y eternas (suprasensibles), las sustancias matemáticas inmóviles y separadas, o sea subsistentes por sí mismas, y las sensibles móviles. Pero, dado que los entes matemáticos no son, según Aristóteles, ontológicamente autónomos (pese al ambiguo «si existe...» del pasaje citado), tales entes tampoco constituyen uno de esos géneros originarios del ser.

Evidentemente, para ser válida, la triple distinción de las ciencias teoréticas en física, matemáticas y teología presupondría una distinción del ser en los tres géneros admitidos por Platón y sus seguidores. Eduard Zeller había ya señalado esta situación aporética[141], pero el especialista que la puso verdaderamente en evidencia fue Philip Merlan[142], cuyo análisis es por muchos conceptos irreprochable, si bien conviene corregirlo al menos en un par de puntos.

En primer lugar, no puede sacarse la conclusión de que el mantenimiento por Aristóteles de esa división de las ciencias teoréticas en tres clases, que no corresponden a su propia división de los seres también en tres clases, se debiera a cierta «inercia» suya y que, por tanto, tengamos que «dudar de la sabiduría de ese conservadurismo». Merlan piensa que, «una vez eliminada la correspondencia de los tres géneros del ser, no hay por qué considerar las matemáticas como una rama del conocimiento entre la teología y la física. Por consiguiente, incluso en Aristóteles dicha división tripartita resulta de por sí incoherente[143].»

De hecho, para explicar ese mantenimiento de las matemáticas, más que pensar en cierta «inercia» y cierto «conservadurismo» (rasgos intelectuales que en modo alguno parecen propios de Aristóteles), hay que mencionar el enorme influjo del peso que Platón había dado a las matemáticas y a su importancia y alcance cognoscitivos. Recordemos la inscripción que se leía en la gran puerta de la Academia, tal como la Antigüedad nos la ha transmitido: «No entre aquí ningún ageómetra»[144]. Y aun si tal inscripción

---

141. Zeller, *Die Philosophie der Griechen..., op. cit.*, II 2, p. 198 s, espec. nota 6 y p. 309 s.
142. Cf. Merlan, *From Platonism to Neoplatonism* [trad. it. *Dal Platonismo al Neoplatonismo, op. cit.*, p. 119-52].
143. *Ibid.*, p. 122.
144. Sobre esta inscripción, véase H.D. Saffrey, ΑΓΕΩΜΕΤΡΗΤΟΣ ΜΗΔΕΙΣ ΕΙΣΙΤΩ. *Une inscription légendaire*, en «Revue des Études Grecques», 81 (1968), p. 67-87.

nunca hubiera existido, la idea en ella expresada refleja en todo caso la convicción de Platón y sus criterios en la formación de discípulos filósofos, como se demuestra de modo ejemplar en *La república*[145].

Pues bien, durante los veinte años que Aristóteles pasó en la Academia, algunos conceptos platónicos hicieron mella en su pensamiento y se impusieron como algo muy difícil de eliminar.

La división de las ciencias teoréticas en tres grupos, básicamente ya consagrada en la Academia, fue utilizada por Aristóteles como punto de partida y de referencia. Su peso e influjo llegarían a ser tales que no pudieron menos de condicionar el pensamiento del Estagirita, pese a su gran estatura intelectual. Esto explica las dudas e incoherencias a que antes nos referíamos.

¿Cuál es, entonces, la división que Aristóteles hubiera tenido que adoptar para ser coherente?

8.3. Las tres ciencias teoréticas que corresponden a los tres tipos de sustancias indicados por Aristóteles

A decir verdad, en los textos de Aristóteles puede ya encontrarse una respuesta, y no sólo implícita, a la cuestión formulada más arriba, si bien es cierto que el autor no la desarrolla suficientemente.

Ya hemos visto que Aristóteles admite la existencia de tres sustancias, «dos físicas y una inmóvil»[146], a saber, la sensible corruptible, la sensible eterna y la suprasensible.

Merlan puntualiza correctamente:

> En la *Física*, II 7, 198 a 29-31, las tres esferas del ser se califican respectivamente de teológica, astronómica y física. Los objetos de la teología son eternos e inmóviles; los de la astronomía, eternos y móviles; los de la física, corruptibles y móviles. Esta clasificación tripartita concuerda evidentemente mucho mejor con la interpretación no realista que Aristóteles da de los entes matemáticos y, de modo especial, con la división también tripartita que aparece en la *Metafísica*, XII 1, 1069 a 30; 6, 1071 b 3. Aquí las tres esferas del

---

145. Cf. *La república*, VI-VII.
146. Véase en particular Metaf., XII 1, 1069 a 30-1069 b 2.

ser son la de la sustancia eterna e inmóvil, la de la sustancia eterna en movimiento y la de la sustancia corruptible en movimiento, lo que implica la división de la filosofía en teología, astronomía y física[147].

El texto de la Física citado por Merlan dice: «Tres son los temas tratados: por un lado lo *inmóvil*, por otro lo *movido e incorruptible* y finalmente las cosas *corruptibles*[148].» A este pasaje añado yo otro todavía más expresivo y coherente, donde Aristóteles sitúa en primer plano la astronomía como la ciencia matemática más afín a la filosofía:

> El número de movimientos celestes debe determinarse a la luz de las investigaciones de la ciencia matemática que es más afín a la filosofía, a saber, la *astronomía*. Ésta, efectivamente, tiene por objeto de estudio una sustancia sensible, es cierto, pero eterna, mientras que las otras dos, la aritmética y la geometría, no se ocupan de ninguna sustancia[149].

8.4. Relación entre la metafísica y las ciencias particulares

Aristóteles describe, en cambio, las diferencias entre la metafísica y las ciencias particulares de un modo que, desde cierto punto de vista, podría considerarse casi perfecto. Recordemos que, además de ser un genio especulativo, se le daban muy bien las ciencias naturales y supo así tratar adecuadamente ese problema desde la doble perspectiva del metafísico y del científico.

En el libro IV de la *Metafísica*, leemos:

> Hay una ciencia que estudia el ser en cuanto ser y los atributos que le pertenecen como tal. Esa ciencia no se identifica con ninguna de las demás ciencias que llamamos particulares, pues ninguna de ellas considera en general el ser en cuanto ser, sino que, habiendo delimitado una parte del ser, cada una estudia las características de esa parte[150].

---

147. Merlan, *Dal Platonismo al Neoplatonismo* (trad. it.), *op. cit.*, p. 121.
148. *Física*, II 2, 198 a 29-31.
149. *Metaf.*, XII 8, 1073 b 3-8.
150. *Metaf.*, IV 1, 1003 a 20-26.

Así, la metafísica se ocupa de la *totalidad* del ser, mientras que las ciencias particulares sólo lo estudian en *parte*. Es evidente que lo específicamente aplicable a las partes no puede aplicarse *eo ipso* al todo. Al contrario, algunos principios válidos para *todo el ser* lo son también para todas *las partes del ser* y, por ende, para todas las ciencias particulares, como se demuestra ejemplarmente en el caso del *principio de contradicción*.

8.5. *A propósito del principio de contradicción*

El tratado del principio de contradicción contenido en el libro IV ha llegado a convertirse, desde todos los puntos de vista, en un verdadero *topos* simbólico, mas no siempre se ha considerado a la luz de una correcta hermenéutica, como vamos a intentar hacerlo aquí brevemente.

La argumentación de fondo es bien conocida: A la metafísica le incumbe no sólo el estudio del ser y de los conceptos estrechamente relacionados con él, sino también el de los axiomas o principios de la demostración. En efecto, los axiomas son aplicables a todos los seres sin discriminación y por eso competen al que estudia el ser en su totalidad.

Se comprende así que quienes se ocupan de las ciencias particulares se valgan de los axiomas, sin por ello estudiarlos de modo específico. Si algunos físicos, por ejemplo los Eleáticos, se han ocupado del principio de contradicción, es porque juzgan que la naturaleza abarca todo el ser; en este caso revisten, como si dijéramos, un ropaje de ontólogos.

La manera misma en que Aristóteles formula el principio de contradicción ha llegado a imponerse como definitiva: «Es imposible que un mismo atributo a la vez y de igual modo pertenezca y no pertenezca a una misma cosa.» O bien: «Es imposible que una misma cosa sea y no sea al mismo tiempo.»

Como antes decíamos, no pueden propiamente demostrarse los principios primeros y supremos, empezando por el de contradicción, pues ello entrañaría un proceso *ad infinitum*. Es posible, no obstante, suministrar una prueba indirecta por refutación de las tesis de quienes lo niegan. Mas también esta cuestión ha sido relacionada por la mayoría de los intérpretes con una *ontología general* y sólo poquísimos se han percatado de los vínculos que Aristóteles va gradualmente estableciendo entre el principio de contradicción y el factor teológico o, en otras palabras, la teoría de la sustancia suprasensible. Muy pocos también se han dado cuenta de que la confirmación última del principio mismo nace precisamente de esta perspectiva, como lo prueban *ad abundantiam* los pasajes que citamos a continuación:

> Las dificultades que han llevado a algunos a abrazar esa idea [o sea a negar el principio de contradicción] nacen de su observación de las cosas sensibles. Piensan que los contrarios y los contradictorios pueden existir simultáneamente, al ver que los contrarios derivan de una misma cosa; dado que nada puede provenir del «no ser» —dicen—, ambos contrarios preexistían ya al mismo tiempo en la cosa (...). Pues bien, a aquellos cuyas convicciones se basan en este argumento les diremos que en cierto sentido su razonamiento es correcto, pero por otra parte están en el error. El ser se toma en dos sentidos; por consiguiente, desde un punto de vista es posible que algo proceda del «no ser», mientras que en otro sentido no es posible; y también puede darse que una misma cosa simultáneamente sea y no sea, mas no de la misma manera: es posible que algo sea a la vez los contrarios en potencia, pero no en acto. *Por lo demás, invitaremos a esos filósofos a considerar que existe también entre los seres otra sustancia que no está en modo alguno sujeta ni al movimiento, ni a la generación, ni a la corrupción*[151].
>
> El motivo por el que tales filósofos han llegado a esa opinión es que, al buscar la verdad acerca de los seres, *tenían por seres únicamente las cosas sensibles*. Ahora bien, en las cosas sensibles está presente en no poca medida lo indeterminado (...). Por eso lo que ellos dicen no carece enteramente de verosimilitud, mas no es la verdad[152].
>
> Además, a los que así piensan puede con razón reprochárseles que, habiendo observado sólo los entes sensibles, y no muchos, extienden indiscriminadamente sus conclusiones al universo, es decir, a la totalidad de los seres. Cierto que la región del mundo sensible que nos circunda es la única constantemente sometida a la generación y corrupción, pero se trata, por así decirlo, de una parte insignificante del todo; por eso hubiera sido mucho más justo absolver al mundo sensible por mor del celestial que condenar a éste a causa de aquél[153].

---

151. *Metaf.*, IV 5, 1009 a 20-39.
152. *Metaf.*, IV 5, 1010 a 1-5.
153. *Metaf.*, IV 5, 1010 a 25-32.

8.6. En qué sentido el objeto de la filosofía primera es «universal» y cuál es su significado metafísico

Hemos de aclarar ahora otro punto, bastante delicado, sobre el sentido de «universal» atribuido por Aristóteles al objeto de la filosofía primera. Con ello se evitarán los errores en que han caído muchos intérpretes modernos, comenzando por Natorp.

En el capítulo primero del libro VI se lee:

> Podríamos ahora preguntarnos si la filosofía primera es universal o si trata de un género determinado y una realidad particular, distinción que se da, por ejemplo, en el campo de la ciencia matemática, donde la geometría y la astronomía tienen por objeto ciertas realidades cuantitativas, mientras que las matemáticas propiamente dichas estudian la cantidad en general. A esto respondemos diciendo que, si no existiera otra sustancia aparte de las que constituyen la naturaleza, la física sería la ciencia primera; si hubiera, en cambio, una sustancia inmóvil, la ciencia de esa sustancia sería anterior a las de las demás ciencias y ella sería, por tanto, la filosofía primera; *en este caso, como primera, tendría que ser también universal* y a ella le correspondería estudiar el ser en cuanto ser, es decir, a la vez su esencia y los atributos que le pertenecen como ser[154].

Este pasaje ha dado pie a toda una serie de discusiones en torno a la presunta incompatibilidad entre una ontología general y una teología que se ocupa de un género particular del ser. En los capítulos precedentes hemos ya presentado con amplitud una solución general de ese problema, pero queda por esclarecer la cuestión formulada por Aristóteles acerca del concepto de «universal», en el pasaje que acabamos de citar.

Para ello leamos este otro pasaje paralelo del libro IV, que en parte hemos ya citado anteriormente:

> La filosofía tiene tantas partes cuantas son las sustancias; por consiguiente, ha de haber entre esas partes de la filosofía una que sea primera y otra segunda. El ser, en efecto, se divide originalmente en ciertos géneros, lo que implica por necesidad una correspondiente división de las ciencias. El filósofo es

---

154. *Metaf.*, VI 1, 1026 a 23-32.

como el matemático, pues también las matemáticas tienen partes y, entre éstas, hay una primera, una segunda y las restantes que se van siguiendo en serie unas a otras[155].

La ciencia matemática universal, traída a colación como ejemplo ilustrativo y que en el último pasaje citado se califica de «primera», es «universal» por cuanto el objeto de su estudio son los números, así como sus leyes y relaciones fundamentales. Éstas son también las bases y condiciones de todas las demás ciencias matemáticas, las cuales, pese a la diversidad de su objeto, sólo pueden existir y desarrollarse a partir de números y cálculos numéricos.

Pues bien, la «universalidad» atribuida a la filosofía primera tiene ese mismo significado en sentido analógico. Si no hubiera ninguna sustancia además de las sensibles, la física sería la primera de todas las ciencias, es decir, la ciencia más «universal», *porque los principios que estudia vendrían a ser los de todos los entes o realidades*. Si, al contrario, existe una sustancia inmóvil, eterna y trascendental, la ciencia que tiene por objeto de investigación esa sustancia será superior a las demás ciencias y será «primera» porque estudia la sustancia primera; por eso mismo será también «universal», ya que *la sustancia primera es principio de todas las cosas; en este sentido es universal y lo es igualmente la ciencia que de ella se ocupa*.

La alusión a la «serie», en el segundo pasaje leído, evoca la unidad por consecución de que hablábamos en el párrafo 6: en una serie de entes en que uno es jerárquicamente anterior a otro, el posterior depende del anterior y todos del «primero», que, en cuanto tal, condiciona los demás y por tanto es «universal», en sentido metafísico.

8.7. Interpretación aristotélica de los entes matemáticos

La posición de Aristóteles en lo que atañe a los entes matemáticos es la siguiente. Tales entes no son ni realidades que existen por sí mismas ni, menos todavía, algo irreal. Existen en las cosas sensibles, y nuestra mente las separa por abstracción.

---

155. *Metaf.*, IV 2, 1004 a 2-9.

Las cosas sensibles tienen muchas propiedades y determinaciones; nosotros podemos sin duda considerar todas esas propiedades, mas también podemos fijarnos particularmente en algunas de ellas, abstrayéndolas de las demás. Por ejemplo, podemos considerar las cosas como cuerpos de tres dimensiones, después también, por abstracción, como superficies bidimensionales, luego como longitudes y así sucesivamente hasta no ver en ellas más que unidades numéricas. En suma, los entes matemáticos son características reales y objetivas de las cosas sensibles, que los matemáticos consideran por abstracción.

Leamos un pasaje especialmente significativo a este respecto:

> Así como puede decirse, en general y con toda verdad, que también las demás ciencias tratan no de lo que es accidente de su objeto (por ejemplo, no de lo blanco si lo sano es blanco y si la ciencia en cuestión tiene por objeto lo sano), sino del objeto propio de cada una de ellas (de lo sano, si su objeto es lo sano, o del hombre, si su objeto es el hombre en cuanto tal), así habrá que decirlo igualmente de la geometría: aun si por accidente los objetos de que trata son cosas sensibles, ella, sin embargo, no los considera en cuanto sensibles ni por eso las ciencias matemáticas son ciencias de lo sensible, como tampoco son ciencias de los demás objetos separados de lo sensible. Hay en las cosas numerosos atributos esenciales que les pertenecen por el hecho de que cada uno reside en ellas; así, ciertas características son propias del animal *como hembra o como macho*, aunque no haya hembras ni machos separados del animal. Así también hay *características propias de las cosas consideradas sólo como longitudes o como superficies*. Y cuanto más anteriores y simples son los objetos de nuestro conocimiento en el orden de la definición, tanto más exacto es el conocimiento, ya que la exactitud es únicamente simplicidad. Por consiguiente, una ciencia cuyo objeto prescinde del factor espacial es más exacta que la que lo incluye y la más exacta de todas las ciencias es la que prescinde del movimiento. Por otro lado, entre las ciencias que tienen por objeto el movimiento, la más exacta es la que trata del movimiento primero, por ser el más simple, y todavía más especialmente, del movimiento uniforme. Este mismo razonamiento vale también para la armonía y la óptica. Ninguna de ambas, efectivamente, considera su objeto como vista o sonido, sino como líneas y números, que son aspectos de la vista y el sonido. Y otro tanto podría decirse de la mecánica. Así pues, si se consideran separadamente determinadas propiedades, no por ello se cae en el error, como no yerra el geómetra que, tra-

zando una línea en el suelo, dice que esa línea tiene un pie de largo cuando en realidad no lo tiene; el error, en efecto, no está en las premisas del razonamiento. De esta manera pueden estudiarse todas las cosas, y de modo excelente, suponiendo separado lo que no está separado, como lo hacen el aritmético y el geómetra. El hombre en cuanto hombre, por ejemplo, es uno e indivisible; precisamente así lo considera el aritmético, quien luego, sin embargo, trata de averiguar si hay propiedades que convienen al hombre en cuanto indivisible. En cambio el geómetra no considera al hombre ni en cuanto hombre ni en cuanto indivisible, sino como sólido geométrico. Evidentemente, las propiedades que podrían atribuirse al hombre aun si no fuera indivisible pueden también atribuírsele prescindiendo de su indivisibilidad y humanidad. Por eso los geómetras razonan correctamente; sus disquisiciones giran en torno a cosas que existen y son bien reales, pues el ser tiene dos significados: primero, el de ser en acto y, segundo, el de ser en potencia[156].

La palabra «abstracción» podría inducir en engaño al lector de nuestros días. Señalemos que en griego antiguo denotaba una operación de análisis ontológico y no de mera simplificación lógica. Julia Annas escribe acertadamente a este respecto[157]:

> Lejos de todo «abstraccionismo», se trata de una forma ingenua de realismo. El matemático considera algo que se encuentra en el mundo, por ejemplo un ser humano como yo, desde el punto de vista de su extensión, indivisibilidad, etc. Prescinde, pues, de las propiedades que pueden percibirse en mí mediante los sentidos para estudiar de cerca mis propiedades geométricas y aritméticas. Con eso ni se niega absolutamente que tales propiedades existan o me pertenezcan en realidad ni se dice tampoco que estén de alguna manera subordinadas a las propiedades perceptibles a través de los sentidos. Es más, eso no implica que dichas propiedades se conviertan para mí en realidades en caso de que el matemático decida, en un segundo tiempo, ocuparse de ellas[158].

---

156. *Metaf.*, XIII 3, 1078 a 1-31.
157. J. Annas, *Aristotle's Metaphysics. Books M and N*, Oxford University Press, Oxford 1976 [trad. it.: *Interpretazione dei libri M-N della «Metafisica» di Aristotele*, trad. de M. Cattanei, introducción y traducción de los libros M-N por G. Reale, Vita e Pensiero, Milán 1992, p. 145 s.]
158. La relación, no carente de dificultades y tensiones, entre entes matemáticos

8.8. Aristóteles y la geometría

Como es sabido, la Academia, además de ser una escuela de filosofía, lo fue también de matemáticas. En ella precisamente llevó a término Teeteto su definición de los cinco sólidos geométricos regulares, que el propio Platón utiliza a menudo en *Timeo*[159].

Víctor Hösle ha demostrado que, basándose en doctrinas no escritas, Platón imprimió ya un giro bien determinado a la ciencia geométrica en la dirección que luego tomaría definitivamente Euclides. En particular, Hösle atribuye suma importancia a los comentarios de Platón sobre la perfección y preeminencia del ángulo recto en cuanto estructuralmente vin-

---

y metafísica en Aristóteles se estudia desde los puntos de vista que he indicado y otros más en el libro de Cattanei, *Enti matematici e metafisica*, ya citado. El autor explica cómo Aristóteles trata de oponerse a la tradición intelectual anterior a él, donde la estrecha simbiosis entre matemáticas y filosofía llevaba a atribuir una plena y perfecta realidad al objeto de las ciencias matemáticas. A su juicio, los entes matemáticos, o sea los números de la aritmética, las figuras de la geometría, los objetos de la astronomía, de la óptica, de la armonía, de la mecánica y de algunas teorías matemáticas generales como la axiomática y la teoría de las proporciones, presentan una ambigüedad estructural por estar dotados de características que pertenecen a la realidad suprasensible y de otras propias de la realidad sensible. Aristóteles niega, pues, que el modo de ser de los entes matemáticos sea, como sostenían Platón y la antigua Academia, el de la «sustancia suprasensible», lo cual no implica que se oponga a la verdad y objetividad de las ciencias matemáticas. Los entes matemáticos siguen siendo ὄντα, «cosas que son», aunque no constituyan la forma más perfecta y plena del ser. El Estagirita llega a estas conclusiones presuponiendo el *status* de las ciencias matemáticas de su tiempo, caracterizadas por fuertes contradicciones internas, y entablando una controversia dialéctica con Platón, Espeusipo, Xenócrates y otros Académicos que podrían llamarse «pitagorizantes». La reconstrucción de aquella polémica es ciertamente compleja, porque sobre el *dato* controvertido, es decir, las matemáticas preeuclidianas y las doctrinas de Platón y la Academia acerca de los entes matemáticos, Aristóteles es también nuestra principal fuente de información. Tocante a los estudios de historia de las matemáticas llevados a cabo por Imre Toth y a las «doctrinas no escritas» de Platón propuestas por la Escuela de Tubinga-Milán, Cattanei sugiere que se interprete la posición de Aristóteles sobre la naturaleza de los entes matemáticos como una refundición personalísima, aunque problemática, de la doctrina no escrita de Platón sobre los entes matemáticos «intermedios».

159. Cf. Reale, *Per una nuova interpretazione di Platone*, 20ª ed., *op. cit.*, p. 636-45 y espec. p. 677-92, donde reproducimos también los dibujos de Leonardo que ilustran esos cuerpos geométricos regulares y su estructura.

culado con el Uno, principio primero y supremo para Platón, mientras que los ángulos agudos y obtusos guardan relación con la Díada indefinida de lo grande y lo pequeño. Justamente el papel primordial del ángulo recto, por su nexo estructural con el Uno, principio básico, garantiza a la geometría su veracidad. Es muy probable que ese fundamento filosófico de la geometría pusiera freno a algunas tendencias no euclidianas de la geometría de aquella época, contribuyendo así decisivamente a la construcción del sistema de Euclides[160].

Aristóteles, por su parte, pese a ser menos versado que Platón en matemáticas y por tanto incapaz de seguirle en ciertas opciones, atestigua la existencia de corrientes no euclidianas en la geometría de su tiempo y, con la mentalidad positiva y descriptiva que poseía como científico, nos informa de una realidad que sin él nunca habríamos conocido. Entre otras cosas, habla de lo que llegaría a ser el quinto postulado euclidiano como objeto de libre opción (por ende no demostrable) y menciona también la suma de los ángulos de un triángulo no sólo como igual a dos rectos, sino como inferior y superior.

Imre Toth ha descubierto en el *Corpus Aristotelicum* unos veinte pasajes donde se entrevén los gérmenes de una geometría no euclidiana, que se nos brindan empíricamente como simples datos, pero que hoy revisten para nosotros extraordinaria importancia[161]. ¡Gérmenes de una geometría no euclidiana que datan de hace casi dos mil quinientos años[162]! Aristóteles no deja de sorprendernos en todos los sentidos.

---

160. Cf. V. Hösle, *I fondamenti dell'aritmetica et della geometria in Platone*, introducción de G. Reale, traducción de E. Cattanei, Vita e Pensiero, Milán 1994.

161. He aquí los pasajes en cuestión: *Analíticos primeros*, 65 a 4-7; 66 a 11-14; *Ética a Eudemio*, 1222 b 35-36; *Analíticos segundos*, 90 a 33-34; 93 a 33-35; *Gran ética*, 1187 a 35-38; *Ética a Eudemio*, 1222 b 23-26; *Gran ética*, 1187 b 1-2; *Ética a Eudemio*, 1222 b 41-42; *Gran ética*, 1187 b 2-4; *Física*, 200 a 39-50; *Metafísica*, 1052 a 4-7; *Ética a Eudemio*, 1222 b 38-39; *Física*, 200 a 16-19; *Del alma*, 402 b 18-21; *Refutaciones de los sofistas*, 171 a 12-16; *Analíticos segundos*, 77 b 22-26; *Tópicos*, 101 a 15-17. *Analíticos segundos*, 76 b 39 - 77 a 3.

162. I. Toth, *Aristotele e i fondamenti assiomatici della geometria. Prolegomeni alla comprensione dei frammenti aristotelici di geometria non euclidea*, introducción de G. Reale, traducción de E. Cattanei, Vita e Pensiero, Milán 1997. Esta obra ha sido redactada por el autor a petición nuestra y presenta un esquema general que permite comprender de manera nueva las matemáticas de Aristóteles.

8.9. Superioridad axiológica de la metafísica

Mas esa ciencia metafísica que no sólo es superior a las ciencias poéticas y prácticas, sino también a las demás ciencias teoréticas, ¿qué utilidad tiene para el hombre? La respuesta de Aristóteles es verdaderamente ejemplar. La metafísica es la ciencia suprema por no estar sometida a ningún fin empírico: es «libre» por excelencia y tiene por objeto el puro conocimiento de la verdad de las cosas. La metafísica nace del asombro que el hombre experimenta frente a las cosas que existen («es hija de Taumante, dios de lo maravilloso», decía Platón) y tiende a satisfacer la necesidad primera y constitutiva del ser humano: la del puro saber.

Releamos un texto que es como la Magna Carta de la cultura humanística creada por los griegos:

> Que no sea, por otro lado, una ciencia poética lo prueban también las afirmaciones de los primeros que cultivaron la filosofía. En efecto, los hombres comenzaron a filosofar, entonces como hoy, movidos por el asombro. Al principio les asombraban las dificultades más sencillas y luego, progresando poco a poco, llegaron a plantearse problemas siempre mayores, por ejemplo los relacionados con los fenómenos de la luna, el sol y los demás astros y con la generación del universo. Ahora bien, experimentar una sensación de duda y asombro es reconocer la propia ignorancia y por eso también el amante de los mitos es en cierta manera un filósofo, dado que el mito consta de un conjunto de hechos maravillosos. Si los hombres, pues, se pusieron a filosofar para liberarse de la ignorancia, es evidente que persiguen el saber por el puro conocimiento y no con fines utilitarios. Lo demuestra el modo mismo en que han sucedido las cosas: cuando el hombre tenía ya casi todo lo que necesitaba para vivir y aun para su comodidad y bienestar, comenzó a buscar esa forma de conocimiento. Es claro, por consiguiente, que nosotros no la buscamos mirando a un provecho ajeno a ella, y así como llamamos libre al hombre que es de por sí su propio fin y no está sometido a otros, así también esa ciencia es la única entre todas que podemos considerar libre, ya que sólo ella es un fin en sí misma[163].

---

163. *Metaf.*, I 2, 982 b 11-28.

Según Aristóteles, todo el que se ocupa de metafísica y contempla así la verdad se acerca a Dios y, precisamente en esa contemplación reside la máxima felicidad, ya que en tal modo de conocer realiza el hombre en sumo grado su naturaleza humana. Por este motivo el Estagirita pudo emitir sobre la metafísica el siguiente juicio que constituye un verdadero símbolo de la espiritualidad griega: «Todas las otras ciencias serán sin duda más necesarias para los hombres, pero ninguna es superior a ésta»[164].

9. LAS «METAFÍSICAS» DE ARISTÓTELES Y DE PLATÓN

9.1. Algunas semejanzas estructurales entre el pensamiento metafísico de Aristóteles y el de Platón

Hegel afirmaba: «Es opinión casi universal que la filosofía aristotélica y la platónica son diametralmente opuestas, como el realismo al idealismo»[165]. Y al exponer la filosofía de Aristóteles demostraba «lo poco que eso corresponde a la verdad»[166].

En la historia del pensamiento occidental, a partir de la Edad Media (con las diatribas cruzadas entre Nominalistas y Realistas), pasando por el Renacimiento (con las polémicas entre los defensores de un naturalismo empírico y los de un idealismo espiritualista) y llegando hasta la Edad Moderna, ha venido formándose y consolidándose de varias maneras la tesis de Hegel. Y aun cuando no hayan faltado pensadores que veían ciertas convergencias entre Aristóteles y Platón, ha acabado por prevalecer, al menos en parte, la idea de su oposición, que sin embargo, desde muchos puntos de vista, resulta del todo inadecuada.

Ya los antiguos se percataron de que ambos filósofos no se oponían entre sí. Diógenes Laercio, por ejemplo, escribía: «Aristóteles fue el más

---

164. I 2, 983 a 10-11.
165. G.W.F. Hegel, citado por la edición italiana: *Lezioni sulla storia della filosofia*, trad. de E. Codignola y G. Sanna, 4 vols., La Nuova Italia, Florencia 1973³, vol. II, p. 277. [Ed. esp. *Lecciones de filosofía de la historia*, PPu, Barcelona 1989.]
166. *Ibid.*

genuino de los discípulos de Platón»[167]. Yo estoy cada vez más convencido, tras estudiar paralelamente a los dos filósofos desde hace ya muchos años, de que la relación entre ellos podría describirse de modo metafórico como sigue[168]. Son posiciones metafísicas verdaderamente opuestas, por un lado, las que afirman que sólo existe el ser físico y, por otro, las que sólo reconocen la existencia del ser suprasensible. Esas posiciones se encuentran en planos completamente distintos e imposibles de unificar. Ahora bien, Aristóteles no se sitúa de ningún modo en el plano de los físicos, sino, como Platón, en el plano de quienes afirman la existencia de una sustancia suprasensible.

Leamos, a este respecto, algunas declaraciones de Aristóteles que Platón habría confirmado *in toto*:

> Si no existiese lo eterno, ni siquiera podría darse el devenir.
>
> ¿Cómo podría haber un orden si no existiera un ser eterno, separado e inmóvil?[169]
>
> El Bien es por excelencia el principio de todo[170].

La diferencia entre Aristóteles y Platón en el terreno metafísico podría llamarse *oposición, pero en el mismo plano*. El Estagirita admite, en efecto, que existe un ser suprasensible, mas no el que conciben Platón y los Platónicos. En otras palabras, no se trata del mundo de los seres inteligibles, sino de la Inteligencia suprema del Motor inmóvil y de las inteligencias de los motores celestes. Así pues, el ser suprasensible es la Inteligencia y no lo Inteligible.

Tal es el punto básico de convergencia entre ambos filósofos, pero existen también otros muchos, a los que ya he me he referido en estas páginas. Con todo, conviene precisar aún más la índole del «realismo» aristotélico así como sus afinidades y diferencias respecto del idealismo platónico, ya que sólo de este modo podrán entenderse también esas otras convergencias anteriormente señaladas.

---

167. Diógenes Laercio, V 1.
168. Para una discusión más detallada del problema, véase lo que decimos en Aristóteles, *Metafísica, op. cit.*, vol. I, p. 191-330.
169. *Metaf.*, II 4, 999 b 5 y el pasaje paralelo de XI 2, 1060 a 26-27.
170. *Metaf.*, XII 10, 1075 a 37.

9.2. Naturaleza del realismo aristotélico

Para comprender bien el «realismo metafísico» de Aristóteles hay que meditar a fondo el libro III de la *Metafísica*, es decir, el de las «aporías» o problemas básicos, bastante difícil de captar (lo que explica que muchos lo hayan descuidado), pero esencial[171].

Las aporías dan cuenta de los principales problemas de la metafísica con un planteamiento ejemplar. Nacen del encuentro de dos corrientes opuestas de pensamiento: una antiplatónico-naturalista y otra platónico-idealista. Por tanto, las aporías reflejan las *supremas antítesis a las que históricamente llegó el pensamiento griego*. Aristóteles trata de acentuar al máximo los contrastes entre ambas formas de pensamiento poniendo de relieve, por turno, las razones de una contra la otra y viceversa[172].

El Estagirita quiere así mostrar que cada una de las dos posiciones ideológicas en las que se resume toda la historia de la filosofía griega anterior a él es, de por sí, insostenible. La verdad no está, a su juicio, de parte ni de los Jónicos ni de los Platónicos, es decir, ni en las «tesis» fisicistas ni en las «antítesis» idealistas. Además, observamos que, mientras concluye con una *reductio ad absurdum* de cada una de ambas corrientes de pensamiento, pone también en evidencia lo que hay en una y otra de justo y verdadero. Entonces, si la pura verdad no está exclusivamente en ninguna de las dos partes, tampoco lo estará el error. Para resolver las aporías hay que elevarse, pues, a un plano que permita recoger lo que tienen de válido las dos tendencias y, a la vez, eliminar los errores y contradicciones en que incurren.

Debemos señalar, no obstante, que el Estagirita da a las doctrinas de los Platónicos un peso mucho mayor que a las de los Físicos, por considerar aquéllas muy superiores a éstas.

La base a partir de la cual nuestro filósofo resuelve todas las aporías es su «realismo metafísico», que se diferencia no sólo del idealismo de los Platónicos, sino también, netamente, del naturalismo empírico. En efecto, mientras el naturalismo reduce toda la realidad al ser físico, el realis-

---

171. Véase nuestro minucioso análisis de ese libro en *Il concetto di filosofia prima...*, 6ª ed., *op. cit.*, p. 54-98.

172. Las más de las veces expresando el pensamiento de sus adversarios filtrado a través de las categorías del suyo propio.

mo aristotélico demuestra la existencia de un ser suprafísico, mas sin negar por ello el valor y alcance del ser físico.

Por otra parte, como bien sabemos, Aristóteles reduce el significado fundamental del ser al de la sustancia, y no solamente admite una sustancia sensible y otra suprasensible, sino que, al interpretar la sustancia física, da preferencia, según veíamos, a la esencia o *forma*. Siendo así que, en las sustancias suprasensibles, la esencia o forma carece de materia, en las sensibles, la forma, que existe sólo unida a la materia — en el «compuesto» — es a pesar de todo el elemento determinante. Con los conceptos de materia y forma guardan estrecha relación los de potencia y acto, así como toda una serie de nociones vinculadas a éstas.

Tal es el núcleo del realismo aristotélico.

9.3. La polémica de Aristóteles contra Platón

Podría decirse que mucho más de la mitad de las páginas de la *Metafísica* son de carácter polémico y que libros enteros, como el XIII y el XIV, dejados de lado por los traductores medievales, lo son enteramente[173].

Es cierto que Aristóteles, en buena parte de la *Metafísica*, procede como una especie de máquina refutatoria que hace estragos entre sus adversarios, sobre todo los Platónicos, de manera verdaderamente despiadada y por muchos conceptos desconcertante. En no pocos casos llega a perder el sentido de la medida y aun de la corrección. En esos pasajes polémicos a ultranza, Aristóteles acaba a veces por oscurecer no sólo el sentido de las tesis de sus adversarios, sino incluso el de las suyas propias, ya que, al intentar echar por tierra los argumentos de aquéllos, hace perder de vista las «convergencias» de que antes hablábamos.

La teorías platónicas que en su ardor polémico Aristóteles tiende a «deformar», de manera en ocasiones ruda e incorrecta, para refutarlas más eficazmente (como él cree), son la de las Ideas, la de los principios supremos y la de los entes matemáticos «intermedios».

En particular, presenta de modo engañoso la teoría de las Ideas interpretándolas como indebidas «hipostatizaciones» de los universales y dán-

---

173. Sobre esos libros, véanse los estudios de Annas y Cattanei citados en las notas 157 y 158.

doles hasta cierto punto un carácter «físico». Aparecen así como «dobles» de las cosas reales, es decir, como cosas inexistentes junto a cosas que existen[174]. En suma, Aristóteles presenta las Ideas con connotaciones muy distintas de las de Platón, quien, por ejemplo en *Fedón*, las tiene por «verdaderas causas»[175].

He aquí dos pasajes muy significativos que confirman ampliamente lo que acabo de decir:

> La mayor dificultad que podría plantearse es ésta: ¿Qué ventaja reportan las Ideas a los seres sensibles, ya a los eternos, ya a los que se engendran y corrompen? Para esos seres, las Ideas no son causas ni de movimiento ni de mutación. Por lo demás, tampoco ayudan a conocerlos (pues no constituyen su sustancia, de lo contrario serían inmanentes a ellos) ni a explicar la existencia de lo sensible de que participan[176].
>
> Entre los muchísimos absurdos que derivan de la doctrina de las Ideas, el mayor consiste en decir, por una parte, que exiten otras realidades además de las que vemos en este mundo y, por otra, que son iguales a las sensibles, a excepción de que aquéllas son eternas y éstas corruptibles. Efectivamente, [los Platónicos] afirman que existe un «hombre en sí», un «caballo en sí», una «salud en sí», sin añadir nada más, comportándose como quienes dicen que hay dioses, pero que éstos tienen forma humana. Los dioses que ellos admiten no son otra cosa que hombres eternos, y las Ideas de que hablan no son sino sensibles eternos[177].

Con todo, al leer a contraluz la *Metafísica* no tarda uno en darse cuenta de que las críticas de Aristóteles contra la teoría platónica de las Ideas tienen por objeto diferenciarlo al máximo de su maestro, para demostrar la originalidad de su propia posición.

Debemos estar bien persuadidos, en efecto, de que, si no se hubiera dado el descubrimiento platónico del mundo de las Ideas o Formas inteligibles, habría sido imposible la doctrina de Aristóteles sobre las formas, que sólo son la transformación de las Ideas trascendentales de Platón en

---

174. Véanse en particular las críticas de Aristóteles en *Metaf.*, I 9 y XII 4-5.
175. Cf. Reale, *Per una nuova interpretazione di Platone, op. cit.*, p. 137-58.
176. *Metaf.*, I 9, 991 a 8-14.
177. *Metaf.*, III 2, 997 b 5-12.

estructuras ontológicas inteligibles e inmanentes. En tal caso, no podría explicarse lo real como «compuesto» de materia y forma ni, más en particular, el neto predominio ontológico (y por ende axiológico y gnoseológico) asignado por Aristóteles a la forma: «Si la forma es anterior a la materia y "más ser" que ésta, por la misma razón será también anterior al compuesto»[178].

A la crítica de la teoría de los principios están especialmente dedicados los dos últimos libros, sobre todo el XIV. Las tesis de fondo son las siguientes. Los argumentos aducidos por los Platónicos para demostrar la existencia de las Ideas no sólo no convencen, sino que acaban por eliminar también la existencia de los principios primeros, que para los Platónicos son incluso más importantes que las Ideas mismas. Por ejemplo, de tales argumentos resultaría que la Díada no constituye un principio, sino los números, puesto que la Díada es consecuencia de los números. Además, los Platónicos conciben los principios primeros como anteriores a todas las cosas, que, según ellos, derivan de esos principios. En este caso, el principio no puede ser propiedad de ninguna otra cosa[179]. Más aún, los Platónicos conciben los principios primeros, que son el Uno y la Díada indefinida de lo grande y lo pequeño, como contrarios. Ahora bien, los contrarios no pueden existir en cuanto tales en sí y por sí mismos, sino sólo en un sustrato; por tanto, al presuponer un sustrato para poder existir, no son principios:

> En realidad, todo se engendra a partir de los contrarios, por cuanto son inherentes a un sustrato. Así, todos los contrarios se predican necesariamente de un sujeto (...). Sin embargo, no hay nada contrario a la sustancia, como la experiencia lo muestra y el razonamiento lo confirma. Ninguno de los contrarios es, pues, en sentido absoluto, principio de todas las cosas, sino que este principio ha de ser otro[180].

He ahí un caso típico de presentación de la teoría del adversario transformada según las propias pautas para luego criticarla en función de éstas. De hecho, la teoría platónica de los principios primeros es mucho más com-

---

178. *Metaf.*, VII 3, 1029 a 5-7.
179. *Metaf.*, XIV 1-3.
180. *Metaf.*, XIV 1, 1087 a 36-1087 b 4.

pleja, como el lector interesado podrá comprobarlo en los libros de Krämer y de Gaiser sobre Platón[181] y en mi volumen *Per una nuova interpretazione di Platone*[182].

Análoga y bastante intrincada es la posición crítica de Aristóteles frente a la concepción de los entes matemáticos «intermedios», sobre todo tal como la expone en los libros XIII y XIV, pero también cada vez que toca ese tema.

En el libro III, por ejemplo, adopta la postura extrema, multiplicando astutamente las incoherencias que resultan de esa teoría (aun en cosas no dichas por Platón) y amplificándolas en ocasiones como en un complicado juego de espejos que se reflejan unos a otros. Si se admiten los entes matemáticos intermedios — dice Aristóteles —, habrá que admitir también, puesto que la astronomía es una ciencia matemática, que existen un «cielo intermedio» (además del sensible), otro sol, otra luna y otras estrellas. Lo mismo se aplicaría a la ciencia de las armonías (sonidos con base matemática): además de los sonidos sensibles, existirían sonidos intermedios, sensaciones intermedias y hasta seres animados intermedios entre los sensibles y los inteligibles. Y otro tanto podría decirse de la geodesia y la medicina[183].

Naturalmente, la teoría platónica de los entes matemáticos intermedios tiene una importancia y alcance bien distintos de los que se infieren al leer esas críticas. En realidad, Platón quería dar a entender que los números y los entes matemáticos no se encuentran de por sí en las cosas sensibles ni pueden percibirse por medio de los sentidos. No obstante, los números y las figuras geométricas existen, y ello en sentido propio, en cuanto inteligibles. Pero, a diferencia de las Ideas, que son únicas, los números y los entes matemáticos son múltiples y por tanto han de tener un *status* ontológico distinto a la vez del de aquéllas y del de los seres sensibles, precisamente en razón de su inteligibilidad; tales entes son inteligibles como las Ideas y múltiples como las cosas sensibles, lo que explica su *status* ontológico «intermedio»[184].

---

181. H. Krämer, *Platone e i fondamenti della metafisica*, introducción y traducción de G. Reale, Vita e Pensiero, Milán 1994⁵; K. Gaiser, *La dottrina non scritta di Platone*, presentación de G. Reale, introducción de H. Krämer, traducción de V. Cicero, Vita e Pensiero, Milán 1994; Id., *La metafisica della storia in Platone*, op. cit.

182. Véanse en particular las páginas 214-312.

183. Cf. *Metaf.*, III 2, 997 b 12-34.

184. Cf. Reale, *Per una nuova interpretazione di Platone*, 20ª ed., *op. cit.*, p. 238.

9.4. Consecuencias de la crítica aristotélica del concepto básico de Platón relativo a la distinción entre inteligencia e inteligible

El punto más delicado e importante que debe entenderse bien para caer en la cuenta del gran alcance de sus implicaciones y consecuencias consiste en la crítica aristotélica de las Ideas de Platón y del predominio que éste atribuye a la Inteligencia, rebajando así ontológicamente el mundo inteligible como estructura del mundo sensible.

Según Platón, la Inteligencia actúa sólo en relación con lo Inteligible, entendido sobre todo como Idea del bien y vinculado al mundo ideal en particular y en general. La Idea del bien y el mundo ideal constituyen el modelo al que se refiere la Inteligencia demiúrgica en su obrar. En este sentido, desde el punto de vista axiológico, la Inteligencia está subordinada a lo inteligible y depende de lo inteligible[185].

Aristóteles elimina precisamente esa subordinación y dependencia. Al decir que la verdadera sustancia trascendental tiene que ser la Inteligencia y no lo Inteligible, distingue y separa de modo implícito el cosmos inteligible de la Inteligencia suprema. Ésta se concibe como pensamiento que se piensa a sí mismo, pues la Inteligencia suprema sólo puede pensar lo perfecto, que coincide con Ella misma.

Leamos el pasaje fundamental sobre esta cuestión:

> Evidentemente, [si la Inteligencia divina pensara otra cosa], eso otro, es decir, lo Inteligible, sería más noble que la Inteligencia misma, pues la facultad y el acto de pensar son también propios del que piensa lo más indigno; por tanto, si debe evitarse esto último, porque es mejor no ver ciertas cosas que verlas, el pensamiento no podría ser lo que hay de más noble. Entonces, si la Inteligencia divina es lo más excelente de cuanto existe, se piensa necesariamente a sí misma y su pensar es pensamiento de pensamiento[186].

Según Aristóteles, pues, dada esa neta separación entre la Inteligencia y lo Inteligible, no puede concebirse el cosmos inteligible como cosmos noético de la Inteligencia suprema, sino sólo como trama inteligible inmanente al mundo sensible.

---

185. *Ibid.*, p. 696 s.
186. *Metaf.*, XII 9, 1074 b 29-35.

La filosofía occidental no regatearía esfuerzos para demostrar la tesis de las Ideas platónicas entendidas como *pensamientos de Dios*. En este sentido fueron importantes las aportaciones de Filón de Alejandría y del autor del *Didaskalikós* (Alcinoo o Albino, quienquiera que fuese). Mas los verdaderos fundamentos de esta doctrina se deberían a Plotino, con su explicación de la hipóstasis metafísica del *Nous*, unidad global del ser y el pensar.

Capítulo 4

FORTUNA DE LA OBRA

1. La Metafísica *de Aristóteles en el mundo antiguo*

En la Antigüedad, la *Metafísica* de Aristóteles no ejerció ningún influjo significativo, al menos durante el período helenístico. Teofrasto, primer sucesor de Aristóteles en la dirección del Peripato (desde 322-321 hasta aproximadamente 288-284), fue un extraordinario investigador de cultura enciclopédica, pero con talento especulativo netamente inferior al de su maestro. Compuso un escrito metafísico de carácter problemático, no sistemático, es decir, más centrado en la discusión de cuestiones protológicas que en su solución. Además, presentó las cosas desde un punto de vista predominantemente cosmológico, aunque no dejara de abordar el aspecto teológico planteando algunos problemas sobre el Motor inmóvil. (Véase una amplia y detallada discusión sobre ese texto en G. Reale, *Teofrasto e la sua aporetica metafisica. Saggio di ricostruzione et di interpretazione storico-filosofica con traduzione e commento della «Metafisica»*, Ed. La Scuola, Brescia 1964; de esa obra de Teofrasto existen ya dos nuevas e importantes ediciones publicadas al mismo tiempo: una en francés, *Théophraste Métaphysique*, texto crítico, traducción y notas de A. Laks y G.W. Most con la colaboración de Ch. Larmore y E. Rudolph y con traducción árabe de M. Crubellier, Les Belles Lettres, París 1993; y otra en inglés, *Theophrastus Metaphysics*, introducción, traducción y comentario de M. van Raalte, ed. E.J. Brill, Leiden-Nueva York-Colonia 1993.)

Después de Teofrasto, el Peripato fue adoptando posiciones cada vez más orientadas en un sentido fisicista y materialista. Estratón de Lámpsaco (que dirigió la escuela desde 288-284 hasta 274-270) se centró en los conceptos de materia y movimiento, eliminando los de forma, finalidad y Motor inmóvil. Más adelante, a partir de 270, el Peripato llegó incluso a recibir a epicúreos y a estoicos, olvidándose por completo de los problemas metafísicos.

Los escritos de los Peripatéticos de la época helenística fueron editados por F. Wehrli, *Die Schule des Aristoteles*, textos y comentario, 10 fascículos, Benno Schwabe Verlag, Basilea-Stuttgart 1944-78. Para una exposición sintética de su pensamiento, cf. G. Reale, *Storia della filosofia antica*, 5 vols., Vita e Pensiero, Milán 1975-80 (varias reimpresiones), vol. III, p. 123-55.

Entre las causas que provocaron la rápida decadencia del Peripato destaca en primer lugar el que la escuela se viera de improviso privada de su biblioteca. En efecto, Teofrasto, a su muerte, dejó en herencia los edificios y el jardín a la Escuela, pero legó la biblioteca, incluidos todos los escritos escolares de Aristóteles, a Neleo de Escepsis, que la trasladó a Asia Menor y la dejó en propiedad a sus herederos (cf. Diógenes Laercio, V 52, y Estrabón, XIII 1, 54). más tarde, éstos escondieron los libros para sustraerlos a los reyes atálidas (que estaban construyendo la biblioteca de Pérgamo). A principios del siglo I a. de J.C., el bibliófilo Apelicón los adquirió y los transportó a Atenas, donde sin embargo permanecieron poco tiempo, hasta 86 a. de J.C., fecha en que Sila los confiscó y se los llevó a Roma. Allí el gramático Tiranión comenzó a transcribirlos sistemáticamente, mas no pudo terminar su labor. Fue Andrónico de Rodas (designado por la tradición como el undécimo gran peripatético) quien, venido a Roma con la intención de recuperar para el mundo filosófico la herencia intelectual de Aristóteles, llevó a buen fin, en la segunda mitad del siglo I a. de J.C., la publicación de las obras escolares del Estagirita, conforme a un esquema orgánico muy preciso.

A raíz de la edición de Andrónico dio comienzo el trabajo de presentación y exégesis del pensamiento aristotélico reflejado en aquellos textos de escuela que, siendo de por sí bastante difíciles, requerían complejas explicaciones.

La primera exposición sistemática del pensamiento de Aristóteles basado en las obras de escuela fue probablemente la de Nicolás de Damasco (a caballo entre las épocas pagana y cristiana), publicada con el título de *En torno a la filosofía de Aristóteles*. H.J. Drossaart Lulofs ha llegado a recuperar una serie de fragmentos de esta obra: cf. *Nicolaus Damascenus on the Philosophy of Aristotle. Fragments of the first five Books translated from the*

Syriac, con introducción y comentario, ed. E.J. Brill, Leiden 1969². Véanse también, p. 134 s., los fragmentos relativos a la presentación de los problemas metafísicos. Fue precisamente Nicolás quien utilizó por vez primera el término de «metafísica», como ya lo hemos señalado en el párrafo segundo del capítulo 1.

A la edición de las obras de Aristóteles por Andronico siguió un breve período de neoaristotelismo encarnado sobre todo por Alejandro de Afrodisia, que enseñó en Atenas desde fines del siglo I hasta el año 211 d. de J.C. Su comentario de la *Metafísica* (tenido no obstante por apócrifo a partir del libro VI) es de extraordinario valor hermenéutico y constituye todavía hoy un punto de referencia para los intérpretes de Aristóteles.

Véase la espléndida edición de ese comentario, *Alexandri Aphrodisiensis in Aristotelis Metaphysica commentaria*, a cargo de M. Hayduck, ed. Georg Reimer, Berlín 1891, que encabeza la gran colección de los «Commentaria in Aristotelem Graeca». Se está trabajando actualmente en una traducción al inglés, publicada en varios volúmenes, Cornell University Press, Ithaca-Nueva York 1989 s., y existe también en proyecto una traducción italiana (cf. G. Movia, *Alessandro di Afrodisia tra naturalismo e misticismo*, Antenore, Padua 1970, y P.L. Donini, *Tre studi sull'aristotelismo del II secolo d.C.*, Paravia, Turín 1974).

Para todo lo referente al aristotelismo de aquella época (y a la temática que nos interesa) representa una etapa esencial la obra de P. Moraux, *Der Aristotelismus bei den Griechen*, vol. I, Walter de Gruyter, Berlín 1973; vol. II, Berlín 1984. La obra llega hasta el siglo II d. de J.C.; tenía que haberle seguido un volumen sobre Alejandro de Afrodisia, pero el autor falleció repentinamente (está publicándose una traducción italiana de S. Tognoli, Vita e Pensiero, Milán 1997).

Mencionemos también un comentario del libro XII de la *Metafísica*, que nos ha llegado en hebreo y latín, obra del peripatético Temistio (siglo IV): *Themistii in Aristotelis Metaphysicum librum Λ paraphrasis hebraice et latine*, a cargo de S. Landauer, ed. Georg Reimer, Berlín 1903.

Los comentarios de las obras de Aristóteles tuvieron también mucha aceptación entre los Neoplatónicos, comenzando por Porfirio. El propio Plotino dio gran relieve e importancia a la *Metafísica* aristotélica. En la *Vida de Plotino*, 14, de Porfirio, se lee: «En los escritos de Plotino aparecen mezcladas de modo imperceptible las enseñanzas de Estoicos y Peripatéticos y muy a menudo se utiliza la *Metafísica* de Aristóteles.» Asimismo en las escuelas neoplatónicas, Aristóteles llegó a convertirse en una especie de introducción intelectual a la filosofía, es decir, una preparación sistemática para comprender a Platón. Naturalmente, se hacía especial hincapié en los problemas *teológicos de la Metafísica*. En la *Vida de Proclo*, 13, Marino de Neápolis dice: «En apenas dos años, Proclo leyó, juntamente con Siriano, todas las obras aristotélicas de lógica, ética, política, física y de *la ciencia teológica que es superior a esas otras ciencias*.»

De los Neoplatónicos nos han sido transmitidos, en el original griego, dos comentarios de la *Metafísica* escritos precisamente desde la perspectiva indicada: uno del propio Siriano y el otro, incompleto, de Asclepio, del siglo VI (publicados en la colección «Commentaria in Aristotelem Graeca»: *Syriani in Metaphysica commentaria*, a cargo de G. Kroll, ed. Georg Reimer, Berlín 1902; *Asclepii in Aristotelis Metaphysicorum libros A-Z commentaria*, a cargo de M. Hayduck, ed. Georg Reimer, Berlín 1888).

Recordemos finalmente el comentario de Filópono, que sólo conocemos por la traducción latina de F. Patritius: *Breves sed apprime doctae et utiles expositiones in omnes XIV Aristotelis libros eos qui vocantur Metaphysici*, Ferrara 1586.

2. La Metafísica *de Aristóteles durante la Edad Media, el Renacimiento y la «segunda Escolástica»*

En el mundo latino, hasta el siglo XII, se leyeron solamente los dos primeros tratados del *Organon* en la traducción, que llegaría a considerarse «canónica», de Severino Boecio. Pero donde verdaderamente renació el pensamiento aristotélico fue en el mundo árabe, a partir del siglo IX. En Bagdad se fundó una escuela de traductores del griego donde se tradujeron, además de varias obras de Aristóteles, numerosos comentarios (de Alejandro, Temistio, Porfirio y Amonio). Aristóteles fue interpretado desde un punto de vista neoplatónico. Se tradujeron extractos de las *Enéadas*, que circularon con el título de *Theologia Aristotelis*, y otros de los *Elementos de teología*, de Proclo, con el título de *Liber de causis*, atribuido en aquel entonces a Aristóteles.

En la segunda mitad del siglo IX, Al-Kindi codificó los cánones de interpretación del pensamiento del Estagirita con notables infiltraciones neoplatónicas, especialmente en la obra *Introducción al estudio de Aristóteles*.

Al-Farabi continuó en el siglo X la labor de comentar los escritos de Aristóteles.

A principios del siglo XI, Avicena dio una orientación original al aristotelismo árabe. En particular, como recientemente se ha señalado, hizo una importante distinción entre el *objeto* de la metafísica, o sea el objeto en torno al cual giran las investigaciones de esa ciencia, y *lo que realmente busca* a partir de tal objeto de estudio y a lo cual pretende llegar, es decir, Dios.

Sin embargo, como comentador de Aristóteles por excelencia se impuso, en el siglo XII, Averroes (*«che il gran comento feo»*, dice Dante en el *Infierno*, IV 144), quien liberó hasta cierto punto la exégesis aristotélica de las infiltraciones neoplatónicas y presentó los textos de Aristóteles en varios niveles exegéticos. Tocante al comentario de Averroes sobre la *Metafísica*, señalemos la traducción latina publicada en el siglo XVI: *Tomus octavus operum Aristotelis* (...). *Universam illam scientiam complectens quam Metaphysicam vocant vel sapientiam* (...), *cum Averrois Cordubensis duplici expositione* (...), Venecia 1560.

Recordemos que, a través de España, Sicilia e Italia meridional, el aristotelismo árabe influyó decisivamente en el pensamiento latino de la Edad Media, especialmente en el de la Escolástica.

Las traducciones latinas de los textos aristotélicos se iniciaron en el siglo XII. Entre 1128 y 1155, Giacomo Veneto tradujo varias obras, incluida la *Metafísica* (a partir del siglo XIII se tradujeron también diversos comentarios). Mas la traducción de la *Metafísica* que llegó a imponerse definitivamente fue la de Guillermo de Moerbeke (ya hemos indicado que faltaban aquí los dos últimos libros). Aparte de esas traducciones de Aristóteles y de sus comentaristas griegos, se hicieron también, durante los siglos XII y XIII, traducciones del árabe, sobre todo de obras relacionadas con los comentarios de Averroes.

Gran influjo tuvieron en la Edad Media algunas paráfrasis de la obra de Aristóteles, en particular las de Alberto Magno, entre la cuales figuran las dedicadas a la *Metafísica* (Albertus Magnus, *Opera Omnia*, París 1890-93, vol. VI, *Metaphysicorum libri*). Sobre todas las demás se impuso la exégesis de Tomás de Aquino, *In duodecim libros Metaphysicorum libri* (reeditada varias veces; la edición más cómoda y accesible es la de M.R. Cathala y R. Spiazzi, ed. Marietti, Turín 1950).

Tomás daba esta equilibrada interpretación del objeto de la metafísica:

> *Dicitur enim scientia divina sive «theologia» in quantum praedictas substantias* [= *Deus et intelligentiae*] *considerat. «Metaphysica», in quantum considerat ens et ea quae consequuntur ipsum. Haec enim a transphysica inveniuntur in via resolutionis, sicut magis communia post minus comunia. Dicitur autem «prima philosophia», in quantum primas rerum causas considerat.*
> (Proemio)

Egidio Romano y Enrique de Gante comentaron también la *Metafísica*. Fue famosa la obra de Duns Escoto, *Quaestiones subtilissimae super libros Metaphysicorum expositio* (en Opera Omnia, París 1891-95, vol. VII).

Para un panorama global de los comentarios latinos de Aristóteles en el Medievo, véase: C.H. Lohr, *Medieval Latin Aristotle Commentaries*, en «Traditio», 23 (1967), p. 313-413; 24 (1968), p. 149-245; 26 (1970), p. 135-216; 27 (1971), p. 251-351; 28 (1972), p. 281-396; 29 (1973), p. 93-197; 30 (1974), p. 119-44; «Bulletin de Philosophie Médiévale», 14 (1972), p. 116-26; 15 (1973), p. 131-36.

Hagamos notar que el Medievo, sobre todo a partir de Alberto Magno, extrajo de la *Metafísica* de Aristóteles algunas nociones básicas: las categorías esenciales para entender a Dios (ser supremo, forma pura, pensamiento de pensamiento), la concepción de la estructura hilemórfica del mundo físico, la noción de sustancia, la de acto y potencia y las vinculadas a éstas.

En el Renacimiento volvió a ponerse de moda el pensamiento aristotélico, con la publicación de nuevas traducciones y comentarios. La visión general más completa en la actualidad sobre la problemática de aquella época nos la ofrece el libro de Ch. B. Schmitt, *Problemi dell'aristotelismo rinascimentale*, ed. Bibliopolis, Nápoles 1983. Schmitt escribe: «Baste pensar que, según un cálculo aproximado, entre la invención de la imprenta y el año 1600 se publicaron de tres mil a cuatro mil ediciones de *Aristotelica*» (p. 38). Un repertorio de los comentarios renacentistas de las obras de Aristóteles se encuentra en C.H. Lohr, *Renaissance Latin Aristotle Commentaries*, en «Studies in the Renaissance», 21 (1974), p. 228-89; «Renaissance Quarterly», 28 (1975), p. 689-741; 29 (1976), p. 414-745; 30 (1977), p. 681-741; 31 (1978), p. 532-603; 32 (1979), p. 529-80; 33 (1980), p. 623-734; 35 (1982), p. 164-286.

En realidad, la traducción renacentista de la *Metafísica* es obra de un platónico, el cardenal Bessarión. Se trata de una versión integral (es decir, con los libros XIII y XIV que faltaban en las traducciones medievales), la cual viene sirviendo hasta nuestros días de modelo y punto de referencia.

Dado el espíritu laico de los aristotélicos renacentistas, así como su amor a la ciencia y a la dimensión física del mundo, su interés no se centró en las cuestiones metafísicas. Éstas se manifestaron mayormente en el marco de la viva polémica que algunos aristotélicos entablaron con algunos platónicos. El primer defensor de la oposición entre Aristóteles y Platón fue Jorge Gemisto Pletón, quien, llegado a Italia desde Bizancio para asistir al concilio de Florencia, sostuvo la tesis de que la reunificación de las corrientes religiosas sólo podía darse sobre el fundamento de la metafísica platónica (entendida desde la perspectiva neoplatónica). Hacia 1440, publicó una *Comparación entre la filosofía de Platón y la de Aristóteles*, que suscitó una violenta reacción por parte de los aristotélicos y dio origen a toda una serie de escritos polémicos. Jorge Escolario Gennadio y Teodoro Gaza intervinieron enérgicamente en el debate. Se hizo sobre todo famosa la réplica de Jorge de Trebisonda a Platón con el libro *Comparación entre los filósofos Platón y Aristóteles* (1455) y, todavía más, la contrarréplica del cardenal Bessarión en una obra que llevaba el significativo título de *Contra un calumniador de Platón* (1469).

Otro renacer de Aristóteles tuvo lugar con la denominada «segunda Escolástica», representada por los dominicos y en especial por los jesuitas. Este movimiento culminó en la figura de Francisco Suárez (m. en 1617), con sus impresionantes *Disputationes metaphysicae* (a este respecto véase J.F. Courtine, *Suárez et le systéme de la métaphysique*, Presses Universitaires de France, París 1990), y finalizó con Silvestre Mauro (siglo XVII), que comentó sistemáticamente y con extraordinaria claridad toda la obra aristotélica, situando en primer plano la *Metafísica*.

Suárez imprimió una dirección significativa a la interpretación de la metafísica como ontología. E. Gilson escribía en su obra maestra *El ser y la esencia* (1948):

> Se hace hoy libre uso del término «Ontología» y nosotros mismos lo hemos empleado hasta ahora sin escrúpulos —o casi— para designar la ciencia del ser como tal y de sus propiedades. Notemos, con todo, que se trata de un término relativamente moderno, ya que (...) surgió por vez primera en el siglo XVII. Por regla general, estas modificaciones de la terminología no carecen de sentido filosófico. Podemos preguntarnos, en particular, si la esencia-

lización del ser (...) no provocó una ruptura en la filosofía primera y, al disociar la teología natural, ciencia del Ser en cuanto Ser, de una filosofía primera articulada en torno a la noción abstracta del ser, no liberó también la Ontología pura de todo compromiso con el ser actualmente existente. Francisco Suárez, sin llegar a tal extremo, abrió el camino en ese sentido y su influjo tuvo mucho peso en el movimiento que conduciría finalmente a dicha disociación.

Mencionemos los títulos de algunos comentarios de la época: *Quaestiones Magistri J. Versoris super Metaphysicam Aristotelis*, Colonia 1494 (reimpr. Minerva, Francfort 1967); Dominicus de Flandria, *Quaestiones super XII libros metaphysicorum*, Venecia 1499 (reimpr. Minerva, Francfort 1967); J. de Janduno, *Quaestiones in XII libros Metaphysicae*, Venecia 1554, 1561 (reimpr. Minerva, Francfort 1966); J. Buridanus, *In Metaphysicam Aristotelis quaestiones ab ipso recognitae*, París 1518 (reimpr. Minerva, Francfort 1963); A. Trombetta, *Quaestiones in Metaphysicam Aristotelis una cum formalitatibus*, Venecia 1504; Faber Stapulensis, *In sex primos Metaphysicorum libros Aristotelis introductio*, París 1505, 1515; A. Niphus, *Expositiones in Aristotelis libros Metaphysices*, Venecia 1518, 1558 (reimpr. Minerva, Francfort 1967); M. A. Flaminius, *Paraphrasis in duodecim Aristotelis libros de prima philosophia*, Venecia 1536, París 1547; P. Ramus, *Scholarum Metaphysicarum l. XIV, in totidem Metaphysicos libros Aristotelis*, París 1566, Francfort 1583, 1610; P. Fonsecae, *Commentarii in libros Metaphysicorum Aristotelis Stagiritae*, Roma 1577, Lyon 1585, Roma 1589, Colonia 1610, 1615 (reimpr. Georg Olms Verlag, Hildesheim 1964); A. Scaynus, *Paraphrasis in XII libros de prima philosophia cum adnotationibus in loca obscuriora*, Roma 1587; F. Suárez, *Disputationes Metaphysicae universam doctrinam duodecim librorum Aristotelis comprehendentes*, Maguncia 1605 (reimpr. Georg Olms Verlag, Hildesheim 1965; trad. it. de las partes 1-3, *Disputazioni metafisiche*, a cargo de C. Esposito, Rusconi, Milán 1996; véase en particular la amplia introducción, p. 6-26); *Aristotelis opera omnia quae extant brevi paraphrasi et litterae perpetuo inhaerente expositione illustrata a Silvestro Mauro*, Roma 1668, París 1887 (en particular el volumen IV, que contiene *De anima, Parva naturalia* y *Metaphysica*).

Recuérdese que el término «ontología» se acuñó en la primera mitad del siglo XVII y aparece tanto en el *Lexicon Philosophicum* de Goclenius (R. Göckel), publicado en Francfort en 1613, como en el *Thesaurus phi-*

losophicum de J. Lorhardus, publicado aquel mismo año en Basilea. Gilson, en su obra de 1948, afirmaba que, según el estado de los conocimientos hasta la fecha en que escribe, el primero en haber utilizado la palabra «ontología» fue J. Clauberg, en su libro de 1647, *Elementa philosophiae sive Ontosophia*. Pero J. F. Courtine, en su artículo *Ontologie ou Métaphysique?* («Giornale di Metafisica», 1985, p. 3-24) reconstruye la historia del término y lo encuentra empleado por primera vez en la obra de Goclenius (cf. sobre todo p. 15-16). Por su parte, Ch. Scheibler fijó la distinción entre *metaphysica generalis* (teoría del ser en general) y *metaphysica specialis* (teología), que aparece en su *Opus metaphysicum*, publicado en Giessen en 1617, y que luego consagró J. Micraelius en el *Lexicon philosophicum* (Jena 1653).

En la p. 654 del *Lexicon* se lee:

> *Metaphysicae obiectum est ens in quantum ens. Unde vocatur aliquibus ὀντολογία. Unde notetur quod ens intelligatur in communi sub ratione indifferentiae in summa abstractione. Metaphysica dividitur in «Generalem» qua ens in abstractissima ratione et omnimodo indifferentia consideratur, cum quoad naturam tum quoad affectiones (...) et in «Specialem», qua ens consideratur in istis speciebus substantiarum quae ab omni materia sunt absolutae, sed sunt Deus, angeli, et anima separata.*

Esa distinción entre metafísica general y metafísica especial llegaría a ser normativa y en las obras de algunos especialistas sigue todavía sirviendo de tela de fondo. Sin embargo, no se encuentra en la *Metafísica* de Aristóteles, como lo hemos ya demostrado a lo largo de todas estas páginas (aun si, leyendo la *Metafísica* desde una nueva perspectiva teórica, pudiéramos tal vez llegar a esas conclusiones). Véase sobre este punto el libro de Ph. Merlan, *From Platonism to Neoplatonism*, ed. Martinus Nijhoff, La Haya 1953, 1960, 1968³, reimpr. 1975, espec. p. 233-302.

3. La Metafísica *de Aristóteles en la Edad Moderna*

En la Edad Moderna (prescindiendo de los autores ligados a la Escolástica), Aristóteles y en particular su pensamiento metafísico fueron impugnados o dejados completamente de lado. Las declaraciones de Lutero desde un punto de vista religioso-protestante, por una parte, y las de Bacon,

con su filosofía nacida de la revolución científica, por otra, son a este respecto verdaderamente reveladoras.

En 1525, en su obra *Llamamiento a la nobleza cristiana de la nación alemana*, Lutero escribía:

> También las universidades necesitan de una buena y radical reforma. Debo decirlo aun a riesgo de escandalizar a muchos. Todo lo que el papa ha ordenado e instituido tiende en realidad a acrecentar el pecado y el error. ¿Qué son las universidades? Al menos hasta ahora no han servido más que para ser, como dice el libro de los Macabeos, «gimnasios de efebos y de la gloria griega» en las que se lleva una vida libertina, se estudian muy poco la Escritura y la fe cristiana y sólo reina el ciego e idólatra maestro Aristóteles, aun por encima de Cristo. Mi consejo sería que los libros de Aristóteles hasta el presente tenidos por los mejores, *Physica, Metaphysica, De anima y Ethica*, se abolieran junto con todos los otros que hablan de las cosas naturales, ya que nada es posible aprender en ellos ni de lo natural ni de lo espiritual; además, nadie hasta la fecha ha logrado entender su opinión y, con gran trabajo, estudio y gastos inútiles, muchas generaciones y nobles almas han sido verdaderamente oprimidas. Puede decir que un calderero sabe de las cosas naturales más de lo que está escrito en esos libros. Me revuelve el estómago que, con sus falsas palabras, ese maldito, presuntuoso y astuto idólatra haya extraviado y embaucado a tantos entre los mejores cristianos. Dios nos envió en él una plaga para castigarnos por nuestros pecados (*Escritos políticos*).

En cuanto a Bacon, en el *Parto masculino del tiempo*, de 1603, lanzaba no menos graves acusaciones contra Aristóteles:

> Hagamos, pues, el proceso de Aristóteles, el peor de los sofistas, aturdido por su inútil sutileza y despreciable verborrea. Se atrevió incluso, si por ventura un buen viento hubiese empujado la mente humana hacia la playa de alguna verdad, a apresarla en durísimos cepos, junto con un artilugio hecho de demencia para así someterla a las palabras. De su seno han salido y en él se han alimentado esos pérfidos propagadores de nubes, quienes, manteniéndose bien lejos de la luz de la historia de cada cosa y sin preocuparse de describir el mundo, nos abruman con las innumerables necedades de la Escuela, extrayéndolas con su agitada mente del dúctil material de los preceptos y afirmaciones de Aristóteles. Pero su dictador es más culpable que ellos, por-

que, pese a haber recorrido los libres caminos de la historia, conservó intactos los ídolos más oscuros de no sé qué recóndita caverna y tejió sobre esa historia de todos y cada uno de los seres una especie de telaraña que presenta como la trama de las causas, siendo en verdad algo del todo carente de mérito y valor (*Obras filosóficas*).

Una interpretación racionalista de la metafísica que llegó a servir de modelo, la cual partía de Aristóteles, pero luego se alejaba bastante de él, fue la de Ch. Wolff, que subdividía la metafísica especial en tres ramas: cosmología general, psicología racional y teología natural.

He aquí algunas puntualizaciones de Courtine:

> Como es sabido, Ch. Wolff y su discípulo Baumgarten contribuyeron especialmente a vulgarizar el término «ontología» y, en todo caso, por su mediación pasó a Kant y a Hegel. En 1730, Wolff publicó una *Prima philosophia sive Ontologia* que daba comienzo al vasto proyecto de un *opus metaphysicae* donde debían recogerse, además de la ontología, una cosmología general, una psicología y una teología natural. Con Wolff, la ontología se convirtió en parte integrante de la metafísica en su acepción escolástica, como lo atestigua también la *Metaphysica* de Baumgarten, publicada en 1739, que de hecho se abre con estas palabras: *Ad metaphysicam refertur ontologia, cosmologia, psychologia et theologia naturalis*. (*Ontologie ou métaphysique?, op. cit.*, p. 5.)

Precisamente este esquema de la metafísica especial sirvió a Kant de base para su discusión sobre la metafísica en la *Crítica de la razón pura*.

No podemos aquí adentrarnos en la compleja cuestión de los varios significados que da Kant a la palabra «metafísica». Nos bastará con indicar los puntos clave de la crítica (de que en parte hemos ya hablado en el capítulo inicial) desarrollada por Kant en la dialéctica trascendental y que constituyó un hito decisivo en la historia de la filosofía. Según Kant, el horizonte de la experiencia limita, desde el punto de vista cognoscitivo, el pensamiento humano. No obstante, la tendencia de éste a ir más allá de la experiencia es algo natural e irrefrenable, ya que responde a una clara necesidad del espítitu y a una exigencia que forma parte de la naturaleza misma del hombre en cuanto tal. Pero, apenas el espíritu humano se aventura allende los horizontes de la experiencia posible, cae fatalmente en errores que obedecen a una lógica precisa. Kant trata de identificar esa lógica siguiendo el esquema de Wolff de la psicología, cosmología y teología.

Los efectos de la crítica kantiana fueron explosivos, por cuanto se extendió la convicción cada vez más firme de que la metafísica era imposible «como ciencia». Pese a varias tentativas de recuperación desde entonces, esa postura sigue profundamente arraigada en nuestros días. Hemos de añadir, con todo, que la base sobre la que Kant construyó su crítica no era otra que el concepto de la ciencia nacido de la revolución científica. Hoy hasta ese concepto ha caído en desuso por obra de los epistemólogos, comenzando por Popper. Precisamente aquellas «proposiciones universales y necesarias» que, según Kant, eran las piezas del mosaico de la ciencia se rechazan en la actualidad como no científicas, pues las proposiciones científicas se tienen sólo por conjeturas, sobre todo en función de la teoría de Popper sobre la «falsificabilidad», con toda una serie de consecuencias que de ahí se siguen.

Decíamos antes que en la Edad Moderna hubo varias tentativas de recuperación de Aristóteles y de su problemática metafísica. Hegel cambió por completo el juicio sobre Aristóteles en sus *Lecciones de historia de la filosofía*, fruto de las clases dadas en Jena en 1805-1806, en Heidelberg en 1916-1918 y en Berlín entre 1819 y 1830. Esas *Lecciones* fueron publicadas por Michelet en 1833 y luego, con ampliaciones, en 1840-44.

Conviene recordar aquellas opiniones emitidas en una época verdaderamente revolucionaria:

> Aristóteles es uno de los más ricos y profundos genios científicos que jamás existieran, un hombre inigualado en ninguna otra época.
>
> Quien haya estudiado a fondo la obra de Aristóteles no puede menos de considerar que a ningún filósofo se le ha hecho tanto daño, con tradiciones faltas de todo asomo de pensamiento aglutinadas en torno a su filosofía y que aún hoy siguen en pleno auge, a pesar de que durante tantos siglos fue el maestro de todos los filósofos. Se le atribuyen, en efecto, opiniones diametralmente opuestas al contenido de su filosofía. Mientras a Platón se le lee mucho, los tesoros de Aristóteles han permanecido prácticamente ignorados durante siglos, incluida la Edad Moderna, y en lo que toca a su pensamiento siguen en vigor los más infundados prejuicios. Casi nadie conoce sus obras especulativas, lógicas; a las de historia natural se les hace modernamente cierta justicia, al contrario de lo que ocurre con sus ideas filosóficas. Por ejemplo, reina casi uni-

versalmente la opinión de que la filosofía platónica y la aristotélica son del todo opuestas, como el idealismo y el realismo; para los que así piensan, la filosofía de Aristóteles equivale al realismo en su forma más trivial. Platón —dicen— estableció como principio el ideal, y así la idea interna se alimenta de sí misma en su propia creación. Aristóteles, en cambio, ve en el alma una *tabula rasa* que recibe pasivamente desde dentro todas sus determinaciones; la filosofía aristotélica es, pues, según esos críticos, empirismo o lockismo de la peor ralea, etc. Veremos lo poco que todo eso corresponde a la verdad. De hecho Aristóteles superó a Platón en profundidad especulativa, ya que conoció la más honda de las especulaciones, el idealismo, y se nutrió de él, pese a la amplísima parte que concedió al empirismo.

Si la filosofía se tomara verdaderamente en serio, no habría nada más digno que dar un curso sobre Aristóteles, el filósofo que más merece estudiarse entre todos.

Como conclusión de su *Enciclopedia de las ciencias filosóficas en compendio*, Hegel citaba (en el original griego), teniéndolo por cima absoluta de la especulación filosófica, el siguiente pasaje de la *Metafísica* de Aristóteles, en el que veía una anticipación simbólica de sus propias ideas:

El pensamiento que es pensamiento en sí tiene por objeto lo más excelente en sí, y el pensamiento que es real en grado máximo tiene por objeto lo excelente en grado máximo. La inteligencia se piensa a sí misma captándose como inteligible, pues se vuelve inteligible intuyéndose y pensándose a sí misma, de suerte que la inteligencia y lo inteligible coinciden. La inteligencia es, en efecto, el receptáculo de lo inteligible y de la sustancia y está en acto cuando los posee. Por tanto, lo divino en la inteligencia es esa posesión, más aún que la facultad de poseer, y su actividad contemplativa es lo que hay de más deleitoso y excelente. Si pues en esa venturosa condición de la que nosotros a veces disfrutamos se halla Dios permanentemente, es algo aún más admirable. Y tal es en verdad su estado. Él es también Vida, porque la actividad de la inteligencia es vida y Dios es esa actividad misma. Y el acto de Dios subsistente en sí es vida perfecta y eterna. Por eso decimos que Dios vive, eterno y perfecto; a él pertenecen la vida y duración continuas y eternas, pues no otra cosa es ser Dios. (1072 b 18-31)

Téngase en cuenta que los filósofos modernos (Kant inclusive), con la sola excepción de Leibniz, no leían ya los textos de Aristóteles.

El segundo acontecimiento importante que volvió a poner a Aristóteles en primer plano fue la gran edición crítica de Immanuel Bekker, *Aristotelis Opera*. Los dos primeros tomos, publicados en 1831, constituyen la edición crítica propiamente dicha de todas las obras de Aristóteles que nos han sido transmitidas; el tomo III contiene diversas traducciones latinas y se publicó igualmente en 1831; el tomo IV, salido a luz en 1836 y elaborado por Brandis, con algunos suplementos de Usener, consta de numerosos extractos de comentarios griegos; el V, a cargo de V. Rose y publicado en 1880, contiene los fragmentos que subsisten de las obras perdidas y el *Index Aristotelicus*, de Bonitz, que sigue siendo hoy un indispensable e insustituible instrumento de trabajo. Bonitz preparó también una nueva edición de la *Metafísica* con un magistral comentario histórico-filológico en lengua latina (Bonn 1848-49). A consecuencia de todo esto, volvió a estudiarse y analizarse sistemáticamente el pensamiento del Estagirita.

En la escuela de Bekker y Brandis se formó F.A. Trendelenburg, pensador de notable estatura, a cuyas clases asistieron, entre otras celebridades, Kierkegaard, Feuerbach, Marx y Brentano. Su obra más influyente fue *Geschichte der Kategorienlehre*, cuyo primer volumen contiene la «doctrina de las categorías en Aristóteles» (*Aristoteles Kategorienlehre*) y es, en su género, una obra maestra, aun cuando pueda discutirse la interpretación del autor. Recuérdese que las categorías tienen una importancia ontológica de primer orden, como ya lo mostrábamos anteriormente. (Este libro está también disponible en italiano, ed. Vita e Pensiero, Milán 1994; en mi introducción, p. 15-70, el lector interesado encontrará una exposición y amplia discusión de la tesis.)

La obra de Trendelenburg suscitó un apasionado y complejo debate; salió a la palestra el propio Bonitz, en 1853, con la demostración del exacto significado ontológico del término «categoría». (El libro de Bonitz existe igualmente en italiano, con una introducción nuestra: *Sulle categorie di Aristotele*, Vita e Pensiero, Milán 1995.)

En 1847-48, A. Schwegler publicó a su vez en Tubinga una importante edición crítica de la *Metafísica*, con traducción y valiosos comentarios: *Die Metaphysik des Aristoteles*, 4 vols. (reimpr. Minerva, Francfort 1960). Aunque moderadamente, se percibe en esta obra una neta inspiración hegeliana.

Mencionemos por último la obra de Zeller, *Die Philosophie der Griechen in ihrer gechichtlichen Entwicklung* («La filosofía de los griegos en su desarrollo histórico»), que en la segunda parte del segundo volumen (publicado en su forma definitiva en 1878) reconstruía el pensamiento de Aristóteles teniéndolo por piedra angular del pensamiento griego (el autor presentaba en bloque toda la filosofía helenística e imperial como «filosofía postaristotélica» y veía en Aristóteles la fuente creíble por excelencia para la reconstrucción del pensamiento prearistotélico). Zeller interpreta la metafísica de Aristóteles como intento de conciliar concepto puro y «empiría», intento en parte fallido a causa de la inconciliabilidad entre lo universal y lo individual. Y puesto que, según Zeller, como más arriba lo recordábamos, el individuo es para Aristóteles la verdadera sustancia, ésta resultaría, en sentido estricto, incognoscible racionalmente, pues lo accesible a la razón es sólo lo universal, mientras que de lo particular no podemos tener más que un conocimiento empírico.

4. *La* Metafísica *de Aristóteles en el siglo* XX

Para comprender la interpretación de la *Metafísica* de Aristóteles en el siglo XX, hay que referirse a dos trabajos del siglo anterior. El primero es un ensayo de P. Natorp, publicado en 1888 en «Philosophische Monatshefte», que abrió el camino a la tesis de Jaeger y a algunas opiniones de Heidegger (Jaeger asistió durante un semestre a las clases de Natorp, en Marburgo, y Heidegger sucedió a este último en la cátedra). Dada la importancia de ese escrito, propuse en 1995 que se tradujera al italiano y se publicara con una introducción mía (*Tema e disposizione della «Metafisica» di Aristotele*, Vita e Pensiero, Milán 1995).

Como ya lo hemos indicado, la *Metafísica* de Aristóteles parece plantearnos una insuperable contradicción entre *ontología* y *teología*, pero el responsable de esto fue con toda probabilidad no el propio Aristóteles, sino la persona que en el Peripato reunió los distintos libros que constituyen la obra insertando en ella indebidamente pasajes que sirvieran de enlace. Conviene leer el texto en que Natorp expresa una idea todavía hoy bastante difundida, con el agravante de atribuir a Aristóteles mismo la responsabilidad de la contradicción:

Hasta ahora nadie parece haber puesto en claro el motivo por el que esa doble interpretación del quehacer de la filosofía entraña una intolerable contradicción, a saber, que el ser en general o en cuanto tal y el ser determinado o género determinado (1025 b 8 y 9) son contrarios que se excluyen mutuamente. Una ciencia que se ocupa del ser en general y en cuanto tal ha de estar por encima de las ciencias que miran sólo a un aspecto particular del ser; no puede, pues, identificarse a la vez con una u otra de esas ciencias, fuera cual fuere su importancia. La ciencia de que hablamos debe demostrar, por decirlo así, el lugar metafísico de cada uno de los géneros del ser, estableciendo su existencia y su esencia, las cuales, como sabemos, exceden con mucho de los límites de una ciencia particular. Ahora bien, la doctrina universal del ser no guarda esa relación con cada una de las ciencias particulares, que se refieren siempre a un *genos* determinado, ni con una de ellas exclusivamente.— Dados esos presupuestos, de los que arranca VI 1, parece imposible que la *filosofía primera* sea, por un lado, la ciencia universal que sirve de fundamento a todas las demás y, por otro, que coincida con la ciencia del ser inmóvil e inmaterial, es decir, del género supremo del ser. (p. 65 s.)

He ahí una de las ideas determinantes en las que se ha centrado gran parte del debate del siglo XX sobre la metafísica aristotélica, aun si esa idea ha sido recogida y reelaborada por Jaeger, de quien hablaremos en seguida. Para un estudio más detallado de esta cuestión, remito a lo que digo en *L'interpretazione della «Metafisica» di Aristotele proposta da Paul Natorp e la sua importanza storica*, publicado como introducción a la obra de Natorp, *op. cit.*, p. 11-43.

Examinemos ahora las afirmaciones de Jaeger en su *Aristóteles. Primeras líneas de una historia de su evolución espiritual* de 1923, que aborda el problema de la misma manera (sin citar a Natorp) y pretende resolverlo con su célebre interpretación histórico-genética, según la cual la metafísica como *teología* refleja la primera posición tomada por Aristóteles bajo el influjo de Platón, mientras que la metafísica como *ontología* constituye la posición propiamente aristotélica. Los pasajes en que se busca la mediación entre ambas concepciones, en realidad inconciliables desde un punto de vista objetivo —por cuanto la primera es una ciencia *particular* y la segunda una ciencia *universal*—, son intentos, aunque infructuosos, del propio Aristóteles para refundir y unificar sus escritos metafísicos.

He aquí el texto de Jaeger cuyas repercusiones han marcado toda una época:

> Esa determinación de la esencia de la metafísica a partir únicamente de su objeto [es decir, en sentido *teológico*], el ser inmóvil y trascendente, la convierte, por otra parte, en una ciencia particular entre las demás. Siendo así que, como ciencia universal del ser en cuanto tal, solía ponerse en neto contraste con las otras ciencias, que sólo estudian una especie determinada del ser (*ser determinado y género determinado*), aquí se la ve sólo como conocimiento de la especie más eminente del ser (*en torno al ser de mayor valor*). (...) La contradicción es innegable y la percibió ya el propio Aristóteles. En una anotación visiblemente ajena al contexto, que revela así su carácter de algo añadido más tarde a ese pasaje por Aristóteles mismo [*Metafísica*, VI 1, 1025 8 s.] y representa el punto culminante y remate de la introducción, el Estagirita observa lo siguiente [cf. el texto al que acabamos de hacer referencia]. La nota marginal no elimina la contradicción, sino que incluso la hace resaltar. En su intento de unificar con esa añadidura las dos definiciones, Aristóteles entiende por ciencia universal la ciencia del objeto «primero», que es principio en sentido más amplio que las otras especies del ser. Pero en IV 1 y al comienzo de VI, universal significa lo que en general no se refiere a un ser determinado, o sea a una faceta particular del ser. Ahora bien, Aristóteles ni puede defender ni defiende la tesis de que los motores inmateriales que dirigen los movimientos de los astros no constituyen *un ser determinado o una determinada naturaleza del ser*. Podría sospecharse que la *aporía* y su *solución*, que ofrece de modo tan evidente el aspecto de una recapitulación sumaria, no son de Aristóteles, si no se encontraran también en XI 8 y no correspondieran a la contradicción de hecho que allí se da. Hemos de admitir, por consiguiente, que el filósofo no pudo resolver esa «aporía» y que, en todo caso, la presentó sólo después de reunir las dos redacciones.

La interpretación histórico-genética de Jaeger (mencionada ya varias veces y a la que ahora debemos volver para sacar las correspondientes conclusiones) se impuso durante cerca de medio siglo y estimuló a muchísimos especialistas a producir toda una serie de estudios en forma de artículos o de libros. El proceso evolutivo de Aristóteles que, partiendo del Platonismo y pasando por la ontología con la consideración de los varios significados del ser acabó por interesarse en los fenómenos empíricos, sólo en parte puede tenerse por histórico-filológico, ya que en realidad entraña consecuencias de carácter teórico. La primera de todas es la correspondencia casi perfecta de la presunta evolución aristotélica y de su ley de las tres etapas de la evolución científica (teología-metafísica-ciencia positiva) descrita por Comte (como lo he demostrado en *In concetto di filosofia prima e l'unità della Metafisica di Aristotele*, Vita e Pensiero, Milán 1994[6], p. XIII-XXV), con ciertas infiltraciones de ideas clave donde se perciben influjos hegelianos y neokantianos, pasando por la filosofía vitalista de Dilthey (véase, como complemento de lo que digo en *Il concetto...*, el detallado y preciso artículo de M. Vegetti, *L'Aristotele redento di Werner Jaeger*, en «Il Pensiero», 1972, p. 7-50).

Ya algunas interpretaciones de la evolución de Aristóteles muy pronto verificadas —sirviéndose precisamente de los cánones genéticos de Jaeger— que transformaban por completo los términos de dicha evolución, demostraron la fragilidad de los fundamentos histórico-filológicos del nuevo modelo y por ende también de sus presupuestos teóricos.

Ciñéndonos a los casos extremos tocante a la exégesis de la *Metafísica*, recordemos las obras de H. von Arnim (en especial *Die Entstehung der Gotteslehre des Aristoteles*, Wiener Ak. Wiss., Viena-Leipzig 1931), P. Gohlke (ya a partir de los años veinte, pero sobre todo *Die Entstehung der aristotelischen Prinzipienlehre*, Mohr, Tubinga 1954), M. Wundt (*Untersuchungen zur Metaphysik des Aristoteles*, Kohlhammer, Stuttgart 1953) y, en Italia, E. Oggioni (*La filosofia prima di Aristotele*, Vita e Pensiero, Milán 1939, así como la *Introduzione storica, analitica e filosofica* del mismo Oggioni, publicada junto con la traducción de la *Metafísica* por P. Eusebietti, Cedam, Padua 1950). Según estos intérpretes, Aristóteles partió de una posición naturalista para recuperar luego poco a poco la dimensión platónica. O, como pensaba Oggioni, siguió los caminos del naturalismo, pero con fuertes «recaídas» en el platonismo. Hay que mencionar también el intento iconoclasta de J. Zürcher (*Aristoteles' Werk und Geist*, Ferdinand Schöningh, Paderborn 1952) de considerar todo el *Corpus Aristotelicum* como una mezcla de pasajes de Aristóteles y, en gran medida, de Teofrasto; según ese autor, Aristóteles fue siempre un platónico (aunque reformador), mientras Teofrasto se inclinaba cada vez más hacia el empirismo.

El lector interesado encontrará una amplia discusión de todos esos estudios (empezando por el de Jaeger) en nuestro libro *Il concetto di filosofia prima...*; sobre Zürcher hemos publicado un trabajo en 1956 (incluido ahora en la 6ª edición de *Il concetto...*, p. 450-84); sobre Wundt y Gohlke, otros dos en 1958 (reeditados tambien en la 6ª edición de *Il concetto...*, p. 485-514 y 515-72).

Un «toque» teórico a la cuestión suscitada por Natorp y Jaeger vino de P. Aubenque, *Le problème de l'être chez Aristote*, Presses Universitaires de France, París 1962 (obra reeditada varias veces), que lleva la tesis de la escisión de la «metafísica» en *ontología* y *teología* a sus últimas consecuencias, con acierto y gran elegancia incluso en la forma de exponer las ideas. La «aporeticidad» es una característica estructural de la problemática metafísica en cuanto tal, cuyo modelo originario y simbólico, por decirlo así, es Aristóteles.

Citemos dos significativos pasajes del libro:

> Las conclusiones de los capítulos precedentes parecen ser negativas: esa ciencia sin nombre, a la que editores y comentadores darían el ambiguo título de *Metafísica*, oscila eternamente entre una teología inaccesible y una ontología incapaz de liberarse de la dispersión. Por un lado, un objeto demasiado distante; por otro, una realidad demasiado cercana. Por un lado, un Dios inefable porque, siendo inmutable y uno, se sustrae al imperio de un pensamiento que divide aquello de lo que habla; por otro, un ser que, en cuanto mudable, se sustrae a su vez a un pensamiento que sólo habla para unificar lo dividido. Ambos proyectos de Aristóteles, el de un discurso unitario sobre el ser y el de un discurso primero y por tanto fundador, quedan aparentemente frustrados.
>
> Resolver la aporía en el sentido de «darle una solución» significa destruirla; pero resolverla en el sentido de «trabajar por su solución» es efectuarla. Creemos haber demostrado que las aporías de la metafísica de Aristóteles no *tenían* solución, entendiendo por esto que no podían resolverse de ninguna manera en un universo de esencias; mas precisamente porque no tienen solución hay que seguir siempre tratando de resolverlas, y en esa búsqueda de la solución reside en definitiva la solución misma. Buscar la unidad significa haberla ya encontrado. Trabajar por la solución de la aporía es ya un descubrimiento. Tratar incesantemente de averiguar qué es el ser significa haber ya respondido a la pregunta «¿qué es el ser?» No toca a la tradición, sea ésta cual fuere, apropiarse una vez más de ese comienzo que vuelve siempre a comenzar, de esa escisión que vuelve siempre a escindirse y de esa esperanza que renace sin fin. Transmitir la «apertura» equivale a cerrarla: Aristóteles, como lo atesti-

guaría el inmediato porvenir del aristotelismo, fue no tanto el fundador de una tradición como el iniciador de una cuestión de la que él mismo nos advirtió que seguiría siempre siendo inicial y que la ciencia que la formula continuaría siendo eternamente «buscada». No podemos prolongar a Aristóteles; sólo podemos repetirlo, es decir, volver a comenzar. Además, esa repetición no encontrará nunca la insustituible naturaleza de su verdadero comienzo. Hoy sabemos muy bien que, por el hecho de no encontrar lo que busca, el filósofo, en esa misma búsqueda, encuentra lo que no buscaba. Mas esto no es un pensamiento moderno, sino la sentencia perpetuamente arcaica de una sabiduría que Aristóteles juzgaba ya oscura: «Si no se espera, no se hallará lo inesperado, que es inhallable y *aporético*». Heráclito, fr. 18 Diels.

Decíamos antes que, para comprender las muchas interpretaciones importantes de la filosofía aristotélica en el siglo XX, es necesario referirse a dos obras decimonónicas. De la primera, la de Natorp, hemos ya hablado; la segunda es la disertación de F. Brentano, *Von der mannigfachen Bedeutung des Seienden nach Aristoteles*, publicada en 1862. Hemos aludido igualmente a su traducción italiana; para una detallada discusión de la tesis de Brentano, remito a mi introducción *Il significato e l'importanza teoretica e storico-ermeneutica del libro di Franz Brentano «Sui molteplici significati dell'essere secondo Aristotele» e alcune osservazioni critiche di complemento*. Sin ese texto no podría entenderse la posición de Heidegger, que comenta: «El primer escrito filosófico sobre el cual he vuelto una y otra vez a trabajar a partir de 1907 fue la disertación de Franz Brentano.»

Los forcejeos de Heidegger con la metafísica de Aristóteles entendida principalmente como «onto-teología» fueron bastante frecuentes. No es posible hablar aquí de ellos. En lengua italiana existen sobre ese tema dos excelentes obras: F. Volpi, *Heidegger e Aristotele*, Daphne Editrice, Padua 1984, y E. Berti, *Aristotele nel Novecento*, Laterza, Roma-Bari 1992, p. 44-111. La interpretación de Heidegger ejerció gran influencia en otros filósofos, incluido Aubenque, y demuestra que la metafísica de Aristóteles (sea cual fuere el modo en que se interprete) es, en todo caso, un imprescindible punto de referencia.

Naturalmente, a los problemas metafísicos tratados por Aristóteles se les ha dado considerable importancia en los distintos ámbitos de la Neoescolástica y en ciertos sectores inspirados por el pensamiento neoclásico. Citaremos aquí algunos ejemplos entre los más significativos.

En Francia tuvieron gran relieve J. Maritain y E. Gilson (éste sobre todo con su obra *El ser y la esencia, op. cit.*). En Italia se publicaron numerosos trabajos de C. Fabro, M. Gentile, G. Bontadini y E. Berti (de este último merece especial mención *Introduzione alla Metafisica*, UTET, Turín 1994), con un enfoque mayormente teórico. Por nuestra parte, hemos sacado a luz una nueva traducción comentada de la *Metafisica* que, desde 1968, se ha publicado en varias ediciones, reducidas (ed. Rusconi) o ampliadas (la definitiva, en tres tomos, data de 1993). Recordemos que, en la segunda mitad de los años cincuenta, iniciamos una sistemática discusión polémica sobre las interpretaciones histórico-genéticas; el contenido de este debate se recoge en la sexta edición del *Concetto di filosofia prima...* (1994).

En la Universidad de Lovaina trabajaron en el mismo sentido J. Maréchal, A. Mansion y S. Mansion. Desde el punto de vista histórico-hermenéutico, señalemos la importancia de la obra de G. Colle, *Aristote, La Métaphysique*, traducción y comentario (por desgracia interrumpido) del libro IV (Institut Supérieur de Philosophie, Lovaina 1912-31). En el mundo de lengua inglesa se impuso el excelente libro de J. Owens, *The Doctrine of Being in the Aristotelian Metaphysics*, Pontifical Institute of Medioeval Studies, Toronto (CA) 1951, 1978[3], y en el de lengua alemana son dignas de atención varias obras de E. Przywara, J. Lotz y J. Pieper.

Un abigarrado panorama de las distintas tendencias de especialistas inspirados en el pensamiento clásico (o que lo cultivan) podrá encontrarse en *Aristotele. Perché la Metafisica*, a cargo de A. Bausola y G. Reale, Vita e Pensiero, Milán 1994, con artículos de A. Bausola, E. Berti, A. Bos, B. Cassin, A. Ghisalberti, G. Giannantoni, H. Krämer, V. Melchiorre, M. Migliori, M. Mignucci, C. Natali, R. Radice, G. Reale, C. Rossitto, L. Ruggiu, Th.A. Szlezák, V. Verra, C. Vigna, M. Wesoly y I.E. Zielinski. Especialmente útiles para el tema que nos ocupa son el artículo de Zielinski, *Aristotele e Aristotelismo nell'Università Cattolica polacca di Lublino nel '900*, p. 507-25, y el de Wesoly, *La «Metafisica» di Aristotele in Polonia e in Russia*, p. 527-45, donde se presenta con todo detalle el estado de los estudios sobre la *Metafisica* de Aristóteles en los países de Europa Oriental.

Quedan por mencionar las aportaciones de la filosofía analítica, que recientemente muestra un interés cada vez mayor por la ontología. El punto de partida lo constituyen (aparte de la gran traducción al inglés de todas las obras de Aristóteles, publicada hoy en sólo dos volúmenes, con algunas modificaciones, por J. Barnes, *The Complete Works of Aristotle*, Princeton University Press, Princeton 1985) los comentarios de Ross, entre los que sobresale (y es probablemente el mejor) el relativo a la *Metafísica* (*Aristotle's Metaphysics*, texto revisado, introducción y comentario, 2 vols., Clarendon Press, Oxford 1924, 1954^3).

En cuanto al punto de llegada de las investigaciones realizadas dentro de esta corriente, sobre todo en lo que toca a los problemas ontológicos, lo encontramos en la famosa obra de T. Irwin, *Aristotle's First Principles*, Oxford University Press, Oxford 1988. Según Irwin, el método seguido por Aristóteles es, en su sentido más elevado, el de la «dialéctica fuerte», cuyo ejemplo principal no lo ofrece su defensa «refutatoria» del principio de contradicción, en el libro IV. Aristóteles entiende el ser sobre todo como «sustancia», que coincide propiamente con la «forma». En esta concepción se basa *De anima*, donde el alma aparece como *forma* del cuerpo, tesis que sirve igualmente de fundamento a las *Éticas* y a la *Política*. En la introducción de R. Davies (que pertenece también a esta escuela) al libro de Irwin, el lector encontrará un panorama exhaustivo de los distintos investigadores anglosajones que se inspiran en el método analítico en general y se interesan particularmente en los problemas metafísicos. Estas informaciones podrán completarse con el importante tratado de E. Berti en su ya citada obra *Aristotele nel Novecento*, p. 112-85.

Asimismo creemos oportuno mencionar aquí algunos de los comentarios más reveladores y célebres de eruditos inspirados en la filosofía analítica: *Aristotle's Metaphysics Books Γ, Δ, E*, traducción y notas de C. Kirwan, Clarendon Press, Oxford 1971; J. Annas, *Aristotle's Metaphysics. Books M and N*, traducción, introducción y notas, Oxford University Press, Oxford 1976; *Notes on Book Zeta of Aristotle's Metaphysics, being the record by M. Burnyeat and others of a seminar held in London 1975-1979*, Oxford 1984; M. Frede y G. Patzig, *Aristoteles «Metaphysik Z»*, texto, traducción y comentario, Beck, Múnich 1988; D. Bostock, *Metaphysics, Books Z and H*, traducción y comentario, Clarendon Press, Oxford 1994.

Como puede verse, el interés más reciente por la *Metafísica* de Aristóteles se centra precisamente en los libros relativos a la sustancia. Esta problemática aparece hoy tratada en escritos que reflejan todo tipo de tendencias, lo cual era difícil de prever. Consúltese a este respecto la obra más reciente a cargo de Ch. Rapp, *Aristotle's Metaphysik. Die Substanzbücher (Z, H, Θ)*, Akademie Verlag, Berlín 1996, que contiene siete artículos sobre el libro VII, dos sobre el VIII y uno sobre el IX, con una abundante bibliografía sobre el tema.

Desde luego, en la historia de las influencias de la metafísica aristotélica habría que incluir también las de signo negativo, es decir, las diversas posturas antimetafísicas (comenzando por los Nominalistas medievales). El lector encontrará un breve resumen de esas posiciones en la citada obra de Berti, *Introduzione alla metafisica*, p. 33-43.

Un panorama completo de la bibliografía relacionada con la *Metafisica* de Aristóteles nos lo ofrece R. Radice, *La «Metafisica» di Aristotele nel XX secolo. Bibliografia ragionata e sistematica*, presentación de G. Reale, Vita e Pensiero, Milán 1996, 1997² (con la colaboración de cincuenta especialistas de todo el mundo, cuyos nombres figuran en la página siguiente). Se enumeran unos 3500 trabajos, cantidad que no podía preverse y que enriquece considerablemente los datos de las bibliografías ordinarias (tal vez la *Metafísica* sea la obra filosófica antigua más estudiada en nuestro siglo). El índice de conceptos incluye las referencias a las distintas obras mencionadas. Aquí, en la Bibliografía que sigue, nos limitamos a citar los libros, prescindiendo de los artículos, que el lector interesado podrá encontrar en la edición original.

BIBLIOGRAFÍA
(compilada por Roberto Radice)

Obras de carácter bibliográfico

Para los escritos bibliográficos de nuestro siglo sobre la *Metafísica*, remitimos a nuestra obra, que los reproduce, completa y pone al día, refiriéndose también a áreas lingüísticas (finlandés, ruso, griego moderno, rumano, holandés) que suelen pasarse por alto: R. Radice, *La «Metafísica» di Aristotele nel XX secolo. Bibliografia ragionata e sistematica*, con la colaboración de M. Andolfo, A. Aravantinou, M. Bastit, E. Berti, A. Bianchi, E. Cattanei, E. Cavagnaro, M. Inés Crespo, R. Davies, M.C. Davolio, L.A. De Boni, J. De Garay, G. Marcos de Pinotti, S.G. Di Camillo, S. Escobar, A. Evseev, M.L. Femenias, F.G. Gioia, G. Girgenti, A.M. González, I.G. Kalogerakos, A. Kélessidou, A. Koukis, S.B. Maceri, S. Maltseva, E. Maraguianou, G.E. Marcos, O. Nagovizin, M. Protopapá, E.A. Rabuske, G. Reale, F. Saldivia, M.I. Santa Cruz, A. Schiaparelli, N. Scotti Muth, C. Segura, S. Tognoli, G. Tondo, M. Wesoly, presentación de G. Reale, Milán 1996, 1997^2.

Ediciones críticas de referencia

Aristotle's Metaphysics, texto revisado, introducción y comentario de W.D. Ross, 2 vols., Oxford 1924, 1948^2, 1954^3, 1970, 1981.
Jaeger W., *Aristotelis Metaphysica*, Oxford 1957, 1963, 1969.

Traducciones integrales recientes en lengua castellana

Aristóteles. *Metafísica*, traducción de R. Blánquez y J.F. Torres. Iberia, Barcelona, 1984.

Aristóteles, *Metafísica*, traducción de Miguel Candel. Espasa-Calpe, Madrid 1997.
García Yebra, Valentín (ed.), *Metafísica* de Aristóteles. Gredos, Madrid 1997.
Aristóteles, *Metafísica*, traducción de Tomás Calvo Hernández. Gredos, Madrid 1998.

Traducciones integrales en lengua italiana

La Metafísica di Aristotele, traducida al latín por el cardenal Bessarión y ofrecida en versión italiana, con notas que resumen el comentario de santo Tomás de Aquino, por el Dr. G. Dal Sasso, pbro., Padua 1944.
Aristotele, *La Metafísica*, traducida y comentada por R. Bonghi, completada y reimpresa con la parte inédita, introducción y apéndice de F.M. Sciacca, 3 vols., 1942-45.
Aristotele, *La Metafísica*, traducción y comentario de A. Carlini, Bari 1928, 1950².
Aristotele, *La Metafísica*, traducción de P. Eusebietti, con una introducción histórica, analítica y filosófica, a cargo de E. Oggioni, Padua 1950.
Aristotele, *Metafísica*, a cargo de A. Russo, Bari 1971.
Aristotele, *Metafísica*, a cargo de A. Russo, en Aristotele, *Opere*, tomo III, Roma-Bari 1973, 1982.
Aristotele, *La Metafísica*, a cargo de C.A. Viano, Turín 1974, 1992².
Aristotele, *La Metafísica*, introducción, traducción y exégesis de G. Reale, Milán 1978, 1984², 1989³, 1992⁴.
Aristotele, *Metafísica*, introducción, traducción, notas y aparato crítico de G. Reale, apéndice bibliográfico de R. Radice, Milán 1993.
Aristotele, *Metafísica*, introducción, texto griego con traducción paralela y comentario, a cargo de G. Reale, edición aumentada y renovada; tomo II, texto griego con traducción paralela, Milán 1993, 1995².

Traducciones en otras lenguas

Véase aquí mi Bibliografía, citada más arriba, en cuyas páginas 41-48 presento las traducciones al alemán, español, finlandés, francés, holandés, inglés, polaco, portugués, rumano y ruso.

Comentarios sistemáticos e integrales

Bonitz, H., *Aristotelis Metaphysica*, comentario, Hildesheim 1960.
Aristotle's Metaphysics, texto revisado, introducción y comentario de W.D. Ross, 2 vols., Oxford 1924, 1954³.
Aristote, *La métaphysique*, nueva edición enteramente revisada y comentario de J. Tricot, 2 vols., París 1953.
Die Metaphysik des Aristoteles, texto, traducción, comentario y notas interpretativas de A. Schwegler, 2 vols., Francfort del Main 1960 (primera edición en 4 vols., Tubinga 1847-48).
Aristotele, *La Metafisica*, traducción, introducción y comentario de G. Reale, tomo I (libros A-Z); tomo II (libros H-N), Nápoles 1968.
Aristoteles' Metaphysik, tomo I (libros A-E); tomo II (libros Z-N), traducción de H. Bonitz, nueva revisión, introducción y comentario de H. Seidl, Hamburgo 1978-80.
Aristotele, *Metafisica*, introducción, texto griego con traducción paralela y comentario, a cargo de G. Reale, edición aumentada y renovada; tomo III, Sumarios y Comentario, Milán 1993, 1995² (primera edición: 1968).

Comentarios de los distintos libros

Elders, L., *Aristotle's Theory on the One. A Commentary on Book X of the Metaphysics*, Assen 1961.
Aristotle's Metaphysics Books Γ, Δ, E, traducción y notas de C. Kirwan, Oxford 1971, 1980², 1984³.
Elders, L., *Aristotle's Theology. A Commentary on Book L of the «Metaphysics»*, Assen 1972.
Rayeff, F., *Aristotle and his School. An Inquiry into the History of the Peripatos, with a Commentary on Metaphysics Z, H, Λ, and Θ*, Londres 1974.
Annas, J., *Aristotle's Metaphysics, Books M and N*, traducción, introducción y notas, Oxford 1976.
AA. VV., *Notes on Book Zeta of Aristotle's Metaphysics, being the record by M. Burnyeat and others of a seminar held in London*, Oxford 1979, reimpr. 1986.
Schmitz, H., *Die Ideenlehre des Aristoteles*, vol. I, *Aristoteles*, tomo I, *Kommentar zum 7. Buch der Metaphysik*, Bonn 1985.
Frede M., Patzig G., *Aristoteles «Methaphysik Z»*, introducción, texto, traducción y comentario, 2 vols., Múnich 1988.

La décision du sens. Le livre Gamma de la Métaphysique d'Aristote, introducción, texto, traducción y comentario de B. Cassin y M. Narcy, París 1989.

Witt, C., *Substance and Essence in Aristotle. An Interpretation of «Metaphysics» VII-IX*, Ithaca-Londres 1989.

Blyth, D. J., *Aristotle's Metaphysics Book L*, traducción y comentario, tes., Evanston 1990.

Aristote, *Métaphysiques, Livre Delta*, texto, traducción y comentario de M.P. de Duminil y A. Jaulin, Toulouse 1991.

Obras monográficas

Dimmler, H., *Aristotelische Metaphysik. Auf Grund der Ousia-Lehre entwicklungs-geschichtlich dargestellt*, Kempten-Múnich 1904.

Johnson, E.H., *The Argument of Aristotle's Metaphysics*, tes., Nueva York 1906.

Robin, L., *La théorie platonicienne des idées et des nombres d'après Aristote. Étude historique et critique*, París 1908, reimpr. Hildesheim 1963.

Meyer, H., *Der Entwicklungsgedanke bei Aristoteles*, Bonn 1909.

Watson, J. M., *Aristotle's Criticisms of Plato*, a cargo de J. Burnet, Oxford 1909.

Bauch, B., *Das Substanzproblem in der griechischen Philosophie bis zur Blütezeit (Seine geschichtliche Entwicklung in systematischer Bedeutung)*, Heidelberg 1910, espec. p. 217-65.

Tatarkiewicz, W., *Die Disposition der aristotelischen Prinzipien*, Giessen 1910.

Werner, C., *Aristote et l'idéalisme platonicien*, París 1910, espec. p. 3-124.

Goedeckemeyer, A., *Die Gliederung der aristotelischen Philosophie*, Halle 1912.

Jaeger, W., *Studien zur Entstehungsgeschichte der Metaphysik des Aristoteles*, Berlín 1912.

Pletschette, G., *Der alte Gottesbeweis und das moderne Denken*, Paderborn 1914, espec. p. 73-146.

Chevalier, J., *La notion du nécessaire chez Aristote et chez ses prédécesseurs, particulièrement chez Platon. Avec des notes sur les relations de Platon et d'Aristote et la chronologie de leurs oeuvres*, París 1915.

Carteron, H., *La notion de force dans le système d'Aristote*, París 1923.

Jaeger, W., *Aristoteles, Grundlegung einer Geschichte seiner Entwicklung*, Berlín 1923.

Rolfes, E., *Die Philosophie des Aristoteles als Naturerklärung und Weltanschauung*, Leipzig 1923, espec. p. 334-75.

Stenzel, J., *Zahl und Gestalt bei Platon und Aristoteles*, Leipzig-Berlín 1924, 1933², Darmstadt 1959³.

Schulze-Sölde, W., *Metaphysik und Erkenntnis bei Aristoteles*, Tubinga 1926.

Schilling-Wollny, K., *Aristoteles' Gedanke der Philosophie*, Múnich 1928.
Stenzel, J., *Zur Theorie des Logos bei Aristoteles*, en «Quellen und Studien zur Geschichte der Mathematik, Astronomie und Physik», I, 1929.
Mugnier, R., *La théorie du premier moteur et l'évolution de la pensée aristotélicienne*, París 1930.
Von Arnim, H., *Die Entstehung der Gotteslehre des Aristoteles*, Viena-Leipzig 1931. Reeditado en 1969 con el título de *Die Entwicklung der aristotelischen Gotteslehre*.
Vogelbacher, J., *Begriff und Erkenntnis der Substanz bei Aristoteles*, Limburgo del Lahn 1932.
Bremond, A., *Le dilemme aristotélicien*, París 1933.
De Corte, M., *La doctrine de l'intelligence chez Aristote. Essai d'exégèse*, prólogo de M.E. Gilson, París 1934.
Antweiler, A., *Der Begriff der Wissenschaft bei Aristoteles*, Bonn 1936.
Badareu, D., *L'individuel chez Aristote*, París 1936.
Sbarra, A., *La Filosofia prima di Aristotele*, Nápoles 1937, espec. p. 53-80.
Arpe, C., *Das τὶ ἦν εἶναι bei Aristoteles*, Hamburgo 1938, Nueva York 1976.
Preiswerk, A., *Das Einzelne bei Platon und Aristoteles*, Leipzig 1939.
Sullivan, J. B., *An Examination of First Principles in Thought and Being in the Light of Aristotle and Aquinas*, tes., Washington 1939.
Chen, C. H., *Das Chorismos-Problem bei Aristoteles*, Berlín 1940.
Meeham, F. X., *Efficient Causality in Aristotele and St. Thomas*, tes., Washington 1940, espec. p. 6-156.
Hartmann, N., *Zur Lehre vom Eidos bei Plato und Aristoteles*, Berlín 1941.
Muskens, G. L., *De vocis ἀναλογία significatione ac usu apud Aristotelem*, Groninga 1943.
Reidemeister, K., *Das System des Aristoteles*, Leipzig-Berlín 1943.
Cherniss, H., *Aristotle's Criticism of Plato and the Academy*, Baltimore 1944, Nueva York 1962[2].
Mansion, S., *Le jugement d'existence chez Aristote*, Lovaina-París 1946, espec. p. 218-53. Reeditado en 1976.
Szilasi, W., *Macht und Ohnmacht des Geistes, Interpretationen zu Platon: Philebos und Staat VI. Aristoteles: Nikomachische Ethik, Metaphysik IX und XII, Über die Seele III, Über die Interpretation c 1-5*, Berna 1946, espec. p. 209-41, 266-84.
Oggioni, E., *Il problema dell'analitica dell'essere in Aristotele*, Bolonia 1947.
Dubarle, D., *La causalité dans la philosophie d'Aristote*, París, sin fecha [¿1950?].
Oggioni, E., Introducción histórica, analítica y filosófica a Aristotele, *La Metafisica*, traducción de P. Eusebietti, Padua 1950.
Owens, J., *The Doctrine of Being in the Aristotelian Metaphysics. A Study in*

the Greek Background of Medieval Thought, prólogo de E. Gilson, Toronto 1951, 1962², Toronto-Leiden 19783.

De Rijk, L. M., *The Place of the Categories of Being in Aristotle's Philosophy*, Assen 1952.

Zürcher, J., *Aristoteles' Werk und Geist*, Paderborn 1952.

Libertini, C., *Il πρῶτον κινοῦν ἀκίνητον nella dottrina aristotelico-tomista*, Nápoles 1953.

Merlan, Ph., *From Platonism to Neoplatonism*, La Haya 1953, 1960².

Ulmer, K., *Wahrheit, Kunst und Natur bei Aristoteles. Ein Beitrag zur Aufklärung der metaphysischen Herkunft der modernen Technik*, Tubinga 1953.

Wundt, M., *Untersuchungen zur Metaphysik des Aristoteles*, Stuttgart 1953.

Gohlke, P., *Die Entstehung der aristotelischen Prinzipienlehre*, Tubinga 1954.

Marx, W., *The Meaning of Aristotle's Ontology*, La Haya 1954.

Platzeck, E. W., *Von der Analogie zum Syllogismus. Eine historisch-systematische Untersuchung im Anschluss an Aristoteles' Metaphysik M 4, 1078 b 17-32*, Paderborn 1954.

Gómez Nogales, S., *Horizonte de la metafísica aristotélica*, Madrid 1955.

García Bacca, J.D., *Gnoseología y ontología en Aristóteles*, Caracas 1957.

Moser, S., *Metaphysik einst und jetzt. Kritische Untersuchungen zu Begriff und Ansatz der Ontologie*, Berlín 1958.

Tugendhat, E., *Τί κατὰ τινός. Eine Untersuchung zu Struktur und Urspung aristotelischer Grundbegriffe*, Friburgo-Múnich 1958, 1988⁴.

Mainberger, G., *Die Seinsstufung als Methode und Metaphysik. Untersuchungen über «Mehr und Weniger» als Grundlage zu einem möglichen Gottesbeweis bei Platon und Aristoteles*, Friburgo (Suiza) 1959, espec. p. 148-221.

Manno, A., *Valore e limiti della metafisica aristotelica*, Nápoles 1957.

Stallmach, J., *Dynamis und Energeia. Untersuchungen am Werk des Aristoteles zur Problemgeschichte von Möglichkeit und Wirklichkeit*, Meisenheim am Glan 1959.

Schmitz, J., *Disput über das teleologische Denken. Eine Gegenüberstellung von Nicolai Hartmann, Aristoteles und Thomas von Aquin*, tes., Maguncia 1960, espec. p. 77-111.

Décarie, V., *L'objet de la métaphysique selon Aristote*, Montreal-París 1961.

Deninger, J. G., *«Wahres Sein» in der Philosophie des Aristoteles*, Meisenheim del Glan 1961.

Kremer, K., *Der Metaphysikbegriff in den Aristoteles-Kommentaren der Ammonius-Schule*, Münster 1961.

Lugarini, L., *Aristotele e l'idea della filosofia*, Florencia 1961, 1972².

Reale, G., *Il concetto di filosofia prima e l'unità della Metafisica di Aristotele*, Milán 1961, 1994⁶.

Riondato, E., *Storia e metafisica nel pensiero di Aristotele*, Padua 1961.
Ryan, E. E., *The Notion of Good in Books Alpha, Beta, Gamma and Delta of the «Metaphysics» of Aristotle*, Copenhague 1961.
Aubenque, P., *Le problème de l'être chez Aristote. Essai sur la problématique aristotélicienne*, París 1962, 1966^2, 1972^3, 1977^4.
Berti, E., *La filosofia del primo Aristotele*, Padua 1962.
Crilly, W. H., *The Role of Alpha Minor in Aristotle's Metaphysics. A Study in Aristotelian Methodology*, tes., Friburgo (Suiza) 1962.
Messner, R. O., *Die zwei Grundbereiche der Metaphysik im wohlgeordneten Aufbau der Wissenschaften*, Viena 1962.
Oehler, K., *Die Lehre vom noetischen und dianoetischen Denken bei Platon und Aristoteles*, Múnich 1962.
Zubiri, X., *Sobre la esencia*, Madrid 1962, $1963^{2,3}$, 1972^4, 1985^5.
Buchdahl, G., *Induction and Necessity in the Philosophy of Aristotle*, Londres 1963.
Cherniss, H., *Aristotle's Criticism of Presocratic Philosophy*, Nueva York 1964^2.
Arnold, U., *Die Entelechie. Systematik bei Platon und Aristoteles*, Múnich 1965.
Berti, E., *L'unità del sapere in Aristotele*, Padua 1965.
Buchanan, E., *Aristotle's Theory of Being*, Cambridge (Mass.) 1965.
Fattore, V., *L'essere e il non-essere: valore e limiti della loro conciliazione in Platone ed Aristotele*, Roma 1965.
Gómez Lobo, A., *Symbebekós in der Metaphysik des Aristoteles. Eine Untersuchung zu Vorassetzungen und Grenzen des aristotelischen Denkens*, tes., Múnich 1966.
Vuillemin, J., *De la logique à la théologie. Cinq études sur Aristote*, París 1967.
Winner, K. H., *Die dualistische Interpretation des Seienden, afgezeigt am aristotelischen Verständnis der πρώτη ὕλη*, Múnich 1967.
Giacon, C., *La causalità del Motore immobile*, Padua 1969.
Lerner, M. P., *Recherches sur la notion de finalité chez Aristote*, París 1969, espec. p. 111-50.
Routila, L., *Die aristotelische Idee der Ersten Philosophie. Untersuchungen zur ontotheologischen Verfassung der Metaphysik des Aristoteles*, Amsterdam 1969.
Vollrath, E., *Die These der Metaphysik. Zur Gestalt der Metaphysik bei Aristoteles, Kant und Hegel*, Wuppertal-Ratingen 1969.
Leszl, W., *Logic and Metaphysics in Aristotle. Aristotle's Treatment of Types of Equivocity and its Relevance to his Metaphysical Theories*, Padua 1970.
Pötscher, W., *Strukturprobleme der aristotelischen und theophrastischen Gottesvorstellung*, Leiden 1970.
Happ, H., *Hyle. Studien zum aristotelischen Materie-Begriff*, Berlín 1971.
Larkin, M. T., *Language in the Philosophy of Aristotle*, La Haya-París 1971.

Rosenfield, L. W., *Aristotle and Information Theory. A Comparison of the Influence of Casual Assumptions on two Theories of Communication*, La Haya-París 1971.

Seidl, H., *Der Begriff des Intellekts (νοῦς) bei Aristoteles im philosophischen Zusammenhang seiner Hauptschriften*, Meisenheim del Glan 1971.

Wiplinger, F., *Physis und Logos. Zum Körperphänomen in seiner Bedeutung für den Ursprung der Metaphysik bei Aristoteles*, Friburgo-Múnich 1971.

Zimmermann, A., *Verzeichnis ungedruckter Kommentare zur Metaphysik und Physik des Aristoteles aus der Zeit von etwa 1250-1350*, vol. I, Leiden 1971.

Bärthlein, K., *Die Transzendentalienlehre der alten Ontologie, I, Die Transzendentalienlehre im Corpus Aristotelicum*, Berlín-Nueva York 1972.

Belmonte, V., *Prima materia*, Roma 1972.

Elders, L., *Aristotle's Theology. A Commentary on Book L of the «Metaphysics»*, Assen 1972.

Marx, W., *Einführung in Aristoteles' Theorie vom Seienden*, Friburgo 1972.

Schütze, A., *Die Kategorien des Aristoteles und der Logos*, Stuttgart 1972.

Zwergel, H. A., *Principium contradictionis. Die aristotelische Begründung des Prinzips vom zu vermeidenden Widerspruch und die Einheit der Ersten Philosophie*, Meisenheim del Glan 1972.

Kahn, C.H., *The Verb «Be» in Ancient Greek*, Dordrecht-Boston 1973.

Class, W., *Ist die aristotelische Ontologie zugleich Theologie?*, tes., Múnich 1974.

Kullmann, W., *Wissenschaft und Methode*, Berlín-Nueva York 1974.

Natali, C., *Cosmo e divinità. La struttura logica della teologia aristotelica*, L'Aquila 1974.

Berti, E., *Studi aristotelici*, L'Aquila 1975.

Dancy, R. M., *Sense and Contradiction: A Study in Aristotle*, Dordrecht-Boston 1975.

Guzzoni, U., *Grund und Allgemeinheit. Untersuchungen zum aristotelischen Verständnis der ontologischen Gründe*, Meisenheim del Glan 1975.

Leszl, W., *Aristotle's Conception of Ontology*, Padua 1975.

Riedel, M., *Metaphysik und Metapolitik. Studien zu Aristoteles und zur politischen Sprache der neuzeitlichen Philosophie*, Francfort del Main 1975.

Boehm, R., *La Métaphysique d'Aristote. Le fondamental et l'Essentiel. «De l'être et de l'étant» (livre VII)*, traducción del alemán y presentación de E. Martineau, con una nota de J.F. Courtine, prólogo y revisión de la traducción por R. Böhm, París 1976.

Chen, C.H., *Sophia. The Science Aristotle sought*, Hildesheim-Nueva York 1976.

Granger, G. G., *La théorie aristotélicienne de la science*, París 1976.

Kessler, M., *Aristoteles' Lehre von Einheit der Definition*, Múnich 1976 (= tes. Múnich 1973).

Wiplinger, F., *Metaphysik. Grundfragen ihres Ursprungs und ihrer Vollendung*, a

cargo de P. Rampits, con una nota de M. Heidegger, Friburgo-Múnich 1976.
Berti, E., *Aristotele: dalla dialettica alla filosofia prima*, Padua 1977.
Evans, J.D.G., *Aristotle's Concept of Dialectic*, Cambridge 1977.
Gómez Pin, V., *Ordre et substance. L'enjeu de la quête aristotélicienne*, París 1977.
Hartman, E., *Substance, Body, and Soul. Aristotelian Investigations*, Princeton 1977.
Lorite Mena, J., *Pourquoi la métaphysique? La voie de la sagesse selon Aristote*, París 1977.
Stead, C., *Divine Substance*, Oxford 1977.
Stegmaier, W., *Substanz. Grundbegriff der Metaphysik*, Stuttgart-Bad Cannstatt 1977.
Alvira, R., *La noción de finalidad*, Pamplona 1978.
Capecci, A., *Struttura e fine. La logica della teleologia aristotelica*, L'Aquila 1978.
Fiedler, W., *Analogiemodelle bei Aristoteles. Untersuchungen zu den Vergleichen zwischen den einzelnen Wissenschaften und Künsten*, Amsterdam 1978.
Guariglia, O.N., *Quellenkritische und logische Untersuchungen zur Gegensatzlehre des Aristoteles*, Hildesheim-Nueva York 1978.
Loux, M. J., *Substance and Attribute. A Study in Ontology*, Dordrecht-Boston-Londres 1978.
Brinkmann, K., *Aristoteles' allgemeine und spezielle Metaphysik*, Berlín 1979.
Kullmann, W., *Die Teleologie in der aristotelischen Biologie. Aristoteles als Zoologe, Embryologe und Genetiker, vorgelegt von W. Beierwaltes am 21. Oktober 1978*, Heidelberg 1979.
Szlezák, T. A., *Platon und Aristoteles in der Nuslehre Plotins*, Basilea-Stuttgart 1979.
Volkmann-Schluck, K.H., *Die Metaphysik des Aristoteles*, Francfort del Main 1979.
Wolf, U., *Möglichkeit und Notwendigkeit bei Aristoteles und heute*, Múnich 1979, espec. p. 14-123.
Brentano, F., *Aristoteles Lehre vom Ursprung des Menschlichen Geistes, introducción de R. George*, Hamburgo 1980 (primera edición: Leipzig 1911).
Graham, D. W., *Foundations of Aristotle's Philosophy of Action*, tes., Austin 1980.
Vial Larrain, J. de Dios, *La filosofía de Aristóteles como teología del acto*, Santiago de Chile 1980.
Witt, C., *Essentialism: Aristotle and the Contemporary Approach*, tes. Washington 1980.
Cubells, E., *El concepto de acto energético en Aristóteles*, Valencia 1981.
Heidegger, M., *Aristoteles, Metaphysik Θ 1-3. Von Wesen und Wirklichkeit der Kraft*, Francfort del Main 1981.

Lloyd, A.C., *Form and Universal in Aristotle*, a cargo de F. Cairns, Liverpool 1981.
Moukanos, D.D., *Ontologie der Mathematik in der Metaphysik des Aristoteles*, Atenas 1981.
Alvira, R., Clavell, L., Melendo, T., *Metafísica*, Pamplona 1982.
Cleary, J. J., *Aristotle's Theory of Abstraction. A Problem about the Mode of Being of Mathematical Objects*, Boston 1982.
Dillens, A. M., *À la naissance du discours ontologique. Étude de la notion de καθ' αὑτόν dans l'oeuvre d'Aristote*, Bruselas 1982.
Donini, P.L., *La filosofia di Aristotele*, Turín 1982.
Dudley, J., *Gott und θεωρία bei Aristoteles. Die metaphysische Grundlage der Nikomachischen Ethik*, Francfort del Main-Berna 1982.
Ricoeur, P., *Être, essence et substance chez Platon et Aristote*, París 1982.
Schüssler, I., *Aristoteles. Philosophie und Wissenschaft. Das Problem der Verselbstständigung der Wissenschaften*, Francfort del Main 1982.
Viertel, W., *Der Begriff der Substanz bei Aristoteles*, Königstein 1982.
Booth, E., *Aristotelian Aporetic Ontology in Islamic and Christian Thinkers*, Cambridge-Londres-Nueva York-Nueva Rochela-Melbourne-Sydney 1983.
Koreng, L., *Der Begriff des Begriffes bei Aristoteles*, tes., Maguncia 1983.
Romeyer Dherbey, G., *Les choses mêmes. La pensée du réel chez Aristote*, Lausana 1983.
Aristóteles, *Metaphysica. Index Verborum. Listes de fréquence*, a cargo de L. Delarte, C. Rutten, S. Govaerts, J. Denoz, Hildesheim-Zúrich-Nueva York 1984.
Fleischer, M., *Wahrheit und Wahrheitsgrund. Zum Wahrheitsproblem und zu seiner Geschichte*, Berlín-Nueva York 1984.
Gómez Pin, V., *El orden aristotélico*, Barcelona 1984.
Oehler, K., *Der Unbewegte Beweger des Aristoteles*, Francfort del Main 1984.
Seidl, H., *Beiträge zu Aristoteles' Erkenntnislehre und Metaphysik*, Amsterdam 1984.
Volpi, F., *Heidegger e Aristotele*, Padua 1984.
Barbellion, S., *Le principe et le premier des êtres. Voie d'interprétation philosophique du livre Λ de la «Métaphysique» d'Aristote*, tes., Friburgo 1985.
Liske, M.T., *Aristoteles und der aristotelische Essentialismus. Individuum, Art, Gattung*, Friburgo 1985.
Schmitz, H., *Die Ideenlehre des Aristoteles, vol. II, Platon und Aristoteles*, Bonn 1985.
Dubarle, D., *Dieu avec l'être. De Parménide à saint Thomas. Essais d'ontologie théologale*, presentación de J. Greisch, París 1986.
Dumoulin, B., *Analyse génétique de la «Métaphysique» d'Aristote*, Montreal-París 1986.

Rudolph, E., *Zeit und Gott bei Aristoteles aus der Perspektive der protestantischen Wirkungsgeschichte*, Stuttgart 1986.

De Garay, J., *Los sentidos de la forma en Aristóteles*, prólogo de L. Polo, Pamplona 1987.

Graham, D.W., *Aristotle's Two Systems*, Oxford 1987.

Guarneri, E., *Il realismo dinamico di Aristotele, introducción a Aristóteles, Il V libro della Metafisica*, Palermo 1987.

Modrak, D.K.W., *Aristotle. The Power of Perception*, Chicago-Londres 1987.

Brague, R., *Aristote et la question du monde. Essai sur le contexte cosmologique et anthropologique de l'ontologie*, París 1988.

Cleary, J.J., *Aristotle on the many Senses of Priority*, Carbondale 1988.

Furth, M., *Substance, Form and Psyche: An Aristotelian Metaphysics*, Cambridge 1988.

Hohelüchter, M., *Kontrarietät. Explication in Auseinandersetzung mit Aristoteles*, Münster 1988.

Irwin, T.H., *Aristotle's First Principles*, Oxford 1988.

Kal, V., *On Intuition and Discursive Reasoning in Aristotle*, Leiden-Nueva York-Copenhague-Colonia 1988.

Samonà, L., *Dialettica e metafisica. Prospettiva su Hegel e Aristotele*, Palermo 1988.

Urbanas, A., *La notion d'accident chez Aristote. Logique et métaphysique*, Montreal-París 1988.

Beriger, A., *Die aristotelische Dialektik. Ihre Darstellung in der «Topik» und in den «Sophistischen Widerlegungen» und ihre Anwendung in der «Metaphysik» M 1-3*, Heidelberg 1989.

Gill, M.L., *Aristotle on Substance. The Paradox of Unity*, Princeton 1989.

Gómez Cabranes, L., *El poder y lo posible (sus sentidos en Aristóteles)*, Pamplona 1989.

Halper, E.C., *One and Many in Aristotle's «Metaphysics». The Central Books*, Columbus 1989.

Königshausen, J.H., *Ursprung und Thema der ersten Wissenschaft*, Amsterdam 1989.

Manuwald, B., *Studien zum Unbewegten Beweger in der Naturphilosophie des Aristoteles*, Stuttgart 1989.

Quevedo, A., *Ens per accidens. Contingencia y determinación en Aristóteles*, Pamplona 1989.

Rist, J.H., *The Mind of Aristotle: A Study in Philosophical Growth*, Toronto-Buffalo-Londres 1989.

Witt, C., *Substance and Essence in Aristotle. An Interpretation of Metaphysics VII-IX*, Ithaca-Londres 1989.

Antich, X., *Introducción a la Metafísica de Aristóteles*, Barcelona 1990.
Wood, R.E., *A Path into Metaphysics. Phenomenological, Hermeneutical and Dialogical Studies*, Albany 1990.
Lewis, F.A., *Substance and Predication in Aristotle*, Cambridge-Nueva York-Port Chester-Melbourne-Sydney 1991.
Loux, M. J., *Primary Ousia. An Essay on Aristotle's Metaphysics Z and H*, Ithaca 1991.
Samaranch, F., *Cuatro ensayos sobre Aristóteles. Política y ética; metafísica*, Madrid 1991.
Annas, J., *Interpretazione dei libri M-N della «Metafisica» di Aristotele. La filosofia della matematica in Platone e Aristotele*, introducción y traducción de los libros M-N por G. Reale, traducción de E. Cattanei, Milán 1992 (primera edición: Oxford 1976, 1987^2).
Casals Pons, J., *L'experiment d'Aristòtil: literatura d'una incursió en la Metafísica*, Barcelona 1992.
García González, J., *El ser y la libertad*, Málaga 1992.
Pietsch, C., *Prinzipienfindung bei Aristoteles. Methoden und erkenntnistheoretische Grundlagen*, Stuttgart 1992.
Yepes Stork, R., *La doctrina del acto en Aristóteles*, Pamplona 1993.
AA.VV., *Aristotele. Perché la metafisica. Studi su alcune concetti chiave della «Filosofia prima» aristotelica e sulla storia dei suoi influssi*, a cargo de A. Bausola y G. Reale, Milán 1994.
Mesch, W., *Ontologie und Dialektik bei Aristoteles*, Gotinga 1994.
Trendelenburg, A., *La dottrina delle categorie in Aristotele*, con el discurso inaugural (como apéndice) del año académico 1833, *De Aristotelis categoriis*, prólogo e introducción de G. Reale, traducción y artículo complementario de V. Cicero, Milán 1994.
Bonitz, H., *Sulle categorie di Aristotele*, prólogo, introducción, proyecto y realización editorial de G. Reale, traducción e índices de V. Cicero, Milán 1995 (edición original: *Über die Kategorien des Aristoteles*, en «Sitzungsberichte der Kais. Akademie der Wissenschaften in Wien. Philos.-hist. Klasse», 10 (1853), p. 591-645).
Brentano, F., *Sui molteplici significati dell'essere secondo Aristotele*, prólogo, introducción, traducción de los textos griegos, proyecto y realización editorial de G. Reale, traducción e índices de S. Tognoli, Milán 1995 (título original: *Von der mannigfachen Bedeutung des Seienden nach Aristoteles*, 1862).
Donini, P., *La «Metafisica» di Aristotele. Introduzione alla lettura*, Roma 1995.
Natorp, P., *Tema e disposizione della «Metafisica» di Aristotele*, con el artículo (como apéndice) sobre la inautenticidad del libro K de la *Metafísica*, prólogo, introducción, proyecto y realización editorial de G. Reale, traducción e

índices de V. Cicero, Milán 1995 (ediciones originales: *Thema und Disposition der aristotelischen Metaphysik*, en «Philosophische Monatshefte», 24 (1888), p. 37-65, 540-74, y *Über Aristoteles' Metaphysik*, K 1-8, 1065 a 26, en «Archiv für Geschichte der Philosophie», 1 (1888), p. 178-93.

Reale, G., *La metafisica di Aristotele nei suoi concetti-cardine, nella sua struttura e nei suoi rapporti con il pensiero di Platone*, introducción a Aristotele, *Metafisica*, vol. I, Milán 1993, 1995².

Rapp, Ch. (a cargo de), *Aristoteles' Metaphysik. Die Substanzbücher (Z, H, Θ)*, Berlín 1996.

Selección temática de la Bibliografía por conceptos

Accidente: Gómez Lobo A. (1966); Urbanas A. (1988); Quevedo A. (1989).
Acto/potencia: Stallmach J. (1959); Wolf U. (1979); Graham D.W. (1980); Heidegger M. (1981); Gómez Cabranes L. (1989); Yepes Stork R. (1993).
Analogía: Muskens G.L. (1943); Fiedler W. (1978); Quevedo A. (1989); Melchiorre V. in AA.VV. (1994).
Arte: Ulmer K. (1953).
Bien: Ryan E.E. (1961).
Categorías: Schütze A. (1972); Trendelenburg A. (1994); Bonitz H. (1995).
Causa: Meeham F.X. (1940).
Ciencia: Antweiler A. (1936); Messner R.O. (1962); Kullmann W. (1974); Chen C.H. (1976); Granger G.G. (1976); Schüssler I. (1982); Königshausen J.H. (1989).
Conocimiento: Schulze-Sölde W. (1926); Buchdahl G. (1963); Berti E. (1965); Koreng L. (1983); Fleischer M. (1984); Seidl H. (1984); Kal V. (1988); Pietsch C. (1992).
Dialéctica: Evans J.D.G. (1977); Samonà L. (1988); Beriger A. (1989); Rossitto C. in AA.VV. (1994); Mesch W. (1994).
Entelequia: cfr. Forma.
Esencia: Zubiri X. (1962); Kessler M. (1976); Witt C. (1980); Ricoeur P. (1982); Liske M.T. (1985).
Filosofía primera: Sbarra A. (1937); Manno A. (1957); Reale G. (1961); Routila L. (1969); Berti E. (1977).
Finalismo: Lerner M.P. (1969); Alvira R. (1978); Capecci A. (1978).
Forma: Hartmann N. (1941); Arnold U. (1965); Lloyd A.C. (1981); De Garay J. (1987); Mignucci M. in AA.VV. (1994).
Historia: Riondato E. (1961).
Ideas: Schmitz H. (1985).

Individuo: Badareu D. (1936); Preiswerk A. (1939).
Intelecto: De Corte M. (1934); Seidl H. (1971); Szlezák T.A. (1979).
Lenguaje: Larkin M.T. (1971).
Matemática: Stenzel J. (1924); Moukanos D.D. (1981); Cleary J.J. (1982); Annas J. (1992).
Materia: Happ H. (1971); Belmonte V. (1972).
Metafísica: Merlan Ph. (1953); Décarie V. (1961); Kremer K. (1961); Wiplinger F. (1976); Lorite Mena J. (1977); Brinkmann K. (1979); Volkmann-Schluck K.H. (1979); Reale G. in Aristotele (1993); Natorp P. (1995).
Naturaleza: Wiplinger F. (1971).
Número: cfr. Matemática.
Ontología: Oggioni E. (1950); Owens J. (1951); De Rijk L.M. (1952); García Bacca J.D. (1957); Moser S. (1958); Deninger J.G. (1961); Aubenque P. (1962); Buchanan E. (1965); Fattore V. (1965); Winner K.H. (1967); Leszl W. (1970); Bärthlein K. (1972); Marx W. (1972); Kahn C.H. (1973); Class W. (1974); Guzzoni U. (1975); Leszl W. (1975); Boehm R. (1976); Dillens A.M. (1982); Booth E. (1983); Romeyer Dherbey G. (1983); Brague R. (1988); Samaranch F. (1991); García González (1992); Berti E., Cassin B., Vigna C. in AA.VV. (1994); Brentano F. (1995).
Política: Riedel M. (1975).
Potencia: cfr. Acto/potencia.
Principio: Tatarkiewicz W. (1910); Sullivan J.B. (1939); Gohlke P. (1954); Gómez Pin V. (1984); Irwin T.H. (1988).
Principio de no contradicción: Zwergel H.A. (1972); Dancy R.M. (1975).
Prioridad: Cleary J.J. (1988).
Sustancia: Dimmler H. (1904); Bauch B. (1910); Vogelbacher J. (1932); Gómez Pin V. (1977); Hartman E. (1977); Stegmaier W. (1977); Loux M.J. (1978); Viertel W. (1982); Graham D.W. (1987); Furth M. (1988); Gill M.L. (1989); Rist J.H. (1989); Witt C. (1989); Lewis F.A. (1991); Loux M.J. (1991); Rapp Ch. (a cura di) (1996).
Teología: Pletschette G. (1914); Mugnier R. (1930); Von Arnim H. (1931); Libertini C. (1953); Mainberger G. (1959); Vuillemin J. (1967); Giacon C. (1969); Pötscher W. (1970); Elders L. (1972); Natali C. (1974); Stead C. (1977); Brentano F. (1980); Vial Larrain de Dios (1980); Dudley J. (1982); Oehler K. (1984); Barbellion S. (1985); Dubarle D. (1986); Rudolph E. (1986); Manuwald B. (1989); Krämer H., Natali C. in AA.VV. (1994).
Τί ἦν εἶναι: Arpe C. (1938).
Τί κατὰ τινός: Tugendhat E. (1958).
Trascendencia: Chen C.H. (1940).
Unidad: Halper E.C. (1989); Wood R.E. (1990); Reale G. (1994[6]).

ÍNDICE ONOMÁSTICO

Académicos, véase Platónicos.
Alberto Magno, 213-214.
Albino, 207.
Alcinoo, véase Albino.
Alejandro de Afrodisia (seudo), 12, 13 y n, 28, 29 n, 44 y n, 211-12.
Al-Farabi, 213.
Al-Kindi, 212.
Amonio, 212.
Anaxágoras, 25-27, 105.
Anaxímenes, 25.
Andrónico de Rodas, 10 y n, 11, 210-11.
Annas, Julia, 23 n, 109 y n, 195 y n, 202 n, 230.
Apelicón, 210.
Apelt, O., 147 n.
Aristón de Ceos, 11-12.
Arnim, H. von, 226.
Asclepio, 13 y n, 212.
Aubenque, P., 18 y n, 227-28.
Augusto, 10.
Averroes, 213.
Avicena, 213.

Bach, J. S., 128.
Bacon, F., 217-18.
Barnes, J., 230.
Baumgarten, A., 219.
Bausola, A., 229.
Beethoven, L. Van, 128.

Bekker, I., 222.
Bernardinello, S., 29 n.
Berti, E., 29 n, 141 n, 176 n, 228-31.
Bessarión, cardenal, 214-15.
Boeto de Sidone, 28, 29 n.
Boecio Severino, 146-47, 212.
Bonitz, H., 11 n, 98, 109, 147 y n, 148, 151 n, 154 y n, 222.
Bontadini, G., 229.
Bos, A., 229.
Bostock, D., 230.
Brandis, Chr. A., 222.
Brentano, F., 138 y n, 139 n, 143 y n, 144 y n, 151 y n, 179 n, 180 n, 181 n, 222, 228.
Buridanus, J., 216.

Calipo, 101, 107, 182.
Calogero, G., 16.
Cassin, B., 229.
Cathala, M.R., 213.
Cattanei, E., 23 n, 185 n, 195 n, 196 n, 197 n, 202 n.
Cicero, V., 60 n, 143 n, 147 n, 205 n.
Clauberg, J., 217.
Colle, G., 229.
Comte, A., 226.
Corisco, 18, 52.
Courtine, J.F., 215, 217, 219.
Crubellier, M., 209.

Dante Alighieri, 213.
Davies, R., 230.
De Mas, E., 219.
Demócrito, 25, 77.
Dilthey, W., 226.
Diógenes de Apolonia, 25.
Diógenes de Laercio, 11-12, 16, 47, 199, 200 n, 210.
Domenicus de Flandria, 216.
Donini, P.L., 211.
Drossaart Lulofs, H.J., 210.
Duns Escoto, 214.
Düring, I., 10 n.

Egidio Romano, 214.
Eisler, R., 47.
Eleáticos, 25-27, 131, 133, 136, 190.
Empedócles, 25-26, 40, 105.
Enrique de Grante, 214.
Erasto, 18.
Esposito, C., 216.
Estoicos, 211.
Estrabón, 210.
Estratón de Lámpsaco, 209.
Euclides, 196-197.
Eudemo, 12-13, 28, 29 n.
Eudoxio, 101.
Eusebietti, P., 226.

Faber Stapulensis, 216.
Fabro, C., 229.
Feuerbach, L., 222.
Filón de Alejandría, 207.
Filópono, 212.
Físicos (Naturalistas presocráticos), 33, 40, 46, 89, 105, 108, 164, 201.
Flaminius, M.A., 216.
Fonsecae, P., 216.
Frede, M., 230.
Frinis, 130.

Gaiser, K.,129 n, 205 y n.

Gaza, T., 215.
Gentile, M., 229.
Ghisalberti, A., 229.
Giacomo Veneto, 213.
Giannantoni, G., 229.
Gilson, E., 215, 217, 229.
Göckel, R. (Goclenius), 216-17.
Gohlke, P., 226-27.
Guillermo de Moerbeke, 213.

Hayduck, M., 211-212.
Hegel, G.W.F., 127, 129, 199 y n, 219-21.
Heidegger, M., 141 n, 176 n, 223, 228.
Heráclito, 25-26, 43, 111, 228.
Hermes, 84, 138, 173.
Hermipo, 10 n.
Hipaso, 25.
Homero, 108.
Hösle, V., 196, 197 n.

Irwin, T., 230.

Jaeger, W., 16 y n, 22, 98, 156, 159, 223-27.
Janduno, J. de, 216.
Jónicos, 201.
Jorge de Trebisonda, 215.
Jorge Gemisto Pletón, 215.
Jorge Escolario Gennadio, 215.

Kant, I., 219-20, 222.
Kierkegaard, S., 222.
Kirwan, C., 230.
Krämer, H., 205 y n, 229.
Kremer, K., 13 n.
Kroll, G., 212.

Laks, A., 209.
Landauer, S., 211.
Larmore, Ch., 209.
Leibniz, G.W., 222.

Leonardo da Vinci, 196 n.
Leucipo, 25, 105.
Lohr, C.H., 214.
Lorhardus, J., 217.
Lotz, J., 229.
Lutero, M., 217-18.

Mansion, A., 229.
Mansion, S., 229.
Maréchal, J., 229.
Marino de Neápolis, 212.
Maritain, J., 229.
Marx, C., 222.
Mauro, S., 215.
Megarenses, 140, 171-73.
Melchiorre, V., 229.
Meliso, 26.
Merlan, Ph., 146 n, 155 y n, 187 y n, 188, 189 y n, 217.
Michelet, 220.
Micraelius, J., 217.
Migliori, M., 229.
Mignucci, M., 229.
Monistas, 27.
Moraux, P., 11 y n, 12 y n, 13, 211.
Most, G.W., 209.
Movia, G., 211.

Natali, C., 229.
Natorp, P., 60 y n, 192, 223-24, 227-28.
Naturalistas presocráticos, véase Físicos.
Neleo di Escepsis, 210.
Neoplatónicos, 211-212.
Nicolás de Damasco, 10 y n, 11, 210, 211.
Niphus, A., 216.
Nominalistas, 199, 231.

Oggioni, E., 226.
Owens, J., 229.

Parménides, 26, 41, 114, 131, 133, 136.
Pasicles de Rodas, 28 y n, 29 y n, 30.
Patritius, F., 212.
Patzig, G., 230.
Peripatéticos, 209-11, 223.
Pieper, J., 229.
Pitagóricos, 25-27, 33, 40-41, 72, 89, 97, 106, 111-12, 114, 150.
Platón, 22-23, 26-27, 33, 40, 65, 105, 111, 113-114, 130-31, 132 y n, 133, 136, 154-55, 158-59, 177 y n, 187-188, 196 y n, 197-200, 202-03, 205-06, 212, 215, 220-21, 224.
Platónicos (Académicos), 22-23, 27, 36-37, 41, 43, 69, 72-74, 78, 89, 97, 103-04, 108-15, 133, 135-36, 164, 169, 185, 200-04.
Plotino, 207, 211.
Pluralistas, 27.
Popper, K.R. 220.
Porfirio, 147, 211, 212.
Presocráticos, 22, 98.
Proclo, 212.
Protágoras, 46.
Przywara, E., 229.

Radice, R., 155 n, 170 n, 229, 231.
Ramus, P., 216.
Rapp, Ch., 230.
Reale, G., 14 n, 23 n, 30 n, 33 n, 45 n, 50 n, 60 n, 64 n, 93 n, 98 n, 101 n, 129 n, 131 n, 137 n, 155 n, 156 n, 162 n, 177 n, 195 n, 196 n, 197 n, 203 n, 205 n, 209-10, 229, 231.
Realistas, 199.
Reiner, H., 13 n.
Rose, V., 222.
Ross, W.D., 180 y n, 230.
Rossitto, C., 229.
Rudolph, E., 209.

Ruggiu, L., 229.

Saffrey, H.D., 187 n.
Scaynus, A., 216.
Scheibler, Ch. 217.
Schmitt, Ch.B., 214.
Schwegler, A., 129 y n, 222.
Sexto Empírico, 155 n.
Sila, 210.
Simónides de Ceo, 120.
Simplicio, 12 y n, 13.
Siriano, 113 y n, 212.
Sócrates, 53, 72, 111, 130, 138.
Sofistas, 43.
Spiazzi, R., 213.
Suárez, F., 215-16.
Szlezák, Th.A., 185 n, 229.

Talete, 16,
Teeteto, 196.
Temistio, 211-12.
Teofrasto, 10 y n, 11 n, 30, 101, 209-10, 226.
Teólogos, 105.
Timoteo, 130.
Tiranión, 210.
Tognoli, 139, 211.
Tomás de Aquino, 213.

Toth, I., 185 n, 196, 197 y n.
Trendelenburg, F.A., 143 y n, 147 y n, 151 y n, 222.
Trombetta, A., 216.

Usener, H., 222.

Van Raalte, M., 209.
Vegetti, M., 226.
Verra, V., 229.
Vigna, C., 229.
Vivaldi, A., 128.
Volpi, F., 176 n, 228.

Wehrli, F., 210.
Wesoly, M., 229.
Wilpert, P., 155 y n.
Wolff, Ch., 219-29.
Wundt, M., 226-27.

Xenócrates, 18, 65, 112, 196 n.

Zeller, E., 147 y n, 158 y n, 180 n, 187 y n, 223.
Zenón de Elea, 41.
Zielinski, I.E., 229.
Zürcher, J., 226.